KB069634

06 상담 및 심리치료 이론 시리즈

인지정서행동치료

박경애 저

Theories of Counseling
and Psychotherapy

학지사

머리말

　1997년에 집필한 『인지정서행동치료(Rational Emotive Behavior Therapy)』가 출간된 지 올해로 4반세기가 지났다. 그간에 많은 변화가 있어 왔다. 우선 이 이론을 창시한 Albert Ellis 박사님이 유명을 달리하셨고, 출간 당시에는 미미하던 우리나라 상담학계도 괄목할 만한 성장을 하여 2022년 현재는 수만 명에 해당하는 상담 관련 학도 및 수천 명에 달하는 전문가를 보유하고 있다. 더불어 인지행동치료 분야도 성장을 하여 인지행동치료학회가 2001년 창립되었고, 만시지탄이지만 2019년 3월에 한국REBT인지행동치료학회(Korean Association of Rational Emotive & Cognitive Behavior Therapy)가 출범되었으며, 같은 해에 한국REBT상담센터(Korean institute of REBT)가 설립되었고, 2021년 10월에는 『한국REBT인지행동치료학회지(Korean Journal of Rational Emotive & Cognitive Behavior Therapy)』가 창간되었다. 이는 REBT 이론이 상담심리 이론 내에서 차지하는 위상이 매우 크고 중요하다는 방증이라 할 수 있다.

　이 책은 필자가 1997년 총론서 이후에 출간하는 도서인 만큼 최신의 내용을 수록하였다. 먼저, 1장에서는 REBT 창시자인 Ellis 의 생애를 다루었는데, 특히 그의 생애 말기에 해당하는 2000년 대를 중심으로 이루어진 활동과 2007년 7월 운명하기까지의 내용을 자세히 소개한다. 이 시기는 Ellis 생애의 가장 드라마틱한 시절로, 생애 마지막에 만난 반려자 Debbie와 함께한 인생 이야기, Ellis가 필생의 업적으로 설립한 뉴욕의 'Albert Ellis 연구소'에서 축출되기까지의 과정, 그리고 그것을 법적으로 되찾으려는 절차 등이 담겨 있다. 물론 그는 연구소를 되찾지 못하고 세상과 작별을 하였지만 그 과정에서 보여 주는 노장 학자의 필사적인 노력 그리고 삶과 인간에 대해 그가 강조하는 REBT 철학을 자신의 문제에 적용하는 모습은 독자들의 가슴을 적시고 눈물이 흐르는 체험을 유도할 것이다. 또한 그의 삶 전체에서 보여 주는 상담자적 철학에는 그가 사후에도 거장으로 평가받기에 충분한, 죽어 가는 그 시간까지 자신의 일에 최선을 다하는 진면목이 담겨 있다. 다음으로 2장에서는 한국 내 REBT 적용의 역사를 다루었으며, 3장에서는 우리나라 문화에서 REBT가 잘 적용될 수 있는지에 대하여 논의하였고, 우리나라 상담자들이 REBT에 대해서 지니고 있는 오해와 진실을 다루었다. 4장에서는 REBT의 특성과 상담의 과정 및 기법을 설명하고 있는데, 특히 논박 부분에 초점을 두고 집필하였다. 5장에서는 앞으로 이루어져야 할 REBT 관련 연구활동에 대해서 논의하고 있으며, 마지막 6장에서는 현장에서 가장 많은 내담자가 호소하고 있는 문제인 우울, 불안, 공황의 문제를 가진 사례자의 어려움을 REBT를 활용하여 적용하는 과정을 제시하고 있다.

　부디 이 책이 REBT 전문가가 되기 위해 노력하는 독자 여러분께 작은 기여가 되기를 바란다. REBT에 관한 궁금한 내용은 아래에 나온 필자의 메일을 통하여 교신하실 수 있고, 독자 여러분과 REBT에 관한 다양한 소통을 원한다는 것을 밝혀 둔다.

광운대학교 박경애 교수

한국REBT인지행동치료학회장(www.rebt.kr)

rebtkorea@naver.com

차례

부록

1장
REBT와 Ellis

1. REBT의 기원과 형성

인지정서행동치료(Rational Emotive Behavior Therapy: REBT)는 1955년 Albert Ellis 박사(1913~2007)에 의해 창안되었다. 그는 뉴욕의 맨해튼에 상담소를 내고 당시에 만연하고 있던 정신분석으로 많은 내담자를 상담하였으나 정신분석적 방법으로 스스로 만족할 수 있는 치료 효과를 산출하는 것에는 회의를 느끼고 있었다. Ellis의 경험에 의하면 정통 정신분석보다는 충고나 정보 제공과 같은 지시적인 방법이 결합되었을 때 효과가 훨씬 더 높다는 것을 체험할 수 있었다. 아울러 그는 상담실에 와서 어려운 문제를 토로하는 내담자의 마음 이면에 자신이 처한 상황에 대해서, 그의 표현을 그대로 빌리자면 "울고, 불고, 짜증내는" 이면에는 사고의 왜곡이 있음을 임상적으로 확인하였다. Ellis는 내담자가 자신의 상황과 환경을 합리적인 사고를 통해 지각한다면 별 문제가 안 되는 것에 착안하여, 자신이 새롭게 형성한 이론을 합리적 치료(Rational Therapy)라고 명명하였다. 그는 합리적 사고와 심리적 적응 사이의 연결을 강조하고 싶었기 때문에 '합리적(rational)'이라는 단어를 활용했다고 회고하였다(박경애, 1997). 그는 자신의 이론을 계속해서 활용하는 누적된 임상적 경험으로 확립된 합리적 심리치료(Rational Psychotherapy)를 1956년 시카고에서 개최된 미국심리학회 연차학술대회에서 발표하게 되었다. 그러나 곧 '합리적'이라는 용어 때문에 그는 18세기 철학적 사조, 즉 인간경험의 모든 분야의 상위에 이성과 지성이 있다고 강조하는 합리주의를 주장하는 것이라는 비판을 받게 되었다. 그리고 인간의 기능과 심리적 문제에 있어서 정서를 무시한다는 비판에 직면하게 되었다. Ellis는 이러한 오해를 불식시키기 위해 1961년 이론의 명칭을 합리적 정서적 치료(Rational Emotive Therapy: RET)로 바꾸었으나 1993년 『현대 심리치료(currunt psychotherapies)』를 저술한 Corsini 박사의 의견을 수용하여 합리적정서적행동치료로 다시 개명하였다. Corsini 박사는 실제 Ellis의 이론이 행동적 방법을 많이 활용하고 궁극적으로 행동의 변화를 추구하는 점에 착안하여 이론의 이름에 '행동'이 들어가야 한다는 의견을 내었다.

Ellis는 이를 수용하여 이론의 명칭에 행동(behavior)을 넣어서 최종적으로 Rational Emotive Behavior Therapy(REBT)로 확정하였다.

■ REBT는 인지정서행동치료인가, 합리적 정서행동치료인가

Rational Emotive Behavior Therapy를 우리말로 어떻게 번역해야 원 창시자의 의도를 잘 담을 수 있을까에 대해서 기술하고자 한다. Ellis는 그의 논문(Ellis, 1995; Ellis, 1991a; Ellis & Dryden, 1987)에서 그리고 필자가 뉴욕에서 훈련을 받는 동안의 강의에서 반복적으로 자신의 이론에 '인지(cognition)'라는 용어를 쓰지 않고 '합리적(rational)'이라는 용어를 쓴 것에 대해 후회하고 있다. 그 이유는 두 가지 측면에서 나타난다. 첫 번째 이유는 '합리적'이라는 용어가 Guidano(1988), Mahoney(1991)의 비난처럼 기존의 전통적인 가치를 부정하고 상대적인 가치를 주장하는 포스트모더니즘 신봉자들의 지적대로 '합리성'에 대한 절대적 가치기준을 갖고 있지 않기 때문이다. 즉, 모든 인류에게 완벽하게 지지되는 합리성은 찾을 수 없다는 의미이다. 본 치료이론에서 '합리적'이라는 용어는 다만 경험적·논리적으로 타당하고 효율적이며 자조적인 인지를 의미한다고 볼 수 있다. 또 다른 이유는 Aaron Tim Beck(1976)의 인지치료, 그리고 Donald Meichenbaum(1972)의 인지행동수정이 이미 잘 알려져 있기 때문에 자신의 이론을 '인지'라는 용어를 넣어 바꾸기에는 다소 늦었다는 생각이 든다고 하였다. 그렇지만 다시 자신의 이론에 이름을 붙인다면 '합리적(rational)' 대신에 '인지(cognition)'라는 용어를 쓰겠다는 말을 했다(박경애, 1997). 이러한 원 창시자의 뜻을 존중하여, 필자는 '합리적 정서행동치료' 대신에 '인지정서행동치료'로 번역하여 활용하고 있다. 이렇게 함으로써 '합리적'이라는 용어가 의미하는 여러 가지 개념으로부터 자유로울 수 있고 원래 이론의 의미가 제대로 전달되기 때문이다.

'합리적'이라는 용어 그 자체는 아마도 실수인 것 같다. 왜냐하면 이것은 주로 경험적이고 논리적인 것을 의미하기 때문이다. 그리고 이 말은 Guidano(1988), Mahoney(1991) 그리고 다른 사람들에 의해서도 비난을 받아 왔다. 그 이유는 포스트모더니스트들이 지적한 대로 '합리성'에 관한 절대적 기준이 없기 때문이다. 어떤 한 사람이나 집단이나 지역사회에서는 '합리적'이라고 판단되는 것이 다른 사람이나 집단 지역사회에서는 '비합리적'인 것으로 여겨질 수 있기 때문이다. REBT에서는 '합리적'이라는 용어가 항상 경험적 · 논리적으로 타당한 인지뿐만 아니라 효율적이며 자조적인 인지를 의미했다.

만약 오늘날 REBT의 이름을 다시 붙인다면 나는 '합리적 정서행동 치료'라는 이름 대신에 '인지정서행동치료'라는 이름을 붙일 것이다. 그러나 Beck(1976)의 인지치료나 Meichenbaum(1977)의 인지행동치료가 이미 알려져 있기에 이름을 바꾸기에는 늦은 감이 있다. 그리고 REBT는 그런 다른 치료들과 다소 차이가 있다고 알려져 있다(Ellis, 1995, pp. 85-89).

2010년에 발간한 Ellis의 자서전에서 Ellis는 그의 지지자들이 이론의 명칭을 REBT에서 CEBT(Cognitive Emotive Behavior Therapy)

로 바꿀 수 있느냐고 물어 왔지만 자신의 답은 "No"였고(81쪽 참조), 자신의 이론이 Rational Emotive Behavior Therapy로 남기를 원한다고 분명히 밝힌 바 있다. 이는 아마도 자신이 원래 지었던 명칭에 대한 애착일 것으로 판단되며 기타 인지행동치료와 자신의 이론은 분명히 다르다는 것을 강조하기 위함으로 사료된다.

2. 심리치료의 최신 기술, 21세기의 REBT

다음은 Ellis가 2005년 12월 캘리포니아 애너하임에서 개최된 '심리치료의 진화(Evolution of Psychotherapy)'에 관한 학술회의에서 '심리치료의 최신기술: 21세기의 REBT'에 관해 강연한 내용과 강연 후 청중들의 질문에 답한 내용이다. Ellis의 연대기를 다룰 때 다시 자세히 언급하겠으나 1957년에 세운 연구소의 어려움에 대한 이야기도 나온다는 점을 주의 깊게 볼 필요가 있다. Ellis에게 연구소(Albert Ellis Institute)는 자신이 새로운 형태의 심리치료를 창안한 학자로서 그리고 심리치료를 수행하는 전문가로서 모든 활동의 근간으로 삼은 곳이기 때문에 연구소의 어려움은 곧 Ellis의 어려움과 등치된다고 볼 수 있다. Ellis는 강연과 이에 대한 Q&A 시간에 연구소가 처한 어려운 문제를 언급하고 있다. 그렇기 때문에 독자들의 이해를 돕기 위해 미리 이 내용에 대해서 고지한다.

강연내용

　나는 1953년에서 1955년 사이에 Rational Emotive Behavior Therapy(REBT)를 창안하였다. 1953년, 10년간 실천했던 자유로운 정신분석가를 포기한 직후였다. 그 전에는 Leon Pomeroy가 Ellis-Epictetus 모델이라고 불렀던 나만의 방식을 고안하기도 하였다. 확실하게 그 방법은 인지, 정서, 행동에 기반한 기법들을 아우르고 있었으며 또한 상당히 철학적인 방법이기도 하였다. 특히 Socrates, Epictetus, Seneca와 같은 고대 철학자들의 방법들을 활용하였으며 또한 Emerson, Dewey, Santayana, Russell, Wittgenstein 등의 현대 철학자의 개념에 우호적이었다. 15세의 나는 나의 신체적 허약함으로 불안이 심했을 때 나에게 먼저 이러한 철학을 활용하였다. 나는 그 문제들을 잘 대처했고 친척들과 친구들에게 그 방법을 가르치는 것을 취미로 삼았다.

　내가 1942년 임상심리학 전공으로 대학원에 입학했을 때 철학을 심리치료에 도입하였으며 1953년에는 이를 구체적으로 REBT에 포함하였다. 나는 Aaron Beck, William Glasser, Steven Hays와 함께 인지행동치료의 선구자가 되었다. REBT는 심리치료를 철학과 연결시켰다. 나는 오늘날 REBT에서 최첨단의 기법은 무엇인가, 그것을 나와 다른 사람들에게 어떻게 활용하고 있는가에 대해서 말씀드리고 싶다. REBT의 기본 원리는 다음과 같다.

1. 인간은 단순히 자신의 삶에서 일어난 불행한 역경(Adversities: A) 때문에만 방해를 받는 것이 아니고 이러한 역경에 더해진 자신의 신념, 감정, 행동(Behavior: B)으로부터도 방해를 받는다. 그러므로 A 더하기 B는 방해받은(방해받지 않은) 결과(Consequence: C)이다. 사람들은 부분적으로 A에 대한 바람직하지 않은 반응(B)에 대해 방해받은(방해받지 않은) 감정을 구성한다.

2. B에서 C에 대한 사람들의 기여는 생각, 감정, 행동으로 구성되며, 이 모든 것은 집합적으로 그들의 건강하거나 건강하지 않은 결과로 이어진다.

   A가 나쁜 것으로 여겨질 때 사람들이 B에 대해서 가지는 합리적이 거나 사리에 맞는 신념-감정-행동이 있다. 예를 들어, '나는 A를 좋 아하지 않는다. 그것들이 존재하지 않았으면 좋겠다. 그러나 그것 들은 존재하고 나는 잘 대응할 수 있다.'라는 생각이 든다면 그들은 REBT에서는 건강한 반응으로 여기는 '슬픔' '실망' '불만감' 등의 감 정을 느낄 것이다. 이러한 건강한 반응들은 사람들이 여러 가지 역경 (A)에 잘 대응하게 한다.

3. 사람들이 A를 '끔찍하고 무시무시한' 것으로 여길 때, 그들이 '참을 수 없고 견딜 수 없다.'고 여길 때, 사람들이 비합리적 신념-감정-행 동을 지니고 있을 때 그들은 '우울하고' '분노하고' '불안한 반응' 등 을 느끼게 될 것이다. 사람들은 방해를 받게 되고 이러한 역경(A)에 대해서 잘 대처하지 못하게 된다.

4. 사람들은 자신들이 어떻게 믿는가에 대한 선택을 할 수 있다. 그리고 그들이 역기능적인 선택을 할 때(종종 그런 현상이 나타나지만), 그 들은 그것들을 재구성하고 더 기능적인 선택을 위해 그것들을 바꾸 기로 선택할 수 있다. 그들은 몇 가지 기능 장애가 있는 선택을 하도 록 태어나고 길러졌지만(왜냐하면 그들은 실수할 수 있는 인간이기 때문에) 그들은 거의 항상 B를 바꿀 수 있고 더 기능적인 선택을 할 수 있다.

5. 사람들은 종종 (특히 심리치료에서) B에 대한 그들의 역기능적 신념 과 기능적인 신념 사이의 차이를 볼 수 있으며, 비합리적 선택보다 합리적 선택을 선호하는 것을 습관적으로 연습함으로써 그들의 역 기능적 신념-감정-행동에 대해 교정하는 것을 배울 수 있다. 그리 하여 결국 자신을 덜 방해하도록 만들 수 있다.

6. 그럼에도 인간은 자신의 삶에서 끊임없이 B에 대해 역기능적으로

돌아가고, 완전히 기능적이고 합리적일 수 없는 것이 그들이 가진 생물학적이고 학습된 본능이다. 불자(佛者)들은 이미 2,500여 년 전에 인간의 조건은 결국 영원히 깨달음의 경지에 도달할 수 없다고 주장한 바 있다.

7. REBT의 원리와 실천에 따르면 인간은 항상은 아니더라도 끊임없이 가장 중요한 세 가지 철학을 습득한다면 상당한 깨달음의 경지를 유지할 수 있다. 이 세 가지 철학은 다음과 같다.

- 자신에 대한 무조건적 수용(Unconditional Self-Acceptance: USA)
  인간은 항상 자신을 수용해야 한다. 심지어 실패를 했을 때라도. 인간은 저명한 철학자 Alfred Korzybski가 당신의 행동, 당신의 실수는 실수일 뿐 당신 전체가 아니라는 강력한 주장에 대해서 거부했다. 당신은 모든 인간이 다 하는 실수를 했을 뿐이다. 당신은 언제나 새로운 기회가 있으며 자신의 실수에 대해서 자신의 전부를 비난해서는 안 된다.

- 타인에 대한 무조건적 수용(Unconditional Other-Acceptance: UOA)
  인간은 타인도 수용해야 한다. 당신의 어리석은 실수에 대해서 당신 자신에 대한 비난을 거부해야 하는 것처럼 다른 사람들의 실수에 대해서 타인을 비난해서는 안 된다. 사람들이 당신을 어떻게 자기 자신을 망가지게 만드는지 쉽게 알 수 있다. 그러나 다시 Alfred Korzybski의 주장처럼 결코 그들을 총체적 실패자로 비난해서는 안 된다. 당신은 잘못을 하고 실수를 하는 사람들에 대해서 연민을 느낄 것이다.

- 삶에 대한 무조건적 수용(Unconditioal Life-Acceptance: ULA)
  당신은 삶에서 무엇이 잘못되었고 정의롭지 못하며 부도덕한 것인지를 알고 있으며 삶을 향상시키기 위해 노력한다. 그러나 당신은 삶 자체가 희망이 없으며 변화될 수 없다고 결론을 내서는 안 된다. 당신은 일시적으로 삶을 향상시킬 수 없을 때, 그것을 '끔찍하고' '고통스러운' 것으로 여기지 말고 그냥 '나쁘고' '불편한' 것으로 여기면서 삶을 수용해야 한다. 당신은 낙관적으로 삶을 향상시킬 수 있다고 생각하고 최선을 다하면 되는 것이다. 그러나 필사적이지 않게, 절망적이지 않게 해야 한다.

Ellis는 앞서 언급한 것이 사람들이 할 수 있는 전부일까 묻고 남들이 당신을 방해할 때, 그리고 삶이 꽤 안 좋을 때, 바보 같은 투덜거림은 멈추고 승리를 위해 노력할 것을 주장한다. 아울러 '자신에 대한 무조건적 수용(USA)' '타인에 대한 무조건적 수용(UOA)' 그리고 '삶에 대한 무조건적 수용(ULA)'을 할 수 있도록 노력하면 항상 가능하지는 않더라도 이에 대해 학습할 수 있다는 것을 강조한다. 불자(佛者)들이 이미 지적하였듯이 인생은 그리 쉽지 않을 것이다. 당신은 당신이 원하는 모든 것을 소유할 수 없지만 여전히 당신 자신은 소유할 수 있고, 그리고 가능한 많은 즐거움이 있다. 당신이 만약 USA, UOA, ULA를 실천하고 사노라면 정말로 많은 기쁨과 즐거움이 있을 것이다. 상당수의 합리적 철학자들과 함께 '무조건적인 자기 수용' '무조건적인 타인 수용' 그리고 '무조건적인 삶의 수용'을 이론의 근간으로 결정하고 나서 Ellis는 자신의 약점에 대해서 이러한 철학을 적용하였다. 이 내용은 그의 저서 『인지정서행동치료: REBT가 나에게 적용된다면 당신에게도 적용될 수 있다(Rational Emotive Behavior Therapy: It Works for Me-It Can Work for You)』(2009)에 제시되어 있다. Ellis는 자신에게 이러한 철학을 적용하여 상당히 오랫동안 우울, 격분, 공황으로부터 벗어날 수 있었다고 고백하고 있다. 그러고 나서 Ellis는 전혀 예상하지 못했음에도 불구하고 자신의 신념-감정-행동에 대한 진정한 테스트를 받았다고 한다.

Ellis는 많은 반박과 비판에도 아랑곳하지 않고 비범한 명성을 지니고 있는 REBT를 더 발전시키기 위해 1959년에 자신의 이름을 내건 비영리연구소 Albert Ellis Institute를 설립하였으며 소장으로 취임하였다. 연구소는 인지행동치료의 선구적 센터가 되었고, 뉴욕의 맨해튼에 내실 있는 건물을 구매하여 미국 및 해외에서 온 수백 명의 상담자를 훈련시켰다. 또한 캐나다와 남미, 다른 여러 나라에 제휴 센터를 설립하였다. 연구소에서는 전문가를 위한 심층적인 워크숍과 대중을 위한 다양한 강의가 이루어졌으며 REBT에 관한 많은 출판물이 배포되기도 하였다. 연구소는 상당히 성공적으로 운영되었으며 계속해서 성장하고 있었다.

한편, Ellis는 75권의 책과 800편 이상의 논문을 출간하였으며, REBT와 심리치료와 관련된 오디오 및 동영상을 포함한 관련 자료들을 만들어 세상에 내놓았다. Ellis는 자신과 연구소가 1955년부터 2003년 사이에 수백만 명에 상당하는 심리치료자, 내담자, 시청각 자료의 청취자와 시청자들을 도왔다는 것을 확실하게 말할 수 있다고 했다. 그리고 그 무렵에 재앙이 닥쳤다고 기술하고 있다.

연구소의 주요 간부 3명이 연구소를 절대적으로 군림하여 운영하였으며 금전적으로 이득을 취하는 데 관심을 갖기 시작하였다. Ellis는 그들이 REBT의 핵심 철학인 '무조건적인 자기 수용' '무조건적인 타인 수용' 그리고 '무조건적인 삶의 수용'을 내던져 버렸으며 급진적으로 REBT의 가치를 훼손하였고 Ellis가 50여 년간 실천했던 REBT의 원리를 바꾸어 버렸다고 회고하고 있다. Ellis는 이렇게 통제하는 패거리에 대항하여 악의에 찬 태도로 싸움을 하였으나 곧 모든 싸움에서 졌다고 한다.

Ellis는 (연구소의 법률에 저촉되는) 비윤리적인 이유로 소장직을 그만두도록 내몰렸으며 연구소에서 수행했던 각종 전문가를 위한 워크숍, 대중을 위한 강연 등을 못 하게 금지당하였으며 40여 년 동안 수행했던 그 유명한 금요일 밤의 워크숍(Friday Night Workshop)도 연구소 밖에서 하도록 강요를 받았다. 이 모든 것은 Ellis가 1959년부터 이 연구소에 수백만 달러를 기부하고 그 힘과 명성을 쌓은 것을 이룬 후에 일어났다. 정말 믿을 수 없게도, 연구소의 이사들은 아직까지도 무자비한 이 3명의 하인이다.

설상가상으로 50년 동안 연구소를 존속시킨 것에 대해 부분적으로 Ellis에게 보상해 주는 분리 협약이 연구소에 의해 체결되기로 되어 있었지만, 연구소의 변호사는 2005년 9월에 제안된 이 협정을 포기하고 그것을 가망 없는 것으로 만들었다. 연구소를 통치하는 이 간부들은 Ellis와 그의 부인 Debbie에 관한 서른 가지 거짓말을 만들어 내었고 연구소의 홈페이지에 자신들의 거짓말에 대한 더 많은 거짓말을 게재하였다고 한다. Debbie와 Ellis는 자연스럽게 이 홀로코스트에 대한 사실적인 버전으로 맞서 왔고, 상담자와 비상담자 등 지자들이 이사회와 그들을 제한하고 비방한 몹쓸 사람들에게 탄원하기 위해 동원되었다고 한다. 500명 이상의 지지자들이 연구소의 간부들에게 그들의 방식을 바꾸라고 청

원했다. 불행하게도 그때까지 연구소의 금고에는 수백만 달러가 있었으며, 그 돈은 Ellis가 그긴에 연구소에 기부한 것이었고, Ellis 는 월 1,200달러의 적은 월급을 받았을 뿐인데도 지난 40여 년간 연구소의 요구에 의해서 그 월급에서 건강 유지에 필요한 많은 비용이 지불되었다. 지난 2년간 연구소와 싸우면서 Ellis는 저축한 거의 모든 돈을 써 버렸다고 한다. 파산하는 동안 싸움은 쉽게 이길 것같이 보였다. Ellis의 지지자들은 변호사 비용을 대 주기도 했으나 충분한 돈은 아니었다. 연구소의 3명의 손에 돈과 힘이 쥐어져 있었다. 그들의 사전에 '정의'와 '공정'은 없었다. 설상가상으로, 가능하다면, 연구소를 운영하는 3명의 파시스트 통치자는 2명의 이사회 구성원에게 Ellis와 Debbie에 대한 거짓 정보를 믿도록 으름장을 놓았으며 연구소의 비윤리적인 변호사의 도움을 받도록 하였다.

또한 연구소의 직원들에게 Ellis와 Debbie에게 잔인하게 굴지 않으면 일자리를 잃을 것이라고 위협하기도 하였다. Ellis와 Debbie를 단호하게 반대했던 연구소장이 11월 말에 사임하기로 동의했다는 것이 뒤늦게 전개되고 있었다. 그러나 그는 이사회를 떠나는 데 동의하지 않았으며, Ellis의 행동에 대한 거짓말로 2004년부터 Ellis를 비윤리적이고 거짓말쟁이라고 고발한 한 이사의 절친한 친구를 임시 이사로 임명했다. 이 임시 책임자는 Ellis와 Debbie에 관한 중상과 모략을 그치지 않고 계속하였다. 암울한 상황이었지만 그럼에도 도움은 지속적으로 있었다. Ellis를 지지하는 수백 명의 사람은 연구소가 Ellis에게 자행한 비윤리적이고 불법적인 행동에 대해서 계속해서 항거하였다. 여론은 여전히 힘이 있었다. 그러니 제발 우리의 길을 가게 하도록 해 달라 말하면서 Ellis는 청중들에게 다음의 내용을 덧붙였다. 우선 연구소의 3명의 임원 Broder, Doyle, McMaho와 합류한 연구소의 교육 이사인 Dr. DiGiuseppe와 소통을 하길 요청했다. 그리고 Ellis가 연구소에서 강의하고 진행하는 것을 금지한 그들에게 Ellis는 "REBT는 항상 고정되어서는 안 되며, 현재 연구소를 인수한 당신들이 지금 하고 있는 것처럼 REBT를 '더 대중적'으로 만들기 위해 축소되고 더 일반화되어서도 안 됩니다. 그것이 변경되어야 한다면, 많은 견고한 경험적 연구에 기초하여 수행되도록 하십시오."라고 호소했다. 또한 그들에게 청중들의 마음을 전해 달라고 부탁하고 다른 무엇을 할 수 있는지 강하게 반문하며 Ellis는 다음과 같이 이야기 했다.

① 좀 더 구체적으로 말하면 제 아내이자 파트너인 Debbie와 우리의 지지자들은 REBT의 독창성과 수정된 부분을 보존하여 REBT의 철학이 교육 전문가와 학생들에 의해 실천되고, 이론으로서의 통합성이 경험적으로 지향된 연구에 의해 뒷받침된다는 것을 확인할 수 있습니다. REBT가 진정으로 인지치료, 인지행동치료 그리고 수용전념치료보다 더욱 효과적이고 유용한 이론일까요? 어디 한번 봅시다!
② REBT는 항상 고정되어서는 안 되며, 현재 연구소를 차지하고 있는 사람들이 지금 하고 있는 것처럼 '더 대중적'으로 만들기 위해 이론에 물을 타서 축소하거나 더 일반화되어서도

안 됩니다. 그것이 변경되어야 한다면, 많은 냉철한 경험적 연구에 기초하여 수행되도록 하십시오.

③ REBT의 미래는 이론이 담고 있는 철학을 계속 활용하고, 이 철학이 정말로 작동하는지 확인하고, 경험적으로 부족한 것으로 판명되면 추가하고 수정하고, 그것과 다른 인지행동치료법을 연구하는 데 더 많은 시간과 돈을 쓰는 것이 될 것입니다. 이론이 특정한 치료적 가설에 대해서 연구에 연구를 더하는 것이 구체적인 답이 될 것입니다. REBT이론에 따라 상담을 하고 가르치는 사람들은 그들의 내담자, 자기 자신 그리고 다른 전문가들과 함께 '무조건적 자기 수용' '무조건적 타인 수용' 그리고 '무조건적 삶의 수용'을 연습하기 위해 가급적이면 최선을 다해야 합니다.

arbitrary authority had better go! 임의적이고 자의적인 권위는 버리는 것이 낫지 않을까요?

④ 지금 나와 Debbie는 어떻게 지내고 있을까요? 우리에게 돈이 생기는 한 계속해서 싸울 것입니다. 그리고 REBT의 원리를 실행하고 있습니다.

첫 번째, 무엇보다도 먼저 우리는 연구소에 속아 넘어간 많은 사람이 우리를 계속해서 중상모략을 하여도 무조건적으로 수용할 것입니다. 우리가 실수를 할지라도 우리는 이러한 실수를 한 우리를 수용하며 변화를 위해 최선을 다할 것입니다.

두 번째, 자신들의 악행에 대해 불공정하고 정의가 없는 3

명의 가해자를 비난하지 않을 것입니다. 그들은 비록 파시스트처럼 행동하지만 썩어 빠진 파시스트는 아닙니다. 의심할 여지 없이 그들은 때때로 자신의 친구와 친척들에게는 좋은 사람들일 것입니다.

세 번째, 우리는 불공정으로 가득한 삶을 수용해야 하고 비난해서는 안 됩니다. 삶은 우리가 향상시킬 수 없는 노골적인 부당성을 포함하고 있습니다. 그것은 매우 나쁘지만 그렇다고 무시무시하고 끔찍하지는 않습니다. 우리는 '무조건적 자기 수용' '무조건적 타인 수용' 그리고 '무조건적 삶의 수용'의 개념을 꾸준하게 실천하고 촉진함으로써 희망을 가질 수 있고 다른 사람도 역시 이를 활용할 수 있도록 격려합니다. 그것들이 세상과 사람들을 완전하게 개선시키지는 못합니다만 도울 수는 있다고 생각합니다.

Ellis의 강의가 모두 끝나고 이후에 다음과 같은 Question & Answer의 시간이 이어졌다. 이 글에서는 독자 여러분의 이해를 돕기 위해 원문도 함께 싣는다.

질문 1

좋은 아침입니다. 저는 당신에게 힘이 되어 드리고 싶습니다. 저는 수년 전에 당신 밑에서 훈련을 받았습니다. 당신의 열렬한 팬입니다. 당신의 발표는 훌륭했지만 또한 매우 일반적이었습니다. 우리에게 몇 가지 구체적인 사항을 알려 주실 수 있는지 궁금합니다. 그들이 당신을 나쁘게 말하거나 당신을 비하하는 것에 대해 말할 때, 나는 당신이 무슨 말을 하는지 모르겠습니다. 배임이나 불법행위를 말씀하시는 건지 모르겠습니다. 무슨 혐의인지 전혀 모르겠습니다. 저희에게 구체적인 내용을 알려 주시면 감사하겠습니다. 감사합니다.

Question1

Good Morning. I would very much like to be supportive of you. I trained under you many years ago. I'm a big fan of yours. Your presentation was wonderful but also quite general. I wonder if you would be willing to give us some specifics. When you talk about them speaking poorly of you or degrading you, I have no idea what you are talking about. I do not know if you are talking about malpractice, malfeasance. I have no idea what the accusations are. If you could give us some specifics, I'd greatly appreciate it. Thank you.

대답 1

음, 우선, 그들은 제가 92세이고 약하다고 말합니다. 제가 했던 일을 할 수 없고 통제할 수 없다고 합니다. 이것 때문에 강연, 시연회 등의 발표와 슈퍼비전 등을 할 수 없다는 것 등 그들은 나이에 대한 차별을 하고 있습니다. 사실, 난 내 모든 일을 합니다. 특히 Friday Nignt Workshop은 연구소 밖에서, 옆집에서 하도록 강요받았습니다. 그들은 날 못 하게 하고, 나를 두려워하고 있습니다. 그 프로그램은 그 어떤 것보다 연구소가 많은 돈과 유명세를 얻게 하였습니다. 저는 Debbie와 함께하였고 우리는 그 어떤 것에도 불평을 하지 않았습니다. 그러나 그들은 내가 약하다고 거짓말을 했습니다. 둘째, 그들은 내가 지팡이로 사람들을 공격하고, 다른 일을 했다는 거짓말을 지어냈습니다. (청중들의 웃음) 완전히 거짓말입니다. 그리고 거짓말에 대한 거짓말이지요. 우리 웹사이트(www.AlbertEllisFoundation.org)를 읽고, 그들의 웹사이트(www.rebt.org)를 읽어 보세요. 저는 이 거짓말들 중 30개를 나열했습니다. 그러고 나서 그들은 연구소에서 일하는 모든 사람들, 접수 담당자와 도우미 등에게 저는 좋은 사람이 아니며, 저와 Debbie가 그들에게 나쁜 짓을 하고, 저항하는 나쁜 말을 했다고 말했습니다. 우리는 그렇게 하지 않았습니다. 그들이 우리에 대해 거짓말을 하고 훨씬 더 많은 거짓말을 하며, 왜 그들이 솔직하지 않고 거짓말을 하는지에 대해 지금 검토하기에는 시간이 너무 오래 걸릴 테지만, 저희 웹사이트를 읽어 보시면 찾으실 수 있으실 겁니다.

Answer 1

Well, first of all, they are saying that I am 92 and feeble. That I am unable to do what I did and control things. That I am unable to do my presentations and my supervisons, etc. , because of this. So they have age discrimination. Actually, I do all my presention-especially the Friday Night Workshops, which I've been forced to do outside the Institute, next door. They won't let me-they're afraid. It used to make more money and popularity for the Institute than everything. And Debbie does with me, and we have no complains whatsoever. But they did lied about my being feeble. Secondly, they made up lies about my attacking people-with my cane-and doing other things. (Audience laughter) Pure lies, and then lies about lies. Read our website, and read their website, and I have listed about 30 of these lies. And next they told all the people who work for the Institute-the receptionists and the helpers, etc.-that I'm no good and that I and Debbie do bad things and taling agaist them, which we do not do. So they lie about us and make up much more lies, and why they are unfactual and lying. So it would take too much time to go through them right now, but read our website and you will find them.

질문 2

Ellis 박사님, 저는 여름 동안 기초 및 고급 실습과정에 대한 훈련을 받기 위해 연구소에 있었습니다. 저는 박사님의 저술을 많이 읽었고 당신이 있었던 다른 행사에도 참여하였으며 그곳의 교육과정이 견고한 REBT가 아니라는 것도 알게 되었습니다. REBT라는 이름도 전단지에서 제외되었다는 것을 알 수 있습니다. 그곳에서 무슨 일이 일어나고 있나요? REBT보다 더 인지적인 것이 있습니까? 그것에 대해 논평해 주실 수 있나요?

Question2

Dr. Ellis, I was at the Institute for training over the summer, for the primary and advanced practicum. And I noticed that, having read a lot of your things and been to other events where you were at, that the curriculum there was not solidly REBT, and I know REBT has been taken off the name, and the flyers, etc. And that what's going on there is more cognitive than REBT. Can you comment on that?

대답 2

네, 앞으로 몇 달 동안 연구소에서 발표용으로 배포할 전단지가 있습니다. 첫째, 그들은 저를 전혀 포함하지 않았습니다. 둘째, 제가 평소에 이끌던 실습과정이 있는데 거기서 저는 빠져 있습니다. 셋째, 연구소를 운영하는 3명의 비윤리적인 사람들은 REBT를 직접 훈련받지는 않았고 일반적인 심리치료 때로는 일반적인 인지행동치료를 하는 사람들입니다. 그들이 지금 프로그램을 운영하고 있습니다. 그래서 이 연구소의 최신 전단지를 받아 보시면 제가 빠진 것을 보실 수 있을 것이고, Rational Emotive Behavioral Therapy는 살짝 언급되었을 뿐이지 실제로는 포함되지 않았습니다. 무슨 수를 써서라도 한번 전단지를 받아 보세요.

Yes, we have flyers put out by the Institute for their presentations for the next several months. One, they do not include me at all. Two, they have practical that I usually led, but I'm not in it. Three, they have toadies of the three unethical people who run the Institute who were not trained themselves in REBT but in general psychotherapy sometimes in general cognitive behavioral therapy, and these people are presenting. So if you get the latest flyers of the Institute, you will see that I am missing and the Rational Emotive Behavioral Therapy is just mentioned slightly but really is not included in it. By all means, get flyer.

Ellis 박사님, 저는 뭔가 나쁘고 불편한 것에 대해 생각하는 것과 끔찍하고 무시무시한 것을 생각하는 것에 대해 질문이 있습니다. 홀로코스트나 인종 청소와 같은 것에 대해서, 저는 그것이 끔찍하고 무시무시하며 정말로 그것 때문에 무너진다고 생각하지 않는 것이 어렵습니다. 그럼 인종 청소처럼 나쁜 상황이나 겉보기에는 끔찍해 보이는 상황에 대처하기 위해 REBT를 어떻게 사용할지 말씀해 주실 수 있나요?

Dr. Ellis, I had a question regarding the thinking of something bad and inconvenient versus horrible and awful. But when it comes to something like the holocaust or any kind of ethnic cleaning, it's hard for me to not just think that that's horrible and awful and really be brought down by that. So can you comment on how you would use REBT to deal with a situation as bad as ethnic cleaning, or some seemingly horrible situation?

대답 3

제 생각에 REBT는 유일한 인지행동치료법이자 많은 것들이 나쁘다고 말하는 200가지의 다른 치료법 중 하나입니다. 여러분은 원하지 않는 것을 얻지 못합니다. 그래서 그것은 나쁘고, 몇몇 것들은 연구소가 저와 Debbie를 괴롭히는 것과 같이 매우 나쁩니다. (청중 웃음) 그래서 그들은 매우 나쁩니다. 하지만 아무것도, 아무것도, 아무것도, 끔찍하고, 무시무시한 것은 없습니다. 왜냐하면, 허리케인이 강타해서 5만 명이 죽더라도, 2개의 허리케인이 일어나서 10만 명이 죽을 수 있기 때문입니다. 그래서 항상 상황이 더 나빠질 수 있습니다. 그리고 아무리 상황이 나빠도 - 그리고 때로는 유럽 국가들처럼 - 유난히 나쁜 경우도 있습니다. - 두세 번의 홀로코스트가 있을 수 있고, 비록 500만 명에서 1,000만 명 사이의 사람들이 죽었지만, 그 이상도 있을 수 있습니다. 그래서 어떤 것들은 나쁩니다. 몇몇 것들은 예외적으로 나쁘고 수백만 명의 사람들을 죽이거나 다치게 하거나 자유를 통제하기도 합니다. 하지만 그것은 여전히 끔찍하지 않습니다. 그리고 더군다나 아무리 나빠도 참을 수 있습니다. 여러분은 그것을 받아들이고 행복하지 않을 수 있지만 그것은 정상일 것입니다. 그러나 그 모든 것에도 불구하고 여러분은 행복한 삶을 살 수 있습니다. 예를 들어, Debbie의 가족을 보면 어머니와 아버지가 홀로코스트를 겪었지만, 그들은 그럭저럭 살아왔고, 나중에는 행복한 삶을 살았습니다. 그리고 다른 많은 사람들이 그랬습니다. 그러니 절대 가망이 없지 않습니다. 결코 완전히 나쁘지는 않다는 것입니다. 그것은 단지 예외적으로 안 좋은 것일 뿐입니다. 당신은 예외적으로 나쁜 일에도 대처할 수 있는, 때때로 행복하게 대처할 수 있는 사람입니다. 그래서, 다시 말하지만, 어떤 것도 끔찍하거나, 무시무시하지 않습니다. 그리고 그것이 아무리 나쁘다고 하더라도, 그들이 실제로 당신을 죽이지 않는 한, 당신은 그것을 받아들이고 여전히 즐겁고 행복한 삶을 살아갈 수 있습니다. (청중 박수)

Answer 3

Well, REBT, I think, is the only cognitive behavioral therapy and the only one of all different 200 types of therapy which says that many things are bad-you don't get what you don't want, so that's bad-and a few things are very bad-like the Institute's persecuting me and Debbie. (adudience laughter) So they are very bad. But nothing, nothing, nothing is awful, horrible, and terrible, because, one, even though a hurricane hits and 50,000 people are killed, there could be two hurricanes and kill 100,000. So things always could be worse. And no matter how bad things are-and they sometimes are exceptionally bad, like the European countries-there could be two or three holocausts, and although between 5 million and 10 million people were killed, there could be more than that. So somethings are bad. A few things are exceptionally bad and kill or harm or control the freedom of millions of people. But it is still not awful. And, what's more, no matter how bad it is, you can stand it. You can take it and not be happy about it-that would be normal-but in spite of it, you can lead a happy life. Debbie's family, for example, her mother and father went through the holocaust, but they got by and still later led a happy life. And many other people have. So it's never hopeless. It is never totally bad. It's just exceptionally bad. But you are an individual who can cope-and sometimes happpily cope-with an exceptionally bad thing. So, again, nothing is horrible, awful, or terrible. And no matter how bad it is-unless they actually kill you-you can take it and still lead a pleasurable and happy exitence. (Audience applause)

Ellis 박사님, 제 인생에서 가장 심오한 일 중 하나이자 대학원 과정에서 가장 심오한 일 중 하나는 이전에 언급하셨던 Perls 박사와 Rogers 박사의 상담비디오를 시청한 것입니다. 오늘 그 비디오를 구할 수 있는지요?

Question 4

Dr. Ellis, one of the most profound things that has ever happened to me in my life-and the most profound thing in my graduate studies-was watching the video that you referred to earlier with Dr. Perls and Dr. Rogers. Is there anyway to obtain that video today?

대답 4

Perls는 평소와 같이 망했습니다. (청중 웃음) 그는 항상 그러지는 않았지만 매우 적대적이고 불쾌하고 부정적인 사람이었습니다. 그는 Gloria에게 고약하게 굴었고 그녀는 그를 전혀 좋아하지 않았습니다. Rogers는 매우 친절하고 수용적이며 아버지 같았습니다. Rogers는 항상 무조건적인 타인-수용, 그래서 그는 Gloria를 받아들였고 그녀는 그를 좋아했고 나중에 그에게 편지를 보내기도 했습니다. 그리고 나도 그녀에게 무조건적인 타인-수용을 하였습니다. 그녀에게 남자가 없다는 것이 끔찍하지 않고 그녀가 남자를 찾을 수 있다는 것도 알게 해주었습니다. 그리고 그녀가 남자를 사귀고 싶어하여 간단히 남자친구를 사귀는 방법을 알려 주었습니다. 그래서 그녀는 나와 연락을 주고받았고 몇 년 후 결혼했으며, 이는 부분적으로 나와 상담한 결과라고 말했습니다. 그녀는 더 나은 삶을 살 수 있었고 약 10년 후에 사망했습니다. 그래서 그녀는 Carl Rogers와 나를 높이 평가했지만 Friz Perls는 높이 평가하지 않았습니다.

---

1) 역자 주: 1960년대 Gloria가 당대의 대가였던 Rogers, Ellis, Perls와 상담회기를 촬영한 동영상을 의미한다. 이는 이 책의 부록1에 수록하고 있다.

Perls fucked up as usual. (Audience laughter) He was normally-not all the time-a very hostile, nasty, negative individual, and he was nasty to Gloria and she didn't like him at all. Rogers was very nice and accepting and fatherly. Rogers always Unconditional Other-Acceptance, so he accepted Gloria and she liked him and corresponded with him later. And I gave her Unconditional Other-Acceptance, but I also showed that it wasn't terrible that she didn't have a man and she could possibly find one. And I showed her how to do it briefly if she wanted to do it. So she corresponded with me and got married a few years later and said that it was partly a result of my session with her. So she could led a better life, and about 10 years later she died. So she appreciated Carl Rogers and me, but not Friz Perls.

Ellis 박사님, 당신은 전문적으로나 개인적으로나 영감을 주는 분이에요. 그리고 당신이 겪고 있는 개인적인 어려움을 공유해 주신 것과 정직하게 그리고 개방적으로 말씀해 주셔서 감사합니다. 이러한 어려움을 대하는 당신은 정말 대가입니다. 당신은 이러한 어려움 속에서 우울해지면 그 속에서 빠져나오시는지요? 아니면 당신이 대가이기 때문에 감히 우울증이 당신을 더 이상 괴롭히지 못하는 것인지요? 그러한 과정에 대해 조금 알려 주시겠어요?

Dr. Ellis, you're such an inspiration-professionally and personally-and I want to thank you for sharing your personal struggles as you go through time, and being really honest and open about that. I am wondering if you-you're such a master at this-through this process, did you get depressed and then pull yourself out of it? Or does depression not even touch you any more, because you're such a master? Could you share a little bit about your process?

대답 5

아니요, 최근 몇 년 동안 그 상황이나 다른 것에 대해 우울해한 적이 없습니다. 제가 어렸을 때, 제가 사랑하는 소녀들에게 미친 듯이 사랑받지 못했을 때, 저는 완전히 우울해졌습니다. 하지만 잠시 동안만 지속되었고, 그 감정은 나중에 슬픔과 후회로 바뀌었고 우울증은 아니었습니다. 하지만 이 사악한 무리들은 내가 본 심리치료 분야에서는 사악한 깡패 같은 사람들이지만 히틀러, 스탈린, 마오쩌둥만큼 많은 사람을 죽이지 않았습니다. 그러나 그들은 대부분의 시간을 나와 Debbie뿐만 아니라 사실상 모든 사람에게 사악하게 굴었습니다. 그리고 그들은 연구소의 모든 사람들을 실질적으로 위협했습니다. 하지만 나는 그들을 증오하지도 않고 우울해하지도 않았습니다. 나는 그들이 존재해서 정말, 정말 유감일 뿐입니다. 너무 안타깝습니다. (청중의 웃음과 박수)

Answer 5

No, I never got depressed about the situation-or anything in recent years. When I was a child, and I wasn't loved madly by little girls that I was in love with, then I supidly depressed myself. But only lasted a while, and then I turned it into sorrow and regret, but not depression. But even though these thugs are the worst thugs that I have ever seen in psychotherapy, they are not killing as many people as Hitler and Stalin and Mao, but they really are most thuggish most of the time-not only with me and Debbie, but with practically everyone. And they intimidate practically all the people at the Institute. But I do not hate them and I'm not depressed. I am very, very sorry that they exist. Too bad. (Audience laughter and applause)

첫째, Debbie처럼 사랑스러운 여성을 어디서 찾았는지 궁금합니다. 또 있는지 묻고 싶어요. 둘째로, 제 애틋한 소망은 92세의 나이에 당신의 재치, 통찰력, 그리고 치료 능력을 갖기를 바란다고 말씀드리고 싶습니다. 그것이 미약한 소망이라면 하느님은 우리 모두를 도우실 것입니다. (청중 박수)

Question 6

First, I would like to ask where you found such a lovely lady as Debbie, and are there any more. And secondly, I would like to say that my fonders wish is that at 92 I will have your wit, your insight, and your therapeutic skill. If that is feeble, God help us all! (Audience applause)

대답 6

감사합니다. 제가 Debbie를 찾은 것이 아니라, Debbie가 나를 찾아냈습니다. (청중 웃음) 그녀는 호주에서 헌신적으로 REBT를 가르쳤고 10년 동안 심리치료를 하였습니다. 그녀는 미국과 나를 방문하기로 결심했고 마침내 우리는 사랑에 빠지고 말았습니다. 그리고 저의 전 생애에서 가장 행복한 순간이었습니다. (청중 박수)

Answer 6

Thank you. I did not find Debbie. She found me. (Audience laughter) And she'd been devoted in teaching REBT and in being a therapist in Australia for 10 years. And she decided that she'd keep visiting the United States and me, so finally we fell in love. And it was the happiest moment in my whole life. (Audience applause)

질문 7

Ellis 박사님, 감사하게도 당신의 커리어는 아직도 진행 중입니다. 그러나 당신의 커리어의 이 시점에서, 당신의 유산을 어떻게 특징지을 수 있습니까?

Question 7

Dr. Ellis, I appreciate that your career is still a work in progress, but at this early point of your career, how could you characterize your legacy so far.

대답 7

바라건대, 내가 남긴 유산은 나 자신이고, 나쁜 일이 일어났을 때 스스로를 속상하게 하는 것을 거부하는 방식입니다. 그리고 REBT의 모든 원칙들, 즉 당신은 대개 당신 자신이 스스로를 속상하게 합니다. 이것을 바꿀 수 있습니다. 당신은 선택권이 있습니다. '자신에 대한 무조건적 수용' '타인에 대한 무조건적 수용' 그리고 '삶에 대한 무조건적 수용' 등을 선택할 수 있습니다. 그러니 당신의 일터에서 선택해 보십시오. (청중 박수)

Answer 7

My legacy, I hope, is myself and the way I refuse to upset myself when bad things happen. (Audience applause) And all the principles of REBT; You largely upset yourself. You can change it. You have choices. And You can choose, choose, choose, USA-Unconditional Self-Acceptance-UOA-Unconditional Other Acceptance-and ULA-Unconditional Life Acceptance. So Go work your ass off and choose it. (Audience applause)

Ellis 박사님, 당신의 업적과 수고에 감사드립니다. 박사님께서 아이디어와 도움을 요청했을 때, 저의 어리고 순진한 반응은 단지 새로운 연구소를 설립하는 것에 대한 해결책이 없을까 하는 것이었습니다. 당신을 지지해 줄 사람들의 지원으로 말이죠. 그리고 진짜 Albert Ellis 연구소를 시작해서 그들을 이기면 되지 않을까요?

Question 8

Dr. Ellis, I greatly appreciate your work. And when you asked for ideas and help, my young naive reaction was that I wondered if there would be a solution of starting just a new institute, with the support of the people that you have in the room that will support you. And just beat them by starting the real Albert Ellis Institute.

대답 8

네, 우리의 첫 번째 선택은 항상 나쁜 짓을 하는 사람들을 제거하는 것입니다. 그들을 내보내야 합니다. 그리고 그것이 우리가 대중들에게 어필한 이유입니다. 전문적 대중들과 전체 대중들 그리고 전문적 훈련과 자기개발 훈련의 지도자들에게. (청중 박수)

Answer 8

Well, our first choice is to get rid of the people who act bastardly most of the time. Throw them out. And that's why we appealed to the public-the professional public and the whole public. And leaders of professional training and self-help training. (Audience applause)

질문 9

Ellis 박사님, 저는 현장에서 심리치료를 하고 있습니다. 수십 년간 많은 공헌을 해 주셔서 감사합니다 우리 모두는 박사님의 노력과 기여에 많은 혜택을 누리고 있습니다. 오늘 말씀하신 닉천주의와 당신이 처한 사태에 대한 설명 잘 들었습니다. 저를 항상 궁금하게 했던 한 분야는 종교와 영성에 대한 당신의 생각이었습니다. 오늘날 종교와 영성에 대한 당신의 생각과 그것이 심리치료에서 차지하는 역할에 대해 말씀해 주실 수 있는지요?

Question 9

Dr. Ellis, I am a practicing psychotherapist and have appreciated your many contributions through the years. We've all been enriched by them. I've appreciated your optimism and what you described today. One area that has always puzzled me has been your ideas about religion and spirituality. I wonder if you can comment on your thoughts about religion and spirituality today and the role that it has in psychotherapy.

대답 9

네, 사람들은 그들이 원하는 만큼 종교적으로, 그리고 그들이 원하는 만큼 영적으로 될 권리가 있습니다. 하지만 저는 『개인심리학 저널』과 여기에서, 그리고 다른 곳들에서 이미 말씀드린 바와 같이 만약 여러분이 이성적으로 영적이라면, 여러분은 다른 사람들을 지지하고 돕고 세상을 더 좋게 만들기로 결심합니다. 그리고 만약 당신이 비이성적으로 영적이고 광적인 신앙을 지니고 있다면 당신은 편협해져서 다른 사람들을 때려눕힐 수도 죽일 수도 있습니다. (청중 박수) 그래서 영성과 종교는 상당히 합리적인 요소를 가지고 있는 한 매우 좋습니다.

Answer 9

Well, people are entitled to be as religious as they want to be and as spiritual as they want to be. But I have shown in the Journal of Individual Psychology and in other places here, that if you're rationally spiritual, then you decide to be in favor of and to help other people and to make the world better. And if you're irrationally spiritual and religious, then you can be bigoted and knock down and kill other people. (Audience applause) So spirituality and religion are very good as long as they have quite rational elements in them.

질문 10

Ellis 박사님, REBT를 CBT 및 기타 인지 요법과 같은 범주에 넣는 것에 대해 생각하면 정말 정신이 아찔합니다. 왜냐하면 REBT에는 다른 이론에서는 없는 하나의 강력한 무기가 있고 그것이 '너무나 나쁜'[2] 요소라고 생각하기 때문입니다. 그로 인해 저는 물론이고 저와 함께 일한 사람들이 많은 어려운 상황을 겪게 해 준 것에 감사하지만, 나와 다른 사람들이 때때로 어린아이가 되어 그것이 너무나 나쁜 요소라고 말하면서 화를 표현할 수 있도록 허락해 주셔서 감사합니다.

Question 10

Dr. Ellis, it really boggles my mind when I think about putting REBT in the same category as CBT and other cognitive therapies, because I think it has one powerful weapon that the others dont's have, and that is the "too damned bad" factor. That has gotten me through many a tight spot, and people I worked with so I thank you for that-for allowing me and others to be a child at times and to be able to stamp your feet and say "Too damned bad.". Thank you.

답변 10

감사합니다!

─────────────────

2) 역자 주: 여기에서 '너무나 나쁜' 요소가 무엇을 의미하는지 맥락상 파악하기 어렵다.

질문 11

Ellis 박사님, 20년 전 제가 시연회에서 당신 앞에 내담자로 앉았던 경험이 있습니다. 그때 박사님은 5분도 안 되는 짧은 시간 동안에 저를 많이 도와주셨습니다. 저는 지금 자격증을 가진 심리학자이고, 써야 할 논문이 하나 더 있다는 만성적인 악몽을 꿉니다. 저는 매일 밤 땀을 흘리며 깨어납니다. 제 질문은 이렇습니다. 글을 쓸 준비가 되어 있고, 임상적으로 고객을 치료하고 있는 임상 전문가들을 다루어 주실 수 있나요? 악몽을 없애기 위해 무엇을 쓰는 것이 좋을지 제안해 주실 수 있습니까?

Question 11

Dr. Ellis, 20 years ago I sat on your stage as volunteer, and you helped me a great deal in less than five minutes. I am a licensed psychologist, and I have a chronic nightmare that there is one more paper I have to write. I wake up in a sweat every night. My question is: Can you address us clinicians who ready to write, who have clinically treated clients, what do you suggest we write about to remove nightmare?

답변 11

더 많은 논문이 있습니다! 당신이 그것들을 완벽하게 쓰지 않아도 되고, 보편적인 찬사를 받을 필요가 없다면, 92세의 제가 그렇듯이, 저는 지난 몇 년 동안 다섯 권의 신간을 썼고 현재도 두 권의 책을 쓰고 있습니다. 훌륭하고 완벽하게 잘하지 않아도 된다면 할 수 있는 일이 아주 많습니다.

3. Ellls의 생애와 Albert Ellis 연구소

1997년 학지사에서 출간한 『인지정서행동치료(Rational Emotive Behavior Therapy)』에서 REBT의 형성 및 변천 과정에 대해 기술하면서 Ellis의 생애에 관해 1990년대까지 기술한 바 있다. 이 책에서는 2001년 이후부터 그가 생을 다했던 2007년까지의 삶에 대해서 연도별로 다루고자 한다. 그리고 Ellis의 인생에서 학문적으로 유사한 입장을 취했던 Aaron Tim Beck에 관한 Ellis의 글과 인생의 말년에 만났던 사랑했던 아내 Debbie와의 만남과 사랑에 대해서 소개하고자 한다. 다음의 내용은 2010년에 출간한 그의 자서전 『Albert Ellis All out』에 그 근거를 두고 있다.

■ 2001년 2월: 36년간 파트너로 살았던 Janet의 이별 통보

Ellis는 87세였던 2001년을 그의 전 생애를 통해서 두 번째로 나

빴던 해로 기술하고 있다.

엄지손가락에 생긴 골관절염으로 인해 손을 사용하는 모든 행동(옷을 입고 벗는 것, 목욕, 요리, 면도, 글쓰기 등)에 영향을 미치고 느려졌으며 자잘한 건강상의 문제 등이 생기기 시작하였다. 특히 그해 2월에는 1965년부터 36년 동안 결혼은 하지 않았지만 반려자로 함께 살아왔던 Janet이 어떤 경고나 사인도 해 주지 않은 채 Ellis를 떠나겠다고 공표하였다. 원래 그는 어린아이 시절부터 선천적으로 타고난 외로운 사람이었다고 회고하고 그것이 바로 Ellis와 Janet이 36년 동안 잘 지내 왔던 이유이기도 하다고 했다. Janet은 개인적으로 매우 바빴기 때문에 오랜 기간 함께 지내지 않고 Ellis를 혼자 있게 하는 시간이 많았다고 한다.

그녀는 유난히 직업적으로도 개인적으로도 바쁜 시간을 보내 왔다. 우리는 서로 매일 아주 짧은 시간을 만났으며 매일 밤 함께 잠을 잤고 몇 년간이나 꾸준히 성생활을 하기도 하였다. 우리는 서로를 도와주는 관계였다. 나는 우리의 관계가 남녀관계에 기초를 둔 것이 아닌 우정에 기초를 둔 관계이기 때문에 지속될 수 있었다는 것을 금방 알아차렸다. 그래서 그녀가 나를 떠난다고 해도 잃을 것이 별로 없었으며 내가 다른 여성과 사랑하고 성관계를 맺을 수 있는 자유가 있다는 것을 알았다. 우리는 원래 1965년 6월에 만나 함께 살기 시작했을 때 열린 관계를 가졌다. 우리 두 사람 모두 분별 있는 한 다른 사람과 성적 관계를 맺을 수도 있으며 이 사실 자체를 비밀로 하지 않기로 하였다(Ellis, 2010).

자서전에 적힌 이러한 이야기는 Ellis의 솔직함을 여실히 보여주고 있다.

■ 2001년 3월: 신체적 쇠락의 시작

뉴욕시의 서쪽 57번가에 있는 할리데이 인 호텔에서 "미루는 것을 어떻게 피할 것인가(How to Avoid Procrastination)"에 관한 3시간짜리 워크숍을 하기로 계획이 되어 있었고 200명 이상의 사람들이 그 워크숍에 참석하기로 되어 있었다. 아리조나의 피닉스에서는 SMART[자기 조절과 극복하기(Self-Management and Recovery)]에 관한 워크숍을 하기로 되어 있었다. 먼저 뉴욕 시의 워크숍에 참석하기 위해 택시를 탔는데 할리데이 인 호텔의 주소에서 내리지 못해서 걸어서 워크숍 장소를 찾아가다가 넘어져서 머리를 다쳤다. 이런 상황 때문에 워크숍 장소에 가지 못하고 병원에 가서 치료를 받았으며 피닉스에서 참석하기로 한 워크숍은 주최측의 양해를 구해 병원에서 강의하는 것을 녹화하여 대치할 수 있었다.

Ellis는 이사회에서 36년간 일했던 Janet을 내쫓고 그들이 원하는 사람을 대체하려고 하는 것 때문에 매우 화가 났다. Ellis는 Janet이 36년 동안 연구소를 위해 헌신한 점을 높이 여겨 상당량의 금전을 주었고 Janet을 위해 미래에도 좋은 계약을 할 수 있도록 했다. Janet은 이 점에 만족해했고 연구소를 나가 정착하는 데 만족스러워하였다(Ellis, 2010). 이러한 점은 Ellis가 한때 사랑을 했고 자신과 동반자 역할을 했던 여성에 대한 일종의 도의, 의리로 보인다.

■ 2001년 9월 11일: 테러와 Debbie의 등장

Ellis는 집단상담을 실시하고 있는 오전 10시가 조금 지나서 테러가 났다는 뉴스를 들었고 2,000명 이상이 죽고 수천 명의 사상자가 생겼다는 비보를 들었다. 그는 이런 혼란 속에서도 미리 예정된 1시간이 걸리는 7개의 상담사례와 30분이 걸리는 23개의 30분짜리 회기를 수행하려고 하였으나 몇몇의 내담자들이 상담을 취소하였기 때문에 전화면담으로 대체하였다고 한다. 내담자들은 대중교통을 타는 것이 너무 공포스럽다고 했기 때문에 Ellis는 덕택에 세상 모든 곳에 있는 내담자들과 전화를 통한 상담을 할 수 있었다고 한다. 그는 대중들을 위해 무료로 상담을 해 주었으며 심리학자들과 사회사업가들을 위한 집단 강의도 실시하였다. 그는 더군다나 36년 동안 이어져 왔던 금요일 밤의 워크숍도 그 주 금요일 9월 14일에 수행하였다(Ellis, 2010). 이를 통해 거장의 자기 일에 대한 헌신과 꾸준한 작업을 알 수 있는 부분이다. Ellis는 그날의 워크숍에서 본인의 인생에서 처음으로 테러리즘에 대한 강의를 30분 동안 했다. 그는 REBT를 활용하여 테러리즘이 몰고 온 격분, 공황과 공포를 어떻게 줄일 수 있는지에 대해서 이야기하였다. 나중에 Ellis의 아내가 될 Debbie가 당시 뉴욕을 방문 중이었다. 그녀는 구조대원으로 봉사활동을 하기 위해 뉴욕에 머무는 시간을 더 확보하였다. 이때 Ellis와 Debbie는 오전 10시 30분부터 저녁 9시 30분까지 함께 일했다. 그러고 나서 Debbie는 밤 10시 30분부터 다음 날 새벽 4시 또는 5시까지 불시착 시설에서 봉사활동을 하였다고 하였다(Ellis, 2010). 이때 그의 마지막 생의 반려자인 Debbie가 등장한다.

■ 2001년 11월: 재정적 문제의 출현

Ellis는 연구소에서 정규 인턴과 펠로우를 훈련시키기 위해 매년 많은 돈을 써야 했다. 여기에 드는 비용 때문에 생기는 결핍은 그동안 모아 놓은 투자금의 수입으로부터 복구하였으나 2001년에는 특히 테러 이후에 주식시장의 경기가 나빠져서 주식에서 300만불(한화 약 36억 원)을 잃게 되었다. 그 결과로 연구소는 78만 3,000불(한화 약 9억 3,960만 원)의 순수한 손해가 발생하였다. 이러한 손실은 다음해의 손실로도 이어지며 이는 더 큰 금전적인 고통을 야기함을 의미한다고 말하였다. 연구소의 자산인 유가증권에서 파생하는 수입은 줄어들고 매년 손실은 증가했다는 의미이다. Ellis는 이런 식으로 재정상태가 계속해서 나빠진다면 연구소는 문을 닫거나 훈련 프로그램을 대폭 축소해야만 했다고 한다. 이러한 맹렬한 타격에 대해서 어떻게 적응해야 할지에 대해서 그는 생각했다. 연구소가 위험에 처할 때 Ellis는 자신이 인생에 대해서 헌신했던 태도로 대처하기로 하였다. 그는 최악의 결과를 상상하고 자신이 행복하다는 것을 보일 수 있었다(Ellis, 2010). 참으로 거장다운 진면목이 아닐 수 없다.

■ 2002년에서 2003년: Debbie와 함께한 Ellis의 90세 생일 파티

Debbie가 뉴욕으로 이사를 오고 2002년 플로리다주 올랜도에서 열린 여타의 이론과 다른 차별점을 드러낸 REBT 관련 학술회의는 성황리에 진행되었다고 한다. 여기에서 생긴 수익금은 재정적으로 연구소에 도움을 주었다고 회고하고 있다. 그러던 중 2003년 6월에는 육체적인 재난이 닥쳐 몸에 장루 주머니를 달게 되었음에도 회복하여 새로운 책『인지정서행동치료: REBT가 나에게 적용될 수 있다면 당신에게도 적용될 수 있다(Rational Emotive Behavior Therapy: It Works for Me-It Can Work for You)』를 집필하기 시작하였고 10월 1일부터 매주 수요일 다시 전화를 통한 상담과 11월부터는 집단상담을 다시 가동하기 시작했다. 연구소에서 다시 몇 개의 워크숍도 시행했고 외부 일정도 소화하였으며 정규적인 금요일 밤의 워크숍(Friday Night Workshop)도 재개하였다. 캐나다의 토론토에서 열렸던 미국심리학회(APA) 연차학술대회에도 전화로 참석했다고 한다. 당시 인디애나 블루밍턴에서 달라이 라마와 만나기로 되어 있었으나 의사의 반대로 무산되었다. 간간히 진행했던 워크숍은 모두 성공적으로 마쳤다. Ellis의 귀가 어두워졌지만 Debbie의 도움으로 청중들의 음성을 이해할 수 있었다고 한다. 그러나 연구소는 다시 어려움에 휩싸이게 되었다. Ellis가 많은 내담자를 만나지 못했고 외부 워크숍을 진행할 수 없었기 때문에 연구소는 다시 재정적으로 힘들어졌다. 연구소의 이사회는 Ellis의 간병비를 지원했고 용돈을 주었기 때문에 표면적으로는 Ellis에게 잘해 주는 것처럼 보였지만 결코 그것은 오래가지 않았고 한다. 이 해의 9월 27일은 Ellis의 90세 생일로 그는 많은 사람들에게 축하 메시지를 받았다. 특히 전직 대통령 부부인 힐러리 클린턴과 빌 클린턴, 전직 대통령 부인인 로라 부시, 뉴욕시장이었던 블룸버그, 뉴욕 주지사였던 퍼타키가 그들이었다. 14대 달라이 라마가 축하 편지와 '캐타'라고 하는 티베트의 스카프를 보내 주었고 키드먼 박사는 그의 딸인 유명 배우 니콜 키드먼과 함께 와서 축하해 주었다. 그녀가 Ellis에게 "멋있어 보인다(looked wonderful)."는 찬사를 하자 그도 역시 그녀에게 "당신도 괜찮아 보여(looked okay)."라고 말하여 좌중을 웃겼다. 이런 내용이 잡지 『뉴욕커(New Yorker)』에 소개되었다. 그날 Ellis는 Debbie와 함께 있어서 좋았다고 회고하였다(Ellis, 2010). 현존하는 노 심리학자에게 미국의 지도층 인사들이 보여 준 찬사는 미국 사회에서 심리학과 심리치료자가 차지하는 위치를 여실히 보여 주는 것이라 할 수 있다.

■ 2004년: 가짜 Albert Ellis 연구소

2004년 9월까지 계속해서 Ellis는 연구소의 소장(長)이었다. 1년 동안 연구소의 부소장을 역임했던 Michael Broder가 Ellis에게 거짓말을 하였고 연구소를 통째로 통솔하고 있었다. 연구소는 REBT가 아닌 일반직인 내용을 니무 많이 다루었고 Broder는 자신의 책을 팔아 돈을 버는 데에만 혈안이 되어 있었다. 그는 Ellis의 등 뒤에서 "Albert, 당신이 아니라 내가 이 연구소를 운영하고 있어요."라고 소리치는 것 같았다. 절대 권력은 절대적으로 부패한다는 속담처럼 권력은 무너졌다. Ellis는 스스로 궁정혁명이라고 부른 이 상황에 저항했고 죽는 날까지 싸우다 돌아가셨다. 안타까운 일이다. 이러한 전쟁을 겪으며 Ellis는 Debbie를 포함하고 Bill Knaus와 같은 전도유망한 전문가 200명으로 구성된 대기 이사 회사를 꾸려서 정의를 고취하고 연구소의 배반자를 축출해서 다시 연구소를 되찾으려고 시도하였다. 한편, 2006년에 이사장이 된 Lyle Stuart와 Broder는 함께 힘을 합쳐 Ellis와 Debbie의 시민권을 빼앗고, 연구소를 재정적으로 황폐하게 만들고, 연구소의 훈련 프로그램을 초토화시켰다. Ellis의 주장에 따르면 그들은 연구소의 홈페이지를 통해 Debbie와 그에 관한 여러 가지 거짓말과 왜곡을 유포하였다. Debbie가 Ellis의 생명을 빼앗고 속였다는 오해를 들어야만 했다. Ellis는 이것은 진실과는 완전히 먼 이야기라고 말한다.

2004년 10월의 어느 날에 연구소의 부소장이었던 Broader와 Doyle는 Ellis에게 Debbie를 연구소에서 내쫓고 다른 사람을 써야 한다고 주장하였다. Ellis는 여러모로 다음과 같은 이유 때문에 승산 없는 싸움을 했다고 회고하고 있다.

1. 연구소는 1959년 이후 수십만 달러를 축적해 놓았고 매해 Ellis 책의 인세나 Ellis가 수행한 무수한 심리서비스를 통해 받은 비용이 있다.
2. 가짜 Ellis 연구소는 뉴욕의 45동쪽 65번가에 위치한 빌딩을 불법적이고 비윤리적으로 점유하고 있으며 Ellis를 연구소의 소장직에서 몰아내고 가르치지도 못하게 하며 Ellis가 연구소를 위해 수행했던 상당한 일에 대한 사례비를 대폭 삭감하였다. Ellis와 변호사가 제기한 소송에서 뉴욕주 대법관은 Albert Ellis 연구소가 불법행위를 하고 있다고 판결했고, 또 다른 소송에서는 그것이 Ellis의 시민권에 대한 불법적인 차별이며, Ellis에 대한 나이 차별이라고 주장하였다.

여기까지는 아주 간단한 설명이고, Ellis와 그의 많은 친구들은 이것이 얼마나 부도덕한 짓인지에 대해서 끊임없이 저항하였다. 한편으로 그와 Debbie, 그리고 그들의 지지자들은 REBT를 위한 최초의 그리고 가장 중요한 REBT훈련센터를 복원하기 위한 희망을 버리지 않고 복귀하여 REBT의 주요한 철학을 고취시키려고 하였다. 주요한 철학은 바로 무조건적 자기 수용(unconditional self-acceptance), 무조건적 타인 수용(unconditional other-acceptance) 그리고 무조건적 삶의 수용(unconditional life-acceptance)이다. Ellis는 연구소의 과거의 지위를 위해 노력했고 그것을 되살리기를 기대하였다. 몇몇 사람들은 Ellis를 힘들게 했던 사람들에게까지 무조건적 타인 수용과 REBT의 원리를 적용하는 것은 지나친 것 아니냐고 말하기도 한다. 그러나 Ellis는 그 말에 동의하지 않으며 자신이 잔혹하다고 여기는 행동에도 불구하고, 그들이 실수하기 쉬운 인간임을 믿으며, 자신의 철학이 여전히 가치 있다고 생각한다고 고백하고 있다. Ellis는 타인에 대한 무조건적 수용(UOA)을 유지하면서 다르게 행동했어야 하는 것은 2004년의 문제가 시작되기 전에 좀 더 일찍 적극적으로 행동했어야 했다는 것이다. 그러지 못한 것이 많이 유감이라고 그는 회고하고 있다. 이전 몇 년 동안 Ellis의 목표와 이익에 반하는 행동을 한 사람들, 즉 이사진들, 연구소장들, 그리고 특정 직원들은 연구소에 도움이 되지 않는 방식으로 신뢰할 수 없고, 의지할 수 없고, 무책임하고, 방해받을 수 없다고 자신을 드러낸 경우들이 있었다. 또한 Ellis는 만약 수십 년 전부터 그런 사람들을 연구소에서 내보냈다면 지금과 같은 연구소의 비참한 상황은 일어나지 않았을 것이라고 회고하고 있다(Ellis, 2010).

■ 2006년: 연구소의 계속되는 어려움

Ellis는 당시 소장이었던 Lyle Stuart, 연구소의 관계자, 변호사등과 메일을 주고받으면서 어려운 시간을 보냈고 여기에 시간을 보내느라 책을 쓰고 Debbie와 함께 시간을 보낼 수 있는 시간이 많지 않았다고 회고한다. 그럼에도 불구하고 Ellis는 자신의 트레이드 마크와 같은 금요일 밤의 워크숍은 연구소의 옆 건물에서 지속하였다고 한다. 연구소에 기거하면서 문구류 하나 쓰는 것도 당시

소장이었던 Stuart의 허락을 받아야 하였으며 사람의 요구에 의해
수행되는 강의조차 연구소의 강당을 소장의 허락 없이 사용하였
다고 경고를 받았다고 한다(Ellis, 2010). 뭔가 헷갈리는 상황이 연
출되었던 것 같다.

■ 2007년: 최후의 편지

그의 자서전에는 2007년 4월에 작성한 다음과 같은 최후의 편
지가 있다.

이 편지는 Jeffrey Bernstein, Bob O'Connell, Kristene
Doyel, Raymond DiGiuseppe 등 나의 웹사이트에 나의 이름
을 쓰는 것을 막고 있는 연구소의 소장과 주요 간부들에게 보내
는 편지입니다. 나는 이러한 편지를 너무 늦게 쓴 것이 후회스
럽습니다. 당시 나는 폐렴과 다른 합병증 때문에 병원에 입원
해 있었습니다. 그럼에도 불구하고 이 쟁점에 대한 그들의 언어
와 행동에 대해서 답장을 합니다. 진짜 Albert Ellis 연구소는
1950년대에 세워졌습니다. 특히 첫 번째 Albert Ellis 연구소
는 1957년에 세워졌고 우연히 나의 책 『신경증 환자와 사는 법
에 대하여(how to live with neurotice)』가 세상에 나왔을 때입
니다. 진짜 Albert Ellis 연구소는 1964년 11월 2일에 맨해튼
의 45동쪽 65번가에 설립되었습니다. 진짜 Albert Ellis 연구
소는 가짜 Albert Ellis 연구소보다 먼저 세워진 것입니다. 진짜
Albert Ellis 연구소에 관한 많은 문헌들이 참고문헌이나 또 다
른 곳에 1957년부터 나타나고 있습니다. 그래서 우리는 맨해튼

의 45동쪽 65번가에 있는 연구소를 운영하는 사람들에 대한 우선권이 있습니다. 현재의 연구소는 나의 이름 'Albert Ellis 연구소'라고 활용하고 있지만 나는 그것을 가짜라고 생각하고 있습니다. 2004년 이후에 수행되는 여러 가지 REBT 관련 워크숍들이나 강의가 물타기되었으며, 내가 모르게 나의 허락도 없이 연구소의 성격이 변질되었습니다. 연구소는 나의 선호와 결정에 따라 운영되는 것이 아니고 나의 자문도 없이 운영되고 있습니다. 2005년 7월에 연구소의 고위관리와 이사회가 나를 연구소에서 금요일 밤의 워크숍을 진행하거나 상담을 하거나 가르치는 일을 금지했다는 것은 너무도 잘 알려진 사실입니다. 연구소의 현 이사회는 나의 허락없이 나의 이름을 활용하고 있으며 REBT 및 연구소와 관련된 목적으로 그것의 독점적 소유권을 주장하고 있습니다. 그들은 만약 나의 지지자들이 나의 웹사이트(AlbertEllisFoundation.org)에서 나의 이름을 지우지 않으면 나의 지지자들에 대항해서 법적 조치를 취하려고 하는 상황에 있습니다. 슬프게도, 제 지지자는 제 이름과 직함을 계속 사용하기 위해 싸우는 데 드는 그들의 방어비용에도 불구하고, 그렇게 하였습니다. 그렇게 하지 않으면 그것들의 사용을 금지당해야 했기 때문입니다.

진짜 Albert Ellis 연구소는 1950년대 이후 운영되어 왔습니다. 가짜 Albert Ellis 연구소에서는 내가 그들에게 사용을 허락한 적이 없음에도 불구하고 나의 이름을 도용하였으며, 아직까지도 나의 웹사이트에서 내 이름과 직함을 쓰는 것을 거부하고 있습니다. 이것은 뻔뻔스럽고 무모한 짓입니다. 내가 만약에 GM(General Motors)이라는 이름을, US Steel이라는 이름을 그들이 허락 없이 사용한다고 합시다. 이것은 합법적인 것이 아닙니다. 그러므로 가짜 Albert Ellis 연구소는 불법적인 것입니다. 이것은 결코 내 삶에서 들을 수 없었던 가장 무모한 짓입니다. 가짜 연구소에 있는 몇몇 사람들에 관한 많은 소문은 가짜입니다. 그러나 나는 지금 당장에 그것들에 대해 응답할 시간이 없습니다. 최근에 Bill Knaus 박사와 2명의 다른 전임 소장들이 그들의 편지에서 이러한 점들의 몇몇에 대해서 다루고 있습니다.

Jeffrey Bernstein과, Bob O'Connel, 그리고 몇몇 사람들에게 내가 나의 이름으로 나의 연구소를, 나의 방식으로 운영할 수 있는 자유를 달라고 말을 하였습니다. 가짜 연구소의 사람들은 선박을 강탈하는 해적과 같이 행동하였습니다. 이 연구소가 누구의 공로로 인정되는지에 대해 법적 조치가 취해질 수 있습니다(Ellis, 2010).

여기에 나온 이야기만 가지고는 어떤 연유에서 REBT를 창안하고 Albert Ellis가 설립하고, 그곳을 위해 자신의 모든 열정과 에너지를 바친 노장학자의 연구소가 이렇게 불법적으로 강탈당해야만 했었는지 그 진위를 판단할 수 없다. 후일 연구소의 관계자 그리고 주변인들에게 정확한 사실을 파악하고 자세한 진상에 대해서 독자들에게 알려 드릴 것을 약속한다. 그럼에도 불구하고 지금까지 나온 사실과 정보만으로도 Ellis가 몹시 억울하고 불합리한 상황으로 내몰렸던 것은 확실해 보인다.

4. Ellis와 중요한 사람들: Aaron Tim Beck과 Debbie Joffe Ellis

1) Aaron Tim Beck

Ellis(2010)는 그의 사후에 출간한 자서전『Albert Ellis All out』에서 Aaron Tim Beck에 대해서 다음과 같이 기술하고 있다.

> 나의 생애 동안에 가장 특별한 협업은 Aaron Tim Beck과 함께 이루어진 것이다. 나는 REBT와 인지치료에 관해서 그와 함께 협업을 했다고 생각하지 않는다. 나는 단독으로 1955년에 REBT를 창안하였으며 특히 나의 책『신경증 환자와 사는 법에 대하여(How to live with a neurotics)』를 1957년에 출간하였다. 나는 이 책이 출간되었을 때 Beck에게 보냈다. 그러나 나중에 그가 우울증과 치료에 관한 논문을 썼다는 것을 알게 되었다. 그리고 그는 자신이 인지행동치료(Cognitive Behavioral Therapy: CBT)와 더불어 인지치료(Cognitive Therapy: CT)를 창안했다고 일종의 주장을 하였다. 그것은 내가 처음 듣는 소식이다!(That was news to me!) 실제로 Beck은 사고의 주요한 역할에 대한 힌트를 얻었으며 그 주제에 관한 첫 번째 주요 논문인 우울증이 1963년「정신의학기록(Archives of Psychiatry)」에서 출간되었다. 내가 그 논문을 읽었을 때 인지치료를 확립하기 위한 아주 훌륭한 노력의 산물이라고 즉각적인 공개 지지를 하였다. 만약 Beck이 1957년에 출간한 나의 책『신경증 환

자와 같이 사는 법에 대하여』와 1962년에 출간한 나의 책 『심리치료에서 이성과 정서』라는 책을 읽지 않았더라면 이것은 기적과 같은 일이 일어난 것이다. 사실상, 그는 1960년에 Larry Treaker와 함께 작업하였으며 Larry는 1956년과 1957년에 있었던 나의 REBT에 관한 초기 진술을 아주 잘 알고 있었다. 나는 곧 Beck과 아주 다정한 관계를 가졌다. 나는 Beck이 있었던 펜실베이니아 의과대학 정신과에 초대받아 가서 REBT를 강의하였다. 우리의 주요한 차이는 주로 스타일에 있었다. 1979년에 보낸 편지에도 내가 Beck에게 보여 주었듯이 우리는 모두 내담자가 방해받는 것에 대한 ABC를 지시적으로 가르친다. 다만 REBT 상담자들은 비합리적 신념에 대해서 보다 지시적으로 직접적으로 논박을 하는 반면에 Beck의 인지치료자들은 더욱 간접적으로 그리고 천천히 할 뿐이다.

Beck의 주 선생님이고 조력자인 그의 딸 Judith는 1995년에 인지치료에 관한 저서를 세상에 내놓았다. 그 책에서 그녀는 나의 정서적 환기법을 정확하게 통합했고 나는 명백하게 그것을 승인하였다. 더욱 최근에 나는 Beck, Christine Padesky와 함께 REBT와 CBT의 차이점과 유사점에 대해서 기술하였다. 우리는 모두 REBT가 심리치료와 함께 철학, 특히 무조건적 자기 수용, 무조건적 타인 수용, 무조건적 삶의 수용을 강조하는 철학에 주안점을 두고 있다는 것에 동의하였다. 물론 인지치료에서도 종종 이러한 기초적인 철학적 개념을 활용하고 있다.

모든 사람이 REBT와 CBT가 똑같은 방법으로 수행될 수 있다고 말한다. 그러나 나는 만약 그들이 구체적이고 힘있게 무조건적 자기 수용, 무조건적 타인 수용, 무조건적 삶의 수용에 대한 강력한 가르침을 포함하고 있다면 치료자들은 상당히 더 나은 결과를 성취할 수 있다고 주장한다. 그것은 통제된 실험 연구를 통해서 입증되어야 할 것이다. 현재의 잘못된 연구소의 상황에 대해서 Beck과 그의 딸 Judith, Christine Padesky, Steven Hayes, 그리고 다른 CBT 리더들이 나를 강력하게 지지해 주고 있다. 그것은 아주 훌륭한 협동이다. 현실치료의 창시자 William Glasser도 역시 나를 지지해 주고 있다.

Ellis는 앞선 글에서도 알 수 있듯이 Beck이 1957년에 출간한 Ellis의 저서 『How to live with a neurotics』와 1962년에 출간한 또 다른 저서 『Reason and Emotion in Psychotherapy』에 영향을 받았고 또한 Ellis의 초기 주장을 잘 알고 있는 Larry Treaker가 Beck과 밀접하게 작업을 하고 있는 것을 알고 있기 때문에 Beck의 인지치료가 자신에게 영향을 받았다고 추정한다. 그럼에도 불구하고 Ellis는 Beck이 이를 공개적으로 천명하지 않은 것에 대해 결코 섭섭함을 토로하지 않았다. 앞에서 기술한 대로 Ellis가 어려움에 처해 있을 때 Beck과 그의 딸은 전폭적인 지지를 아끼지 않았으며 2명의 거장은 함께 협업하고 우정을 쌓아 갔다. Aaron Tim Beck도 2021년 유명을 달리하여 인생은 짧고 예술은 길다는 격언을 상기시켜 주고 있다. 그들의 육신은 비록 소멸하였지만 그들의 생전 작업은 많은 상담자들에게 전수되어 지금도 많은 생명들의 마음을 치료하는 데 일조하고 있으리라 믿어 본다.

2) Debbie Joffe Ellis

Ellis는 인생 말년에 푸른 눈과 금발의 아름다운 여성 Debbie를 만나서 2004년 11월 15일 뉴욕 시청에서 결혼식까지 하였다. Ellis(2010)는 그의 자서전에서 그녀와의 만남을 다음과 같이 회고하고 있다.

내가 Debbie를 처음 만난 것은 1980년대 후반에 그녀가 태어난 호주를 방문했을 때이며 Debbie는 나에게서 REBT를 배웠다. 그녀는 30대 초반으로 금발에 푸른 눈을 지닌 아주 매력적인 여성이었다. 그녀는 호주의 면허를 가진 심리학자였으며 뉴욕에서는 면허를 지닌 정신건강 상담자(mental health counselor)이다. 그는 또한 대체의학의 박사학위도 지니고 있다. 호주에서 그녀는 개인 상담센터를 운영하였고 대중 워크숍도 하였으며 큰 대학의 강사이기도 하였다. 그녀는 뛰어난 REBT 상담자였으며 REBT를 가르치는 교사였다. 그녀의 부모는 2차례의 대학살에서 생존하여 폴란드에서 호주로 왔다. 호주에서는 일을 열심히 하여 잘 살아남았다. 그러나 불행하게도 그녀의 부친은 놀라울 정도로 안정적인 사람이었는데 50대에 심장병으로 돌아가셨다. 그녀의 어머니는 지금 80대인데 아직 호주에 살고 계시며 오빠도 호주에 살고 있다. Debbie는 1998년부터 매해 몇 달씩 미국을 방문하였고 우리는 서로 우호적이었다. 우리는 호주에 있는 그녀의 내담자에 관한 이야기 등 많은 이야기를 나누었으며 그녀는 나의 작업에도 많은 도움을 주었다. 우리는 서로에게 더욱더 매력을 느끼기 시작하였다. 우리는 내가 여자친구였던 Janet

과 함께 살고는 있었지만 관계는 서로 개방적으로 변하였을 때인 2002년에 매우 친밀한 사이가 되었다. 그리고 Janet이 혼자서 살게 되고 나와 분리되었을 때 더욱더 친밀한 사이가 되었다. 나는 여태까지 내가 맺었던 어떤 관계보다 더 가장 사랑하는 관계를 형성하게 되었다. Debbie는 나의 자서전에서 언급했던 내가 사랑했던 여인들보다 더 사랑하는 여성이 되었다. 최상의 관계였다. 나의 92세라는 나이가 초래한 쇠퇴하는 성욕에도 불구하고 우리의 관계는 정말로 대단했고, 성적으로도 괄목할 만했고, 서로를 깊이 사랑하였다. 나는 아직도 그녀에 대한 아주 큰 욕망이 있다. 나는 강한 의지로 그녀를 내가 죽을 때까지 깊이 사랑할 것을 기대하고 있다. Debbie는 나를 100%사랑하고 있으며 이것은 그녀에 대한 나의 심오한 사랑 그 이상이다. 그녀는 나의 모든 면에서 완전한 반려자이며 책을 쓰거나 워크숍을 하거나 심지어는 금요일 밤의 워크숍에서도 나와 항상 함께하며 협업으로 나를 돕는다. 그녀는 상당히 유능하며, 우리가 수행하는 다양한 워크숍이나 강의 등의 참석자들은 우리의 친밀한 관계를 축하해 주고 있다. Debbie는 말 그대로 내 생명의 은인이다. Debbie는 2003년 5월 -나를 죽일 수도 있었던- 감염된 대장이 터지기 직전에 나를 바로 그 시각에 병원에 데리고 갔다. 병원에 있는 동안에도 그녀는 두 번이나 나의 생명을 구하였다. 한번은 당뇨가 초래한 혼수상태에 빠졌을 때(또 한번은 내가 숨을 쉴 수 없을 때를 관찰하여), 이를 주목하고 즉각적으로 처치를 받게 했다. 그녀는 그 당시 병원에 있는 동안이나 이어지는 병원 방문에도 항상 나와 함께 동행하고 밤낮으로 나와 함께 머물러 주었다. 그리하여 드디어 2004년 11월 15일, 뉴욕 시청에서 결혼을 하였다. 내 인생의 가장 행복한 날이었다.

Ellis는 결혼 후에 Debbie의 생일날, 그들의 결혼기념일, 그리고 특별한 경우가 아니어도 끊임없이 그녀에게 연서를 쓰고 시도 써 주고, 익숙한 노래에 개사를 해서 주기도 하면서 Debbie와의 사랑을 불태웠음을 회고하고 있다. 다음은 Debbie가 기술한 Ellis 자서전의 마지막 장이다.

5. Debbie가 기술한 Ellis의 마지막 날들

Ellis 인생의 마지막은 그의 인생에서 가장 끔찍한 상황에서 그의 이론과 그가 주장한 개념들의 실천력에 대한 역량을 검증하는 기간이었다. Ellis는 그의 마지막 순간까지 영웅적으로, 용기 있게, 그리고 확고하게 자신의 문제에 그것을 적용하였다. 승리는 그의 삶의 외부 환경에서 그가 원하는 것을 성취하는 것 중 하나가 아니었다. 슬프게도 두 가지 측면, 즉 하나는 연구소, 또 다른 하나는 그의 건강의 측면에서 그는 그러지 않았다. 승리는 그의 진정한 철학, 진실하고 모범적인 철학에서 비롯되었다. Ellis는 그의 육체가 쇠락하고 있는 시간 전체를 통하여 결코 자신을 비난하거나 동정하지 않았다. 그는 또한 결코 자신의 이익과 목표를 방해하는 무리들을 비난하지 않았다. 그는 끊임없이 타인과 바뀌지 않는 상황을 수용하였다. Ellis는 회복하고, 힘을 되찾고, 활동적인 삶으로 돌아가기 위해 초인적인 노력을 기울였다. 그는 결코 포기하지 않았다. 결국 그의 몸과 각종 장기는 망가졌다. 의사들은 Ellis의 의지력과 끈기를 많이 놀라워하였다. 그는 계속해서 다른 사람들에게 기여하였다. 심지어 엄청난 피로에 휩싸일 때도 책이나 신문, 잡지의 인터뷰에 응하였으며 나에게 그의 저술을 받아 쓰게 하였고, 병원 침대에서도 학생들이나 방문자 집단에게 강의를 하였다. Ellis가 읽을 힘도 없고, 내게 받아 쓰게 하는 일을 못시킬 정도로 힘이 없거나 더 이상 소통할 에너지가 없었던 그의 생애의 마지막 주에도 우리는 서로를 만지고, 보듬어 주며 우리가 함께하는 존재였음을 경험했던 아주 좋은 일이었다. 우리는 매일 매일을 서로가 서로를 가질 수 있었음에 감사함을 표현하였다. 그가 온갖 나쁜 일을 경험했음에도 불구하고 Ellis는 항상 그의 인생에 여전히 좋은 일이 있었음을 계속해서 기억하였다.

Ellis가 살아가는 동안 추구했던 주요한 목적 중 하나는 사람들에게 그들의 고통을 줄이면서 어떻게 한 번뿐인 유일한 인생을 즐겁게 사는 것인가를 보여 주는 데 있었다. 그는 바로 그의 명석한 이론인 REBT를 통해 그것을 성취하였다. 그는 수십 년간 지치지 않고 개인이나 집단 상담을 통해서, 교육이나 저술을 통해서 그리고 마침내는 그가 살고 죽었던 방식을 통해서 그의 가치를 몸소 실천하고 보여 주었다. Ellis는 2005년 12월에 열린 〈심리치료의 진화〉라는 학술회의에서 돌아와서 굉장히 힘들어하였으나 만족스러워하였다. Ellis는 "성자 Ellis의 복음"을 널리 전파하기 위하여 계속되는 그의 힘과 열정을 입증하였다. 그 프리젠테이션에서 Ellis는 청중으로부터 마구 쏟아지는 찬사와 감사를 받았다. 수천 명의 참석자들이 우리를 지지하기 위해 탄원서에 사인을 해주었으나, 나중에 이것들은 실망스럽게도 사라져 버렸다. 불가사의한 일이다. 차가운 뉴욕으로 돌아온 후에 그를 기다리고 있는 많은 일들을 즉각적으로 처리해야 했다. 아주 많은 시간을 소비하고 하기 싫었던 일은 연구소의 사람들과 변호사가 보내온 편지와 이메일과 메모에 답을 하는 일이었다. 그들이 직접 Ellis에게 말을 하는 일은 거의 없었고 대부분의 소통은 편지를 통해서 하거나 Ellis와 그들의 변호사에 의해서 이루어졌다. Ellis는 많은 시간을 그들의 진술, 그들의 고소 등에 맞서면서 진실을 말하고 자신의 위치를 방어하기 위해 보내야 했다. 이것은 상당히 힘이 드는 일이었고 Ellis가 하고 싶은 일을 못 하도록 방해하는 일이었다. 그는 자신의 자서전을 마무리하고 싶었고 연구소의 문제가 해결된 후에 이 일에 많은 시간을 할애하고 싶어 했다. 불행하게도 Ellis가 사전작업을 하고 나면 이미 Ellis의 눈은 매우 피곤해져서 더는 일을 못 하게 제한을 받았다. 더불어 그는 우리가 함께 저술하던, 사랑에 관한 새로운 책을 쓰기 시작하였고 −계속해서 작업해야 했던 논문이 있었으며− 그는 여기에 시간과 에너지를 원하는 만큼 쓰는 것이 거의 불가능하였다. 그는 음유시인들이 계속해서 시를 낭송하는 것과 같이 계속해서 진행하였으며, 매일 할 수 있는 만큼 자신을 밀어붙였다. 다만 모든 것을 할 수 있을 만큼의 충분한 시간은 아니었다. 정기적으로 병원에 가는 것도 거의 반나절이 걸렸으며 매우 피곤하고 힘든 시간이었다. Ellis는 거의 불평을 하지 않았으며, 그는 단순히 상황을 받아들였다. 그리고 계속해서 자신의 할 일을 하였다. Ellis는 매일매일 연구소에 대해서 궁금해하는

지인들, 친구들, 동료들 그리고 내담자들로부터 오는 편지에 답장을 히였다. 그는 계속해서 전화와 상담을 통하여 그리고 침실 위의 방에서 내담자를 대면으로 만나면서 상담을 하였다. 그는 가운을 입고 등받이 의자 맞은편에 앉아 있는 내담자를 향해 앉았다. 이렇게 내담자를 만나는 것은 Ellis가 옷을 차려입고 사무실로 내려가서 내담자를 만나는 것보다 훨씬 더 시간과 에너지를 절약하는 일이었다. 2003년 외과 수술 이후부터 착용한 장루 주머니와 고통스러운 관절염은 쉬운 일상의 일을 어렵게 만들었다. 그럼에도 Ellis는 자신의 일을 계속하고 에너지를 절약하기 위해 가능한 한 효과적인 방법을 찾았다.

그는 계속해서 연구소 옆의 빌딩에 커다란 방을 세를 내서 금요일 밤의 워크숍을 진행하였다. 거기까지 가는 것은 꽤나 힘든 일이었다. 그러나 금요일 밤의 워크숍은 40년 이상의 전통이 있었으며 Ellis에게 그 일은 아주 소중하였다. 그는 충분한 시간을 가지고 혈당을 점검하고, 필요에 따라 인슐린을 맞거나 간식을 보충하였다. 면도를 하고 옷을 입고 6층에서부터 엘리베이터를 타고 아래층으로 내려가서 연구소의 1층에 있는 커다란 방(그들이 2005년 금지할 때까지 이곳에서 40년 이상을 금요일 밤의 워크숍을 수행했던 곳)을 지나쳐서 문 밖을 나가 계단을 밟고 내려가서 거리로 나간다. 거기에서 우회전하며 연구소의 옆 빌딩으로 걸어간다. 다시 계단을 걸어 올라가 현관문을 통과하여 엘리베이터에 올라 2층에서 내려서 그 방을 통과하여 자기의 자리에 앉는다. 그는 나에게 기대고 지팡이에 의지하여 걸었다. 이 전체의 과정은 Ellis를 매우 지치게 하는 일이었다. 그럼에도 불구하고 워크숍이 시작되면 그는 연단에 있는 내담자의 비합리적 생각을 세차게 논박하였으며, 그가 평소에 보여 준 예리함과 위트와 지혜로 REBT를 시연하고 청중들로부터 나온 질문에 답을 하였다. 워크숍은 항상 만원이었으며 종종 입석뿐일 때도 있었다. 수십여 년 동안 계속해서 참가했던 청중들은 학생들, 연구소의 멤버들, 그리고 매주 이 모임을 사랑했던 과거와 현재의 내담자들이었다. 이들은 이 모임에서 항상 많은 것들을 얻어 갔다. 그는 이 워크숍을 마치고 연구소의 빌딩으로 피곤한 귀가를 해야 했다.

2005년 11월과 12월 그리고 2006년 1월, 2월, 3월의 날씨는 매우 추웠다. 기온은 영하였으며 심한 비바람과 비, 눈이 오기도 하였다. 비록 Ellis는 옷을 여러 겹으로 입고, 장갑을 끼고 목에 스카프를 하고 두꺼운 옷을 입어도 기침을 하였으며 집으로 돌아온 후에도 한참 동안이나 가쁜 숨을 내쉬기도 하였다. 심지어 4월이 되어도 날씨는 그다지 좋아지지 않았다. Ellis는 이러한 어려움에도 불구하고, 병원에 입원한 것이나 마찬가지인 상태에서도 이러한 워크숍의 진행을 그만두지 않았다. 이 기간 동안에 John Fireman과 Andrew Unger는 Ellis의 생애에 대한 기록물을 위해 Ellis가 진행했던 많은 워크숍과 활동을 녹화하였다. 그리하여 많은 사람들이 Ellis가 도전을 받던 생의 마지막 시간의 활동을 볼 수 있게 된 것은 매우 다행스러운 일이다.

2006년 5월 12일 금요일에 Ellis는 보통 때보다 더욱 힘들어 보였다. 그해 1월 이후에 계속해서 나아졌음에도 불구하고, 앞에서 언급했던 여러 가지 이유 때문에 기력이 약해지고 있었다. 나는 7시 30분부터 진행하기로 되어 있는 워크숍을 취소할 것을 제안하였으나 그는 완강하게 거부하였다. 6시 45분, 그는 너무 힘이 없어서 도움이 없이는 거의 의자에서 일어날 수 없을 정도였다. 그는 걷는 것을 좋아했지만 마지못해서 휠체어를 타고 옆 빌딩으로 이동하는 것에 동의했다. 나는 7시가 되어 Ellis를 휠체어에 앉히기 위해 2명의 남자를 불렀고 다시 한번 Ellis에게 취소하자고 말했다. 그는 "아니."라고 견고하게 대답하였다. 그는 자신과 자신의 역량을 알고 있었다. 지난 수십여 년 동안 Ellis는 자신의 건강을 관찰하였으며, 당 수치를 점검하였고 어떤 날은 하루에도 12번씩 당 수치를 재기도 하였다. 그는 자신의 혈당 수준을 현기증이나 피곤함이나 과잉 에너지 상태를 통해 구분할 수 있었다. 그는 자신의 몸과 밀착되어 있었고 몸의 필요에 맞추었다. 그가 워크숍을 할 준비가 되었다고 생각하면 준비가 되어 있는 것이었다. 만약 그가 위험을 인지했다면, 그는 몸의 상태를 돌보았을 것이고, 아마도 그 워크숍을 취소했을 것이다.

우리는 그곳으로 향했고 거기에는 평상시처럼 사람들로 꽉 차 있었다. Ellis는 굉장히 유머가 많았으며 워크숍은 성공적으로 진행되었다. Ellis를 잘 아는 사람들은 Ellis의 목소리가 다른 때보다 약해졌다는 것을 알아챘을 것이다. 그것 외에는 다 괜찮았다. 그러나 워크숍 이후에 그의 몸은 좋지 않았다. 그는 더욱 기침을 하였으며 창백해졌다. 간호사와 나는 밤새 그를 주의 깊게 돌보았다. 그는 30분 또는 45분마다 깨어났으나 그것은 그렇게 이례적인 것은 아니었다. 새벽 5시 30분, 그는 침대의 가장자리에 걸터 앉았으며 나는 그가 슬리퍼를 신도록 도왔으나 그는 넘어졌고 충격을 받았다. 그의 눈이 잠시 뒤로 돌아갔다. 나는 바로 응급번호인 911을 눌렀으며 수 분 내에 앰뷸런스가 도착하였다. 그게 아파트에서의 우리의 마지막이었다. 1년 이상 지난 후에 Ellis의 마지막 7주 반을 위해 집에 돌아오기 전까지.

Ellis는 흡인성 폐렴을 앓고 있었고, 그는 상당히 위험한 상황에 놓여 있어서 바로 처치를 받았다. 해결책은 위장으로 튜브를 꽂아서 음식을 공급하는 것이었다. 더 이상 입을 통해 음식물을 섭취할 수 없었다. 더 이상 미각이나 갈증을 해소하고 건조한 입을 해소해야 할 일이 없어진다는 의미이다. 당뇨 때문에 가끔씩 섭취하던 달달한 사탕 등도 더 이상 먹을 일이 없어졌다. 그는 나에게 "더 이상의 달달한 케이크는 없다."라고 농담을 했다. 더 이상 아무것도 없다. Ellis는 이 무덤 같은 심각한 상황에서도 여전히 농담을 하였다. 음식은 안전한 장치를 통해 위장과 소화관으로 전달되었다. 의사들은 이것을 몇 번 정도 시도하였으나 다만 Ellis의 내장기관이 이전 수술로 정상적인 위치에 있지 않은 데다 탈장까지 생겼고 내부 흉터 조직도 있어 불가능했다. 이 관을 의사들이 외과적으로 삽입하는 것이 유일한 희망이었다. −왜냐하면 앞서 언급한 이유 때문에− 결국 그의 입이 아니라 그의 빈 창자를 통해서 삽입하는 것으로 결론이 났다. 마취를 하는 것은 누구에게나 위험하지만 특히 노인에게는 더욱 위험하다. Ellis는 그 특유의 침착함으로 수술에 대한 전망을 했다. 나는 극도로 걱정했다. 의사는 Ellis가 더 이상 살 수 없을지도 모르는 가능성과 확률을 나에게 알려주고 내 마음을 준비시켰다. 비록 그가 수술 후에 살아남았음에도 불구하고. 그는 소생 금지의 인간인가? 그들은 물었다. 소생은 없다.

그는 수술을 무사히 마쳤지만 수술 이후의 어마어마한 신체적 고통을 겪어야만 했다. 나는 밤낮을 그와 함께 지냈고 그가 겪는 모든 고통을 목격하였다. 병원에서는 접이식 침대를 낮에는 한쪽에 접어서 놔두고 밤에 사용할 수 있도록 허락해 주었다. 그러나 Ellis에게 휴식은 거의 없었다. 그의 피부는 고통스러울 정도로 가려웠으며 이유는 알 수 없었다. 약을 바르면 그때뿐이었다. 내가 그를 만져 주고 마사지해 주는 것이 Ellis를 돕는 것이었다. 하루 종일 많은 시간을 그렇게 보냈다. 내가 '하루 종일'이라고 말하는 것은 24시간을 의미한다. 병원에 오래 머무는 동안 낮이 밤에 쉽게 병합되어 뚜렷한 변화가 아닌 흐릿한 모습으로 나타났다. 밤과 낮이 똑같아 보인다. 그의 몸은 관절염으로 몹시 아팠다. 나는 Ellis가 공기로 채워진 침대를 사용하도록 하였다. 고통과 압력으로부터 벗어날 수 있기 때문이다. 소화액이 그의 장루 근처에서 줄줄 새고 있었다. 그의 피부는 발개지고 생으로 타들어가고 있었다. 이와 유사하게도 소화액이 새롭게 장치한 음식물 관 부근에서 줄줄 새고 있었다(장루 오른쪽의 약 6인치). 똑같이 그 주변의 조직에 피부 손상을 유발하고 주변에 화상을 남기고, 진물이 흐르게 되는 원인이 된다. Ellis의 입은 사포처럼 건조했다. 그는 계속해서 물을 달라고 요청했다. 그는 극심하게 목이 마르고 목이 탔다. 이런 이유 때문에 여러 날 밤 잠을 이루지 못했다. 내가 할 수 있는 모든 것은 최소한으로 물기가 묻은 스폰지로 입을 닦아 주는 것일 뿐이었다. 우선 시원함과 편안함을 더해 주기 위해서 그것을 얼음물에 담갔지만 거의 차이가 없었다. Ellis가 얼음을 빨게 하는 것은 너무 위험하기 때문에 못하게 했다(얼음이 녹은 물이 폐로 들어가면 더욱 심한 폐렴의 원인이 된다). 그리고 이미 설명한 것처럼 물을 마시는 것도 허락이 되지 않았다. Ellis는 매우 배가 고팠다. 음식을 원했지만 그것도 허락되지 않았다. 1년 3개월 동안 먹고 마시지 않고 살 수 있다는 것이 상상이 되는가? 또는 1년간이라도 또는 3개월간이라도, 3일 만이라도. 그것이 Ellis가 겪은 일이었다. 그의 마지막 1년 3개월 동안, 모든 영양분이 관을 통하여 그의 빈 창자에 주입되었다. 그는 불평하지 않고 그것을 참아 냈다.

Ellis가 휴식을 취할 수 없었던 또 다른 이유는 병원의 스태프들이 매시간 장루를 점검하고, 혈당을 체크하며 피를 채취하는 등의 활동 때문이었다. 일단 수술 후의 약 2개월 간은 Ellis가 안정되어 보인 후에 나는 문 앞에 "새벽 2시에서 5시 사이에는 들어오지 마십시오. 꼭 필요한 경우가 아니라면"이라는 문구를 붙였다. 나는 문 밑의 빈틈을 소음과 빛을 차단하기 위해 큰 타올을 말아서 막았다. 물론 이를 의사의 허락을 받고 진행하였으며 몇몇 사람들은 이러한 요청을 가능한 한 존중하였고, 또 몇몇 사람들은 이를 무시하고 자신이 하고 싶은 대로 하기도 하였다.

이 병원은 뉴욕시의 1등 병원이었으며 의사들을 훈련시키는 병원이었다. 결과적으로 인턴들은 이른 아침를 포함하여 모든 시간에 회진을 하였다. 검사를 위해 피를 뽑아야 할 때, 시혈 전문의가 없을 때는 때때로 이에 대한 경험이 없는 인턴 의사들이 Ellis의 피를 뽑으려고 하기도 하였다. 이들은 때때로 잘하기도 하였으나 많은 인턴 의사들은 정맥이나 동맥을 바로 잡아내지 못해서 몇 번이고 몇 번이고 다시 시도하였고, Ellis는 새로운 주사 바늘에 계속해서 찔리고 있었다. Ellis는 그럴 때마다 고통에 신음하였다. 그 젊은 의사는 아무런 진전이 없었고 Ellis가 그녀의 실험용 돼지가 되어서는 안 된다는 것을 말하고 싶었다. Ellis는 냉정하게 이 고통을 참아냈고 불평하지 않았다. Ellis의 당뇨병은 병원의 스태프들과 부조화를 만들어 내는 또 다른 영역이었다. 그는 소위 불안정한 당뇨병으로, 이는 그의 혈당이 언제라도 변덕스럽게 높았다가 낮아질 수 있다는 것을 의미한다. 이러한 이유로 그는 다른 당뇨병 환자와는 달리 더 자주 혈당을 검사받아야 했다. 병원에서는 4~5시간마다 혈당을 검사하라고 제한을 두었다. 우리의 견해로 이것은 충분하지 않았다. 그래서 우리는 그사이에는 우리가 스스로 혈당을 쟀고 혈당이 극단으로 갈 때 인슐린이나 글루코스를 투여해 달라고 스태프들에게 경각심을 갖게 하기도 하였다.

그리하여 병원의 원로 의사들은 나의 이러한 태도에 대해서 고마워하였다. 의사 선생님, Adelman, Reid, Lo Fasco는 엄청나게 친절하고 지지적이었다. 우리가 그들에게 지적을 하고 위급한 상황에 도움을 요청하면 어떤 사람들은 짜증을 냈으며 최악의 경우에는 나와 Ellis에게 적대적이기까지 하였다. 슬프게도 돌봄을 주는 사람들이 돌봄과는 거리가 멀어 보였다. 이러한 이유로, 내가 샤워를 하거나 다른 필요한 일에 참여하기 위해 Ellis 곁을 잠시 떠나 있으려면, 항상 누군가를 Ellis와 함께 있을 수 있도록 미리 준비해야 했다. 나는 결코 Ellis가 혼자 있도록 내버려 두지 않았다.

수술 당시로 돌아가 보자. 중환자실에서 며칠을 보낸 후에, 우리는 병원의 다른 곳으로 옮겼다. 둘째 날의 2시 30분경, Ellis의 숨소리가 예사롭지 않았으며 뭔가 잘못되는 듯이 보였다. 나는 즉각적으로 간호사를 호출하였고 생명 유지에 필수적인 바이털을 점검한 후에 벽에 붙어 있는 버저를 긴급하게 눌렀다. 담당 의사들이 와서 나더러 방 밖으로 나가 있으라고 하였다. 그래서 밖에서 이를 지켜보고 있었다. 의사들은 Ellis의 등을 두들기고, 그의 이마를 눌렀다. 의사들은 "Ellis 박사님, 숨을 쉬세요. 숨을 쉬세요."라고 몇 번이나 소리쳤다. Ellis의 호흡을 촉진하기 위해서 기계를 들여와서 마스크 밑의 코와 입으로 충분한 산소가 공급되고 있는지 확실히 하고 있었다. 이 훌륭한 의사들이 Ellis의 상황을 안정시켰다. 나는 나중에 그날 밤에 하마터면 Ellis가 죽을 수도 있었다고 생각했다. Ellis는 며칠 후에는 이 산소 기계가 더 이상 필요하지 않았다. 그러나 몇 시간마다 분무기를 통해 유황 연기를 들이마셔야만 했다. 우리는 그것이 Ellis의 폐에 필요한 것이라고 들었으며 그것 역시 메스꺼움을 유발할 수 있으며 불쾌한 일이었다. 이 에피소드가 있고 하루 후에 Ellis는 내게 그의 자서전과, 펜, 종이, 그리고 『로미오와 줄리엣』을 가져다 달라고 하였다. 그는 셰익스피어의 작품을 바탕으로 오페라를 집필하고 싶어 하였으며 내게 그것을 받아 쓰도록 하였다. 나는 그것을 가져다주었으며 Ellis는 매일매일 그것을 조금씩 읽고 집필을 시도하였다. 내가 시도한다고 말한 이유는 Ellis는 펜을 겨우 잡기는 하였으나 그가 잡았을 때 손이 떨렸기 때문이다. 그러나 매일, 때때로 수분 동안 그는 먼저 자신의 서명부터 쓰는 것을 시도하였다. 그는 계속해서 시도하였고 어느 날 문장을 쓰게 되었다. 궁극적으로 그는 몇 페이지를 집필하였다. 참으로 놀라운 일이었다. 그는 모든 궁핍과 고통에도 불구하고 자기 자신을 생산적으로 몰고 갔다. 어떤 날은 너무 약해서 읽을 수 없었지만 매일 그는 시도하였다. 그는 『뉴욕타임스』를 보곤 했다. 우리가 병원에 있는 몇 주 동안 Ellis의 기록물을 작업하고 있는 John과 Andrew는 상당량의 뉴욕 만화를 선물로 가져왔다. Ellis는 상당히 많은 양을 매일매일 읽었다. 그는 매일 마음을 자극하는 어떤 행동을 하도록 자신을 자극하였다.

물리치료를 받는 것은 굉장히 고통스럽고 어려운 일이다. 그러나 그는 최선을 다해서 물리치료사에게 협조하도록 자신을 밀어붙인다. 그는 더 좋아지기를 원했다. 목표는 집에 돌아가는 것이었다. 의사가 원하는 것을 물어보면 그는 항상 같은 대답을 했다. 자신의 자서전 집필과 다른 책의 저술을 끝내고, 계속해서 다른 사람들을 돕고, 자신의 연구소를 다시 책임지기 위해서 더 나아지고 싶다고.

그의 비범한 노력을 통하여, Ellis는 천천히 그리고 꾸준하게 나아졌다. 의사들은 Ellis가 집에 가기 전에 먼저 요양원이나 재활센터에 가서 힘을 비축할 것을 추천하였다. 나는 몇 군데를 돌아보았으나 불빛이 희미하고 공포스러웠으며 거의 환영하는 분위기도 아니었고 오줌 냄새 등의 악취가 나기도 하였다. 나는 가장 좋은 평판이 있는 한 곳을 좋아했다. 그곳은 밝고 청결하였으며 이상한 냄새도 나지 않았다. 나는 거기가 Ellis를 위해서 필요한 곳이라고 생각했다. 그러나 그곳은 대기자 명단이 있었다. 나는 행정직원을 찾아서 그들과 이야기를 나눴고 며칠 만에 한 번씩 전화하여 마침내 일주일 내로 입소가 가능하다는 행운을 얻었다. 이곳의 또다른 장점은 그 위치가 바로 병원에서 길을 건너면 된다는 것이었다. 그래서 만약에 Ellis에게 무슨 일이 생기면 바로 응급실로 직행하면 되었다. 좋은 일이었다.

늦은 7월에 우리는 요양원의 4층으로 들어갔다. 요양원의 친절한 소장님은 거기에 등받이 의자를 놓게 준비해 주셨다. Ellis가 낮에는 때때로 이 의자에 앉아 있을 수 있고 밤에도 거기에서 잠을 잘 수 있어서 Ellis에게 아주 좋은 장비였다. 잠을 잔다고? Ellis와 나는 기껏해야 45분에서 60분 정도 잠을 잘 수 있을 뿐이었다. Ellis가 목이 마르거나, 가렵거나, 고통스럽거나, 아니면 이 모든 이유 때문에 그가 자주 깨기 때문이었다. 그는 밤 12시 이후의 늦은 밤에 약물을 먹어야 했고, 아침 약은 새벽 5시에 투여하기 시작했다. 매일매일 Ellis의 몸은 계속해서 고문실이 되어 갔다. 그 층에서 근무하는 의사와 2명의 간호사들은 Ellis가 모든 고통과 불편을 감내하면서 자기 비난을 하지 않고, 극복하기 위한 노력을 하며, 때때로 활짝 웃는 모습을 보면서 놀라워하였다. 몇몇 간호사들은 정말 우수했고 진심으로 돌봄의 마음을 가졌다. 어떤 사람들은 그것과는 거리가 멀었다. Ellis의 침대 커버를 갈고 씻겨주는 임무를 맡은 몇몇 사람들은 내가 Ellis 주변에 있는 것을 명백하게 싫어하기도 하였다. 너무 안타까운 일이다. 그들이 너무 거칠게 하거나 대강 하면 나는 그 일을 멈추게 하거나 다른 사람의 도움을 요청하기도 하였다. 주말이나 공휴일에는 정규직원이 거의 없었다. 선택의 여지 없이 거기에 있는 사람을 활용할 도리밖에 없었다. 나는 때때로 잘 돌보아 주며 유능한 사람을 고용하였으며 내가 할 수 있는 일은 내가 직접 하기도 하였다.

물리치료의 과정은 보통 때처럼 매우 어려웠다. 그는 자신이 할 수 있는 최선의 노력을 기울였다. Ellis가 다시 근육을 찾고 힘을 얻는 것은 적절한 운동에 의해서였다. 옷을 입고 치료실로 가는 과정은 고통스럽다. 그러나 Ellis는 기꺼이 그 일을 수행하였다. 개복을 한 그의 배 주변은 타는 듯이 아프고, 고통스러웠다. 그의 피부는 전체가 가려웠다. 그의 무릎과 다른 관절들도 굉장히 고통스럽게 아팠다. 그럼에도 그는 물리치료실에 갔고 매일매일 조금씩 걸었다. 곧 그는 보조 장치의 도움을 받아 기다란 방을 걸었다. 그는 다리와 팔을 스트레칭하고 운동을 했던 것이다. 그럼에도 그의 고통과 가려움은 너무 강렬하여 그는 종종 걸을 때마다 "오, 오."라고 소리쳤다. 치료사들 중 몇몇은 이해했으나 상당수의 치료사들은 비판적이었다. 특정한 시간이 지나고 물리치료를 계속하기에는 충분한 효과가 나지 않는다고 평가되었다. 나는 그것을 거의 믿기가 어려웠다. 여기에 93세의 남성이 있고 그는 최근 아주 죽음에 가까이 다가가고 있었다. 그가 정해진 몇 주 내에 뛰어 갈 수 있다고 생각하는가? 그가 진전을 이루고 있는 것은 의심의 여지가 없었다. 우리는 Ellis가 침대에서 할 수 있는 운동을 보여 주었다. 그가 매일 침대에서 앉고 침대에서 나오는 것을 하도록 추천받았다. 우리가 시설에 있으면 있을수록 우리는 물리치료의 제한에 대해서 더 많은 실망을 하게 된다고 느꼈다. Ellis는 집에서 물리치료를 받을 수 있으며 우리를 방문할 수 있는 시설 밖의 물리치료사를 찾기 시작하였다. 물리치료는 Ellis의 근육을 만들기 위해서 중요하였다.

Ellis는 단 하루도 여러 가지 고통 없이 보낸 적이 없지만 그래도 시간과 더불어 향상의 신호가 보였다. 그는 자신의 REBT 관련 작업에 대해서 그가 할 수 있는 만큼 꾸준히 수행하고 있었다. 그는『뉴욕 타임스』, 런던의 주요 신문, 스코틀랜드의 신문, 『Psychology Today』, 뉴욕 잡지 등을 포함하여 작가들, 기자들, 그리고 교수들과의 인터뷰에 응해 주었다. 병원의 정신과 의사가 방문하여 Ellis의 REBT에 관하여 질문하였고 뉴욕대학의 심리학 교수가 방문하여 그녀의 따돌림에 관한 논문에 대해서 인터뷰를 하였다.

Ellis는 너무 아파 집필을 할 수 없어서 나로 하여금 그의 편지를 받아 쓰게 하였는데, 자신이 원하는 것과 연구소 사람들의 행동에 관한 그의 최후 견해도 여기에 포함되어 있었다. 그는 이 자서전과 다른 집필 건에 대한 정보도 나로 하여금 받아 쓰게 하곤 하였다. 그의 엄청난 고통에도 불구하고 Ellis는 타인에 대한 관심과 염려를 보였다. Ellis의 의사는 이러한 Ellis의 태도에 대해 놀라

위하면서 자신이 오랫동안 노인들을 보아 왔지만 그러한 고통 속에서 자기중심적이지 않은 환자를 찾기 어려웠다고 하였다. Ellis가 고통 중에 있으면서도 타인에게 다가가는 것은 아주 흔하지 않은 행동이었다. 예를 들면, Ellis를 돌봐 주던 간호사의 남동생이 교통사고로 갑자기 죽게 되었다. 그가 며칠 휴가를 낸 뒤에 병원에 복귀했을 때 Ellis는 그의 얼굴을 골똘히 쳐다보며 "당신의 형제에 대해서 정말 마음이 아픕니다. 그것은 매우매우 슬픈 일입니다. 그러나 기억하세요. 당신의 삶에서 동생은 빼앗겼지만 당신은 여전히 행복할 수 있습니다."라고 위로하였다. 이 간호사는 평소에 꽤 냉정하고 일터에서 웬만하면 감정을 표현하지 않는 성향이 있었음에도 불구하고 눈에 눈물이 가득 고였다. 간호사는 Ellis에게 많은 감사를 표하였다.

　Ellis는 자주 나에 관하여 걱정하였고 특히 휴식이 없음에 대해서 염려하였다. 나는 그에게 나는 괜찮으며 내 인생의 매 순간 Ellis를 돌보는 것보다 더 중요한 일은 없다고 말하곤 하였다. 매일매일 그는 나에게 "땡큐"라고 말했으며 나도 그런 말은 필요 없다고 대답하였다. 나는 그에게 감사했다. 우리는 계속해서 감사하며 좋아했고, 우리가 함께하고 있는 이 존재의 핵심에 대해서 무한한 영광을 느꼈다. 나는 매일같이 상당한 시간 동안 Ellis의 몸을 주물러 주고 마사지해 주었다. 우리는 그렇게 하는 것을 좋아했다. 그는 특히 나의 손가락으로 그의 이마에서 목덜미로 만져 주면서 그의 머리를 부드럽게 쓰다듬어 주는 것을 좋아했다. 때때로 그는 내게 자신에게 말을 해 달라고 요청하곤 했다. "어때요, Ellis?"라고 물으면 "그냥 그래."라고 대답했다. 이것은 대화가 아니었다. 그는 내가 말하는 것에 아마도 집중하기 어려웠을 것이다. 내 목소리가 그를 위로하는 소리로 여겨졌을 것으로 보인다. 그래서 그가 충분하다고 말할 때까지 잠시 동안 말을 하였다.

2006년도 다 저물어 가는 시점에서 그 전에 금요일 밤의 워크숍에 학생들과 함께 참석했던 심리학 교수가 다시 Ellis의 상황에 대해서 물어왔다. 그녀는 Ellis가 지금 있는 요양원에서 학생들에게 강의를 해 줄 수 있는지에 대해서 궁금해하였다. Ellis는 그들을 만나는 것에 동의하였다. 요양원 당국에서는 이러한 목적으로 요양원 내의 큰 방을 사용할 것을 허락해 주었으며 이 학생들의 방문이 2번이나 있었다. 그것은 엄청난 노력이 필요한 행위였다. 그는 이른 오후에 붕대를 다시 감고, 혈당을 점검하고, 약물을 먹고, 옷을 입고, 휠체어에 앉고, 음식 펌프 장치가 안전하고 작동이 되는지 살피고, 그러고 나서 강의장에 가야 한다. 그는 REBT에 관해서 강의하고, 그가 창안한 합리적 유머 노래를 부르고, 질문에 대한 답을 하고, 학생들이 그에게 말했던 어려움에 대한 공감을 표현하고, 자원자를 대상으로 상담시연을 한다. 그의 건강 상태로 완벽한 Ellis식의 워크숍을 진행한다. 믿을 수 없는 일이다! 이 내용이 사진과 함께 2006년 12월 10일 『뉴욕 타임스』에 실리기도 했다. 12월 이후에는 합병증과 방해가 되는 일들이 더 빈번하게 일어나고 있었다. 영양 튜브관이 몇 번이나 빠졌다. 그가 일정량의 음식을 꾸준히 섭취하지 않으면 혼수상태나 그보다 더 심한 상태로 빠져들게 하여 결국 생명을 위협할 수도 있다. 이런 상황에서 영양 튜브를 다시 삽입하거나 교체하기 위해서 응급실로 급하게 갔었다. 응급실 밖에서 4~6시간을 기다리기도 하였고 때때로 그 곳에서 더 많은 시간을 머물기도 하였다. 그때그때 응급실의 상황 이나 다시 요양원으로 돌아오기까지 이동을 위해 기다리는 시간 에 달려 있었다.

어느 토요일 새벽 5시 30분경에 나는 강한 바닐라 향을 맡았다. 그것은 Ellis에게 공급하는 액체 영양액의 냄새였다. 그의 영양 튜 브관이 빠져서 침대 위로 번졌다. 그날 오후 2시에 학생들이 방 문하기로 되어 있었고 Ellis는 취소를 원하지 않았다. 우리는 다시 응급실로 돌진하였고, Ellis의 혈당은 32로 곤두박질쳐서 상당히 위험하게 낮은 수준이었다. 재빨리 정맥주사를 통해 글리코겐을 투여하였고 혈당 수치가 500까지 갔으나 시간이 지나면서 수치는 떨어졌다. 새로운 영양 튜브가 삽입되었다. 늦은 아침에 다시 요 양원으로 돌아왔다. 우리는 운송수단을 기다리고 있었고 Ellis는 기분이 괜찮다고 하였다. 나는 다시 그에게 학생들의 방문을 취 소하면 어떻겠느냐고 물었고 그는 "절대로 안 된다."고 대답하였 다. 응급실의 친절한 사회복지사는 Ellis의 학생들이 기다리는 것 을 알고 빨리 요양원으로 돌아가고 싶어 하는 것을 알아채고 운송 수단을 알아봐 주었다. 사회복지사는 대학에서 Ellis의 이론에 대 해서 배웠으며 Ellis를 상당히 존경하고 있었다. 12시가 되고 오후 1시가 되어도 운송수단은 나타나지 않았다. 1시 5분경에 나의 휴 대전화 벨이 울려서 복도로 가서 전화를 받으니 요양원에서 온 전 화였다. 학생들은 로비에서 기다린다고 했지만 Ellis가 하루 종일 병원에 있었으니 요양원의 원장은 Ellis가 힘을 쓸 수 없을 것이라고 생각하고 학생들에게 떠나라고 했다는 것이다. 심리학 교수도 역시 나에게 전화를 시도하였으나 나는 원장과 통화 중이었다. 운송수단을 빨리 알아보아 주려고 했던 응급실의 사회복지사에게 상황을 알렸다. 그녀는 "이렇게 차가 빨리 안 오는 경우는 드문 일입니다. 그러나 지금 응급실이 아주 조용합니다. 만약 Ellis 박사님이 원하시면 이곳의 트라우마 방을 활용하셔도 되고 문을 닫으실 수 있습니다."라고 말하였다. "그러나 응급상황이 생기면 모든 사람은 즉각적으로 그 방에서 나가야 합니다. 그렇지 않으면 그 방을 15분에서 20분 동안 사용하실 수 있습니다." 나는 Ellis에게 "학생들이 이리로 오는 것을 원하세요?"라고 물었다. 그는 그렇다고 대답하였다. 나는 요양원 밖에서 학생들과 함께 기다리고 있을 심리학 교수에게 전화를 걸어서 상황을 설명하고 요양원의 길 건너에 있는 병원으로 재빨리 올 수 있겠느냐고 물었다. 그들은 여기로 왔다. 트라우마 방은 엄청나게 아프거나 다친 사람들을 치료하기 위한 곳으로 튜브와 각종 의학 기계와 모든 종류의 의료장비로 둘러싸인 방이었다. 여기에 Ellis가 있다. 그는 병원 침대에 누워 있었고, 그의 팔 속으로 정맥 주사액이 떨어지고 있었으며 그의 영양 튜브는 배 속으로 연결되어 있었으며 15명의 학생들과 그들의 교수, 그리고 내가 주위를 둘러쌌다.

학생 중 한 명이 Ellis에게 느낌이 어떠냐고 묻자, 그는 '아주 좋다(great)'고 대답하였다. 내가 반응하였다. "좋다고요? Ellis, 오늘 아침에 이 모든 불편과 어려움을 겪어 내고 좋다고요?"라고 물었다. 거침없이 그는 "나는 REBT를 활용했지."라고 대답하였다. 또다른 학생인 수녀님이 자신의 경험을 이야기하였다. 그녀는 아프리카의 케냐에서 카운슬러로 활동했는데 자신은 물론 자신의 내담자에게도 REBT의 도움을 엄청나게 받았다고 하였다. Ellis는 "많은 사람이 내게 그렇게 말해 주었습니다."라고 대답하였다. Ellis는 그들의 방문 후 15분이 될 때까지 질문에 대한 답을 해 주었다. 그리고 우리를 요양원에 데리고 갈 작은 구급차가 도착하였다. 얼마나 종종 이렇게 천재적인 개척자들이 응급실에서 혼수상태에 빠지기 직전에 회복하여 다른 사람에게 영감을 줄 수 있을까? 아마 이런 일은 종종 일어나지는 않을 것이다. 이런 일은 단지 Ellis에게서만 일어날 수 있는 일이었을 것이다.

2007년

2007년 초부터 상태는 더 나빠지고 있었다. Ellis의 백혈구 수는 증가하고 있었다. 그러나 그의 간 기능은 나빠지고 있었으며 폐렴이 다시 나타나기 시작하였다. 모든 것이 극단적인 상황이었다. 병원으로 돌아왔을 때 가장 나쁜 것은 응급실에 자리가 나지 않아서 접수할 때까지 밖에서 긴 시간을 기다리는 것이었다. 단 한번도 24시간 내에 자리가 났던 기억이 없다. 한번은 26시간을 또 다른 한번은 28시간을 기다린 적이 있고 최악의 경우에는 37시간도 기다린 적이 있었다. 응급실의 의료진들은 많은 사람들을 주의 깊게 살피기 위해 애쓰고 있었고 응급실에 의료진이 턱없이 부족하다는 것을 나는 분명히 알 수 있었다. 나는 Ellis의 혈당이 너무 높거나 낮아지지 않도록 간호사에게 끊임없이 애걸해야 했다. 때때로 의사들은 지침을 주기도 하였다. 예를 들면 "Ellis 박사님께 정맥주사를 놓아 주세요." 같은 것이다. 이런 일은 단지 내가 간호사들에게 끊임없이 Ellis의 상황을 환기시키고 나서 몇 시간 후에 일어나는 일이었다. 병원에 있는 들것은 Ellis가 누워 있기에는 상당히 불편한 침대였다. 특히 그의 관절염은 더욱더 고통스럽게 했다. 나는 그의 불편을 경감시키기 위해 베개나 담요 등을 Ellis 밑에 받쳐 주었다. 응급실의 자리가 언제 가용할지도 모르는 상황에서 소음, 불빛, CT와 X선 찍으러 가는 소리, 응급실의 시끄러운 소리 등 많은 사람들에게 이러한 환경은 사람을 돌아버리게 할 수도 있다. 사실 때때로 이런 것을 참아내기 힘듦에도 불구하고 Ellis는 이를 수용하였다. Ellis는 고통을 경감시키기 위해 어떤 약도 먹게 허락해 주지 않았다. 만약의 경우 그가 이미 복용하고 있는 약물 간의 충돌을 방지하기 위해서 Ellis는 고통을 참아내야 했다. 그의 머리를 쓰다듬어 주는 것은 도움이 되었고, 어느 날 그는 "이것이 영원히 지속되지는 않을 거야."라고 말하기도 하였다.

　2007년 3월에는 37시간 동안 기다렸다. 요양원의 Ellis 담당 의사는 높은 백혈구 수치와 생성 수준 때문에 걱정을 하였다. 우리는 월요일 밤에 응급실에 도착하였고 수요일 오후가 되어서야 응급실의 침대를 확보할 수 있었다. 이번 기다림의 경험은 우리가 했던 어떤 기다림보다도 최악이었다. 여러 면에서 충격적이었는데, 예를 들어 한 명의 아주 태만한 간호사와, Ellis에 대한 나의 여러 가지 걱정들을 무시하는 의사 등이었다. 감사하게도 새로 교체된 당직 의사는 아주 주의 깊었으며 존경스러웠다. 일은 잘 진행되고 있는 듯했다.

우리가 겪고 있는 이러한 재앙적인 날들에도 불구하고 Ellis는 심리학 전공학생들이 벨기에서 목요일에 자신을 만나러 오기로 한 일을 기억하고 있었다. 여교수는 여러 가지 유형의 임상 클리닉과 심리치료센터가 있는 뉴욕시에 해마다 자기 학생들을 데리고 방문하였다. 그들에게는 Ellis 연구소를 방문하는 것이 가장 흥미롭고 빛나는 활동이었다. Ellis가 9월까지는 집에 돌아올 수 있을 것을 기대하여 2007년의 방문도 동의하였다. Ellis는 그때까지 집에 돌아올 수 없어서 그들은 요양원으로 방문하기로 하였다. 나는 이 약속을 취소하자고 Ellis에게 요청하였으나 Ellis는 거부하였다. Ellis는 "아니. 그들 보고 이 병원으로 오라고 해"라고 대답하였다. 그 목요일 아침에 Ellis의 얼굴이 너무 창백하여 그에게 다시 취소할 것을 요청하였으나 그는 "아니."라고 대답하였다. 학생들은 일찍 도착하였고 간호사는 한번에 학생들이 너무 많이 들어오는 것은 안전하지 않으니 두 집단으로 나누어 들어올 것을 주장하였다. 첫 번째로 그 집단의 반이 약 2시경에 들어왔다. Ellis는 그들에게 몇 분 동안 이야기를 하고 질문하라고 요청하였다. 첫 번째 학생이 큰 소리로 말했다. "Ellis 박사님, 우리를 만나 주셔서 감사합니다. 우리는 당신과 함께할 수 있어서 영광입니다. 그러나 Debbie 부인이 우리에게 지난 며칠 동안 무슨 일이 있었는지 말해 주었습니다. 왜 취소하지 않았습니까?" Ellis는 "성자 Ellis가 주장한 복음을 계속해서 널리 전파하기 위해서요!"라고 대답하였다. 학생들은 모두 웃었다. 그러고 나서 Ellis는 "그래서 나는 여러분에게 REBT를 가르칠 수 있고 여러분들은 스스로를 돕는 방법을 배울 수 있습니다. 그렇게 하면 여러분들이 남을 더 잘 도울 수 있습니다."라고 말하였다. 나중에 Ellis는 "가서 일을 하세요. 가서 REBT를 적용하세요."라고 말하였다.

약 25분 후에 나는 Ellis에게 피곤하고 힘들어서 그만하고 싶은지 물어보았다. 대답은 "아니."였다. 또 다른 30분이 흘러서 같은 질문을 하였고 역시 같은 대답이 나왔다. 두 번째로 나머지 집단원이 그때 들어왔다. 나는 20분 후에 Ellis에게 질문 하나만 더 받고 오늘은 그만 끝내면 어떻겠느냐고 제안하였다. 대답은 역시 "아니."였다. 하여 내가 다시 얼마나 많은 질문을 받으려고 하느냐고 묻자 100여 개의 질문이라고 답하며 농담을 하였다. 5시 10분경에 Ellis는 집단원들에게 "지금부터 마지막 질문 하나를 받겠다."고 말하였다. 교수와 학생들은 모두 강렬한 경험을 하였다. 그리고 Ellis가 그들과 함께 귀중한 시간을 할애한 것에 대해서 깊은 감사의 인사를 보냈다.

그날 저녁에 의사는 그날 아침에 한 피검사 결과 채혈하기 얼마 전에 비록 약하긴 하지만 심근경색이 있었다고 말해 주었다. 나는 Ellis의 의지력에 놀라움을 금할 수 없었다. 그날 아침에 Ellis가 얼마나 아팠을지 감히 상상도 할 수가 없었다. 그럼에도 그는 강의를 취소할 것을 거부하였으며 모든 참석자에게 기여하였고 영감을 주었다.

몇 주 후에 우리는 요양원으로 돌아왔다. 이것이 그에게는 마지막 시간이 될 것이다. Ellis는 안정적이었으나 눈에 띄게 힘이 돌아오지 않았다. 때로 인터뷰하러 오는 사람들 그리고 지지자들이 방문하기도 하였다. Ellis는 여전히 웃고, 그들에게 고마워하며, 질문에 대답하였다. - 단 아주 짧은 시간 동안에만. - 그가 시간이 지나면 너무 피곤해했기 때문이다. 그는 종종 유머러스함도 보여 주었다. 인터뷰어가 왜 뉴욕 사람들은 가장 미친 미국인이라는 평판을 받고 있다고 생각하느냐고 묻자 그는 "그들이 미쳤기 때문이야."라고 대답했다. 그는 항상 그가 본 대로 대답하였다. 그러나 비난이 아니라 따뜻함을 가지고.

그는 REBT가 사람을 돕는 데 공헌할 수 있도록 내용을 정교화하였으며 사람들을 돕기 위해 아주 귀중한 방식으로 REBT를 추천하였다.

어떤 사람이 한번은 이론의 이름을 REBT에서 CEBT로 바꾸는 것이 어떻겠느냐고 묻자, 그는 단호하게 "아니다."라고 대답하였다. "나는 그 이름이 REBT이기를 원한다."

Ellis를 굉장히 많이 도와주고 있는 동료가 방문하여 연구소의 상황에 관한 새로운 정보를 주었다. Ellis는 현재 처해 있는 상황과 그동안 있었던 일에 대해서 무척 슬퍼하였다. Ellis에게 원하는 것이 무엇이냐고 묻자 그는 다음과 같이 대답했다. "이 연구소를 다시 운영하는 것, 나의 아내 Debbie와 내가 선택한 REBT 관련자들이 나와 함께 일하게 되고, 워크숍을 열고, 사람들을 계속 상담하면서 돕고, 자서전과 내가 시작한 다른 책들의 집필을 끝내는 것이다." 이때까지 그가 언급한 이런 일들의 열매를 맺을 수 없다는 것을 그는 알고 있는 듯이 보였다. 그는 "나는 현실주의자이다."라고 말하곤 하였다.

2007년 5월에 우리는 다시 병원으로 돌아왔다. Ellis의 건강은 더욱더 나빠지고 있었다. 그는 다시 폐렴에 걸렸다. 의사들은 약한 마취를 하고 카메라가 달린 튜브를 그의 폐 속으로 삽입하여 자세하게 관찰하기 위한 절차를 계획하고 있었다. 대개는 이 작업이 간단한 절차라고 말해 주었다. 나는 Ellis와 함께 그 방에 들어가는 것을 허락받았다. 무균의 옷을 입고, 발을 덮어씌우고, 머리에는 모자를 쓰고. Ellis를 위해 첫 번째 진정제를 놓을 때까지 그 방에 있을 수 있으며 그러고 나서 나는 그 방을 떠나야 한다고 들었다. 좋다. 내가 그의 머리 뒤에 서 있으면서 머리를 쓰다듬을 때 진정제가 투여되었다. 나는 그의 머리를 쓰다듬을 때 그의 가슴이 부풀었다 꺼졌다 하는 것이 멈춘 것을 인지하였다. 그는 숨을 쉬지 않는 것으로 보였다. 나는 근처 가까이에 있던 간호사에게 소리를 쳤다. 그는 즉각적으로 Ellis의 입에 산소 마스크를 씌우고 손으로 펌프질도 하였다. 의사들이 바쁘게 왔다 갔다 하면서 "삽관을 해야 할지도 모른다."고 말하는 것을 들었다. 그리고 그들은 삽관을 하였다. Ellis의 폐에 관한 절차는 결코 이루어지지 않았다. Ellis에게 투여한 진정제가 호흡에 영향을 끼친 것 같았다. Ellis에게 인공호흡기가 씌워졌고 그는 중환자실로 들어갔다. 평상시와 같이 그와 함께 있을 수 있도록 허락을 해 주었다. 그래서 나는 계속해서 내가 Ellis와 함께 있을 수 있도록 허락해 주신 원로 의사 선생님께 진심으로 고마움을 느꼈다. 인공호흡기가 재갈을 물고 싶은 감각을 만들어내는 관을 통해 그의 입으로 들어갔다. 어떤 소리도 낼 수 없었다. 그의 피부는 참을 수 없을 정도로 가렵고 그는 피부를 긁었다. 의사들은 너무 심하게 긁으면 피가 나게 되어 그의 손에 불편한 벙어리 장갑을 억지로 끼워야 했다.

완전한 의식이 있으나 말할 수 없고, 움직일 수 없으며, 긁을 수 없다. 나는 그에게 말을 하고 머리를 쓰다듬어 주며 그에게 이러한 금지는 일시적인 것이라고 말해 주었다. 그래서 말하지 말고, 곧 좋아질 것이며 다른 확신을 주는 말을 하였다. 비록 나는 확신할 수 없었지만, 의사들은 Ellis가 다음 며칠 동안 안정이 되면 인공호흡기의 강도를 낮추어 줄 것이라고 하였다. 만약 Ellis가 스스로 호흡을 할 수 있다면 인공호흡기는 제거될 것이지만, 그렇지 못한 경우에는……

Ellis의 호흡은 적합하였으며 다시 많은 사람들이 놀랍게도 그는 인공호흡기로부터 자유로워졌고 중환자실에서 벗어나서 일반 병실로 오게 되었다. 그러나 예후는 나빴다. Ellis의 의사는 나와 긴 이야기를 하였다. 의사는 나에게 호스피스 돌봄이나 임시 간호를 받는 곳으로 가야 할지를 결정할 시간이 왔다고 말했다. Ellis는 더 이상 좋아지지 않을 것이라고 말했다. 의사는 내가 이 말을 부정한다고 생각하였고 아마도 나는 그랬을지도 모른다. 그럼에도 불구하고 나는 Ellis가 죽음 가까이에서 살아남은 것을 보아 왔다. 우리는 그의 삶의 질에 대해서 이야기를 나누었다. 나는 그가 가정환경에 있기를 결정하였다. 내가 간호사들에게 더 많은 말을 해야 하고 적합하지 않는 스태프들을 교체할 수 있는 곳이다. 요양원에서 나는 선택의 여지가 없었다. Ellis는 가정과 같은 환경에서 더 많은 돌봄을 받을 수 있으며 더욱 편안함을 느낄 것이다. 그래서 6월 초에 우리는 연구소의 6층으로 다시 돌아갔다. 그곳은 Ellis가 늘 집처럼 편안함을 느꼈던 곳이다.

어느 날 오후 Ellis의 눈에서 눈물이 흐르는 것을 보았다.

내가 "Ellis, 당신이 너무 슬퍼보여요."라고 말하자, Ellis는 "슬퍼."라고 대답하였다. 내가 "무엇 때문에 슬퍼요?"라고 묻자, Ellis는 "연구소 때문에 슬퍼. 그리고 당신을 떠나야 하는 것이, 나 없는 당신을 두고 떠나야 하는 것이 슬퍼."라고 말했다.

7월까지 그는 건강상의 향상은 거의 없었다. 지속적으로 나빠지는 것을 부인할 수 없었다. 시간이 지남에 따라 그는 너무 힘이 들어 말을 할 수 없었다. 그럼에도 불구하고 그는 계속해서 나에 대한 자신의 사랑을 표현해 주었다.

의사와 간호사들이 고통스러운 절차에 따라 필요한 처치를 할 때 그는 불평하지 않고 협조하였다. 그는 종종 고마움으로 고개를 끄덕였으며 자신이 아주 힘이 없을 때도 감사함을 전달하였다. 그의 마지막 3일 동안에, 의식이 혼미한 시간이 의식이 완전한 시간보다 더 많았다. 그는 거의 소변을 보지 못했으며 대부분 피를 흘리고 있었다. 의사들이 내게 이것은 피할 수 없다고 하였다. 장기들이 망가지고 있었다. 월요일 밤에 몸을 씻은 후에 그는 상당히 평화롭게 보였다. 한밤중에 숨소리는 상당히 불규칙했고 소리는 이상했다. 그러나 그는 전혀 곤경에 처했거나 고통당하고 있는 듯이 보이지 않았다. 나는 간호사를 불렀다. 그는 내가 알고 있는 것을 확신하였다. 그것은 임종의 시작이었다. 나는 그녀에게 혼자서 Ellis와 있고 싶다고 말했다. 그녀는 방을 떠났고 그녀 뒤의 커튼을 쳐 주었다. 나는 그를 나의 팔에 안고 그가 좋아했던 방법으로 그를 쓰다듬어 주었다. 나는 그에게 키스를 했다. 그리고 내가 말하고 싶은 말을 하였다. 나는 그를 조금 흔들어 주었다. 그는 매우 평화로워 보였고 그에게 몇 번이고 키스를 더 해 주었다. 내가 키스를 하고 있는 동안 2007년 7월 24일 화요일 오전 12시 30분에 그는 나의 팔에 안겨 마지막 숨을 내쉬었다.

2007년 7월 24일

2007년 7월 27일 장례식과 매장식이 있었다. Ellis는 집과 그의 어린 시절에 다녔던 학교에서 몇 분 정도 떨어져 있고, 브롱스의 식물원에서도 역시 몇 분 정도 떨어져 있는 뉴욕의 Woodlawn 공동묘지의 크고 아름답고 튼튼한 단풍나무 밑에 안장되었다. 묘지에 서면 종종 뒤에서 기차 소리가 들리기도 한다. Ellis가 뉴욕의 심장부로 이사 오기 전에 자주 탔던 바로 그 노선의 기차 소리이다. 뉴욕에서, 미국 전역에서 그리고 해외에서 수백 명이 참석한 추도식이 9월 28일 저녁에 콜럼비아 대학에서 열렸다. 이날은 Ellis의 94세 생일 바로 다음 날이었다. 추도식은 5시간 이상 걸렸다. 뉴욕 시장이었던 마이클 블룸버그의 헌사가 낭송되었다. 추도사를 하신 분들은 Ellis의 오랜 친구 중 한 명인 Manny

Birnbaum, 그의 조카, 유명한 동료들, 학생들, 그의 주치의 중 한 분, 그의 변호사들, 전 여자친구 Janet Wolfe, 그의 두 번째 부인 Rhoda Winter Russel이 보내 온 녹음된 메시지, 그리고 최종적으로 내가 추도사를 바쳤다. Ellis의 비디오 테이프를 커다란 스크린을 통해 보여 주었다. 천재적인 음악가가 노래를 불렀으며 그랜드 피아노로 Ellis의 합리적 유머 노래를 연주하였다. 추도식은 대단한 바리톤의 음성으로 그가 부른 몇 개의 노래를 배경음악으로 들려주면서 그의 어린 시절부터 생의 마지막 달까지 슬라이드 쇼를 보여 주는 것으로 대미를 장식하였다.

"시간은 귀중하다. 일단 흘러가 버리면 당신은 결코 그것을 다시 대체할 수 없다. 그러므로 당신의 시간을 낭비해서는 안 된다. 당신이 살 수 있는 최선의 삶을 살아라." Ellis는 아마도 이렇게 말할 것이고 그는 그렇게 살았다. 즐거움에 대단한 역량을 가진 그는 넘치는 행복감과 깊은 만족감을 경험하였다. Ellis는 어려웠던 잔인한 시간들, 위엄과 대단한 용기가 필요한 역경을 모두 참아내었다. 그는 죽을 때까지 자신의 철학을 실천하였으며 그것을 나누어주었다. 나는 그의 마지막 몇 년 동안에 그(우리)가 여태까지 알고 있었던 그 어느 때보다 더욱더 심오하고 대단한 사랑을 경험했다는 것을 말할 수 있어서 기쁘다.

영웅이란 자신보다 더 위대한 것을 위해 목숨을 바친 사람을 말한다. Ellis는 참으로 빛나는 영웅으로 남아 있다. 그는 열정적인 영웅이었고, 사랑받는 영웅이었다. 그는 자신의 삶이 타인에게 상당히 그리고 힘있게 혜택을 주는 삶을 살고 싶어 하였다. 그의 삶이 영광과 갈채와 찬사로 빛나는 것이 아니고 타인의 삶에서 고통을 줄여 주고 가능한 한 많은 기쁨을 느끼도록 도와주고 싶은 진심 어린 바람이기를 원했다. Ellis는 20세기와 21세기의 심리학의 방향을 바꾸었다. 그는 중요한 삶과 관계의 문제에 관한 태도와 생각을 바꾸는 데 공헌하였다. 그의 삶은 모델이었고, 증거였으며, 그의 철학을 작동하였다. 그는 진실한 사랑을 찾았다. 진정으로 그는 삶을 잘 살았다. 그의 육체는 끝이 났으나 그의 영향력과 위대함은 결코 끝나지 않을 것이다. 이렇게 한 시대를 풍미했던 심리치료의 한 거장 Ellis의 시대는 마감했다. (가장 가까운 사람에게 받는 평가는 그 사람을 오랫동안 보아왔기 때문에 가장 정확한 평가가 이루어진다고 필자는 믿는다.)

2장
한국에서 REBT 적용의 역사

1. 한국 상담계의 REBT 입문 시기

한국에서 REBT가 소개된 것은 1세대 상담심리학자이신 서울대학교 故 이장호 교수의 『상담심리학입문』(1982, 박영사)에 처음으로 등장을 하면서이다. 그 책에서는 상담의 기초 이론으로 정신분석, 인간중심치료, 행동수정을 다루고 있어 REBT는 제외되어 있지만 책의 서문에서 "이 책에서 다루지 못한 것이 『서양 사람들의 인지적 접근』과 같은 책의 356~358쪽에 성 피해자 상담을 위해 Ellis의 '합리적 정서적 치료방법'이 도움이 될 수 있다."고 언급하였다. 이후 전남대학교 명예교수 홍경자가 한국의 상담계에 처음으로 Ellis의 책을 번역하여 소개하였다. REBT의 사례집인 『Growth Through Reason』을 『이성을 통한 자기성장』이라고 번역하여 1984년 탐구당에서 출간하였다. 여기에 수록된 사례는 다음과 같다.

- 남자를 고용하여 매를 맞는 여자(검은색과 은색의 피학증자)
- 동성연애자로 고착될까 봐 두려워하는 남자
- 우울증의 여자 내담자
- 13년간 성관계를 맺지 못한 부부
- 부모에 대한 불효의식으로 괴로워하는 젊은 여성 등

또한 REBT의 필독서인 『A New Guide for Rational Living』을 『정신건강적 사고』로 번역하여 1986년 이문출판사에서 출간하였다. 이 책은 내담자를 위한 도서인데 담고 있는 주제는 다음과 같다.

- 절망하고 비관적인 습관에서 벗어나기
- 사랑과 인정의 욕구에서 자유로워지기
- 열등감과 실패에 대한 공포심 극복하기
- 자기와 남을 탓하고 증오하는 것에서 자유로워지기
- 우울증을 떨쳐 버리기
- 세상을 탓하기보다는 자기 마음을 잘 관리하기
- 불안한 마음을 다스리기
- 어린 시절의 상처를 극복하기

홍경자 교수는 1995년에 제자 김선남과 함께 학지사에서 『Anger: How to live with/without it』을 『화가 날 때 읽는 책』으로 번역하여 출간하기도 하였다. 이 책은 다음과 같은 내용으로 구성되어 있다.

- 사람들이 화를 내는 이유는 무엇인가?
- 쉽게 분노하는 사람들의 특정적인 사고는 무엇인가?
- 화가 나지 않도록 인도하는 생각의 기술
- 분노 감정을 조율하는 감정의 기술과 행동의 기술
- 어의론과 유추의 기법, 유머의 활용
- 분노까지 수용하기 등

Ellis는 홍경자 교수를 1990년 여름에 국제 REBT학회에 2주간 초청하기도 하였다(2019년 한국REBT인지행동치료학회 창립총회 및 제1차 국제 학술세미나 자료집).

2. REBT의 본격 도입 및 보급 시기

한국 상담계에 REBT의 본격 도입 및 보급은 1993년 1월 한국청소년복지개발원의 전신인 재단법인 청소년대화의광장의 개원으로 거슬러 올라간다. 당시 한국 상담계는 인간중심상담이 독보적인 위치를 차지하고 있었고 인간중심상담의 원리가 모든 상담의 원리로만 알려져 있었던 상황이었다. 청소년대화의광장에는 제1연구부, 제2연구부, 개인상담부, 집단상담부 등의 기구가 설치되었는데, 제1연구부에서는 상담정책 개발, 제2연구부에서는 상담기법 개발 및 보급을 주 업무로 하고 있었다. 초대원장이었던 서울대학교의 박성수 교수의 추천으로 제2연구부장이었던 필자는 REBT를 근간으로 하는 인지상담기법의 개발과 보급을 하기로 결정하였다. 당시 RET의 내용을 프로그램으로 개발하여 당시 서울대학교의 김계현 교수에게 자문을 구하였는데 미국의 Ellis 연구소에서 직접 워크숍에 참석해 볼 것을 권유하였다. 이를 계기로 필자는 1993년 7월 Ellis의 연구소에서 진행하는 Primary Certificate(기초 과정 자격증)에 2일 동안 참여하였고, 그다음 해에 Ellis 박사가 전 세계의 교수들에게 제공하는 fellowship 프로그램에 지원하여 1995년에 Ellis Scholar로 선정되는 영예를 얻을 수 있었다. 그 이후 3년간 여름마다 연구소를 방문하여 Ellis 박사는 물론 그의 제자 DiGiuseppe 박사 등의 강의, 집단상담 참관, 상담사례 시연, 슈퍼비전 등의 훈련을 받았고 1997년 마지막 시험, 상담 시연 그리고 수십 사례의 상담사례를 Ellis 박사, DiGiuseppe 박사, Wolpe 박사 등에게 슈퍼비전을 받은 후에 마침내 연구소에서 수여하는 최고의 자격증인 Supervisory Certificate를 취득할 수 있었다. 그 해에는 학지사에서 Rational Emotive Behavior Therapy의 총괄서인 『인지정서행동치료』가 출간되기도 하였다. 청소년대화의광장에서도 인지상담의 기초과정, 중급과정, 심화과정을 계속해서 개발하였고, 당시 문화체육부 산하의 각 지역의 청소년상담실, 교육청의 상담교사 등을 대상으로 기법의 보급이 이루어졌다.

3. 상담의 주요 이론으로서 확고한 자리매김

故 이장호 교수의『상담심리학입문』에는 빠졌던 REBT 이론은 그 이후 상게서의 개정판에 상담의 인지적 접근으로 수록되었다. 그 이후 거의 모든 상담의 주요 교과서에 빠지지 않고 수록되어 많은 상담학도가 상담의 인지적 접근인 REBT 이론에 노출되고 있다. 필자도 1997년에 출간한『인지정서행동치료(Rational Emotive Behavior Therapy)』를 시작으로『인지행동치료의 실제』(1999),『아동 및 청소년을 위한 인지행동치료』(2013),『아동 및 청소년을 위한 인지행동치료 상담사례』(2013),『REBT 단회기 상담사례』(2013),『REBT와 집단상담』(2020) 그리고 이 책인『인지정서행동치료』(2022) 등을 출간하였다. 관련 역서로는 서수균과 김윤희가 2007년에 Ellis와 MacLaren의『Rational Emotive Behavior Therapy: A Therapist's Guide(2nd ed.)』를『합리적 정서행동치료』라는 이름으로 번역하여 학지사에서 출간하였다. 2017년에 유성진 교수가 Windy Dryden의『Rational Emotive Behavior Therapy』를 역시 같은 이름인『합리적 정서행동치료』로 번역하여 학지사에서 출간하였다. 이외에도 다양한 관련 역서들이 출간되면서 많은 상담학도에게 치료 레퍼토리를 풍성하게 제공해 주고 있다.

4. REBT 상담은 한국문화에 잘 적용되는가

REBT 상담은, 유대인이고 미국 국적을 지녔던 Ellis에 의해 개발되었으나 이론의 초석에서 동양적인 요소를 많이 발견할 수 있다. 여기에서는 우리나라 문화 속에 있는 숨어 있는 REBT적 요소를 살펴보려 한다. 한국인의 문화적 토양이라고 할 수 있는 불교, 유교 그리고 민화 속에 담긴 내용을 살펴보면 다음과 같다.

1) 불교와 REBT

REBT 상담에서 가장 중요한 인지는 우리나라의 문화적 토양의 한 부분을 차지하고 있는 불교와 연관이 깊다. 부처는 바로 REBT에서 강조하는 생각지상주의에 불을 당긴 인물이다. 그는 현재 우리의 모습은 우리가 했던 생각의 결과라는 것을 강조하였다. 불교의 핵심인 유식사상(唯識思想)에서 '식(識)'은 사물을 인식하거나 이해하는 마음의 작용을 의미한다. 아울러 불교의 한 종파인 화엄종의 경전 『화엄경』에서 핵심 사상인 '일체유심조(一切唯心造)'는 인간의 모든 것은 마음먹기에 달렸다는 주장과 같다. 신라의 고승 원효는 661년에 의상과 함께 당나라 유학길의 당항성 어느 무덤 앞에서 잠을 청하여 자던 중에 목이 말라서 물을 마셨는데 잠에서 깨고 보니 그 물은 바로 해골에 고여 있던 물이었음을 알게 되었다. 그는 바로 사물 자체에는 정(淨)도 부정(不淨)도 없으며, 모든 것은 마음에 달려 있음을 깨달아 대오(大悟)했다는 일화가 전해진다.

Ellis는 그동안의 대중 강연과 여러 저서 등을 통해 자신의 삶에 불교가 영향을 미쳤음을 고백하고 있다. 우리는 무심코 모든 것은 생각하기에 달려 있다거나, 마음먹기에 달려 있다거나, 생각이 운명을 결정한다는 등의 말을 하며 살아간다. 그런 점에서 보면 우리의 문화적 토양 속에는 REBT를 받아들일 수 있는 집단무의식이 형성되어 있다고 해도 과언이 아닐 것이다.

2) 유교 속의 REBT

유교는 유학을 바탕으로 하고 있으면서 1392년 조선의 개국과 더불어 나라를 운영하는 지침으로 자리 잡고 현대에 이르기까지 우리 문화 속의 또 다른 토양으로 남아 있다. REBT에서 강조하는 합리적 사고는 앞서 설명한 과학철학자 Kuhn의 영향으로 논리성, 현실성, 실용성을 중시하고 극단성을 지양하는 생각이다. 유교 경전의 4서 중 『중용』에서는 군자시중(君子時中), 즉 군자는 때에 알맞게 행동한다는 것을 강조하는데 극단에 치우지지 않고 때에 '알맞음'이라는 것이 바로 중용적 사고이며 이것이 Ellis의 합리적 사고와 맥이 닿아 있다. 또 다른 4서 중 『논어』의 「선진」 편에 나오는 과유불급(過猶不及)이 합리적 사고에 해당한다. 과유불급은 다음과 같은 이야기에서 유래했다고 한다. 자공(子貢)이 공자에게 "사(師: 子張의 이름)와 상(商: 子夏의 이름)은 어느 쪽이 어집니까?" 하고 묻자, 공자는 "사는 지나치고 상은 미치지 못한다."고 대답하였다. 자공이 "그럼 사가 낫다는 말씀입니까?" 하고 반문하자, 공자는 "지나친 것은 미치지 못한 것과 같다."고 말하였다. 역시 중용의 '알맞음'과 같은 의미를 내포하고 있다. 유교의 영향으로 우리 문화 속에 남아 있는 중용지덕과 과유불급을 통해 우리의 유전자 속에 이러한 개념이 각인되어 있음을 알 수 있다.

3) 민화(民話) 속의 REBT

REBT의 철학적 기원은 서양의 스토아 철학자 에픽테토스 (Epictetus)의 "인간은 사물에 의해서 방해를 받는 것이 아니고 사물을 바라보는 견해에 의해서 방해를 받는다."는 주장에서 찾는다. 이는 우리나라 민화에 나오는 짚신 장수와 나막신 장수를 둔 어머니의 이야기와 같다.

옛날 어떤 할머니가 아들 형제를 두었는데 큰아들은 맑은 날에 신는 짚신 장사를 하였고, 작은아들은 비오는 날에 신는 나막신 장사를 하였다. 그러므로 그 할머니는 언제나 얼굴에서 주름살이 펴질 날이 없었다. 왜냐하면 날씨가 좋으면 작은아들의 나막신이 안 팔려 걱정이고, 비가 오면 큰아들의 짚신이 안 팔려 걱정이 되었기 때문이다. 이웃에 사는 지혜로운 할아버지가 그 모습을 보고 안타까워서 "할머니는 어찌 날마다 오만상을 찌푸리고 계시오?" 하고 물었더니 할머니가 말하였다. "생각해 보세요. 비가 오면 큰아들의 장사가 안 되니 걱정이고, 날이 맑으면 작은아들의 장사가 안 되니 어떻게 주름살이 퍼지겠습니까?" 그러자 지혜로운 할아버지는 웃으면서 이렇게 말하였다. "그것은 마음을 잘못 먹었기 때문입니다. 날이 개면 큰아들 장사가 잘되어 좋고, 비가 오면 작은아들 장사가 잘되니 좋은데 할머니는 어째서 좋은 점은 버리고 나쁜 면에서 생각하여 언제나 불행하게 산단 말이오. 할머니의 마음자세 하나만 바꾸면 언제든지 행복하게 사실 수 있을 것이오."

이는 참으로 지혜로운 충고이다. 마음 하나만 고쳐먹으면 불행은 얼마든지 행복으로 전환될 수 있는 것이다. 인류에게는 문화의 차이도 있지만 문화의 공통점이 더 많아서 이 이야기 속에는 에픽테토스의 주장이 고스란히 담겨 있다. 행복이란 돈이나 권력이나 쾌락같이 밖에서 주어지는 조건 또는 대상물로 좌우되는 것이 아니라, 자기의 마음가짐 여하에 따라서 결정된다는 사실을 명심해야 한다. 결국 인간의 행·불행은 마음먹기에 달린 문제라는 REBT의 핵심 사상이 잘 담겨진 예화이다.

5. 한국 REBT인지행동치료상담학회의 발족

2019년 3월 1일과 2일 이틀 동안 필자와 함께 1995년 Ellis Scholar로 선정되어 일본의 REBT 학회를 이끌어 가고 있는 스가누마 교수를 초청하여 제1차 한국 REBT국제학술세미나를 개최하기도 하였다. 이어지는 한국 REBT인지행동치료상담학회 창립 총회에서는 약 100여 명의 회원과 함께 학회가 발족하였다. 2019년

5월에는 한국 REBT인지행동치료상담학회 발족 기념 소식지 창간호도 출간히여 회원들에게 배포하였다. 2012년부터 꾸준히 150여 시간의 REBT 전문가 과정을 운영하여 그간 약 80여 명의 수료생을 배출하였으며 이 중에서 1명의 REBT 1급 전문가와 6명의 REBT 2급 전문가를 배출하였다. 그리고 2021년 10월 한국 REBT 인지행동치료 학회지인 『Korean Journal of Rational Emotive & Congnitive Behavior Therapy(K-REBT)』가 창간되었다.

6. 한국 REBT인지행동치료상담센터의 개소

한국 REBT인지행동치료상담학회 발족 직전인 2018년 10월에 개소 준비를 하고, 2019년 1월에 REBT를 실제에 구현할 수 있는 상담센터가 개소되었다(www.rebt.kr). 여러 가지 준비를 한 이후 2019년 11월 2일에 현재의 모습으로 개소식을 거행하면서 힘찬 항해를 시작하였다. 향후 학회와 센터는 유기적으로 연결되어 한국형 REBT 이론의 모형을 심화하고 이를 실제에 구현하여 많은 내담자의 정신건강과 궁극적으로 삶의 행복을 추구할 수 있는 철학을 제공하는 중심축이 될 것이다.

3장
REBT 상담의 특성 및 오해와 진실

1. REBT 상담의 특성

R EBT 상담이 지니고 있는 특성은 다음의 다섯 가지 측면
으로 요약할 수 있다. 그 각각을 살펴보도록 하자.

1) 심리교육적 접근

REBT 상담은 내담자에게 REBT 상담의 특성과 원리에 대해서
가르쳐야 한다. Ellis는 심리교육적 회기를 반드시 상담 전체의 계
획표 속에서 초반에 넣을 것을 강조한다. 내담자로 하여금 자신
의 문제의 원인 그리고 해결과정에 대해 설명하고 이러한 내용을
알고 있거나 이론의 근거에 대해서 동의할 때 상담의 효과가 빨
리 나온다는 것이다. 현장에서 만나는 내담자도 상담자가 활용하

는 이론과 기법에 대한 이해를 하였을 때 상담자의 지식 독점주의에서 벗어나 상담과정에서 상담관계나 라포 형성이 민주적으로 형성되며 내담자의 자율성을 높이게 된다. 여러 연구(Donker, Griffiths, Cujjpers, & Christensen, 2009; Luken & McFarlane, 2004) 등에서 내담자들에게 '심리교육'은 효율적인 기법으로 나타났다. REBT의 가장 중요한 특성은 바로 이 심리교육에 있다는 점을 유념해야 한다. 상담시간에 한 회기를 할애하여 생각과 정서의 관계를 가르칠뿐더러 상담이 진행되는 동안 필요할 때마다 교육적인 접근을 활용하고 있다.

2) 상담자의 적극적이고 지시적인 역할 강조

상담자가 내담자의 자율성을 너무 존중한 나머지 에둘러 가면서 시간을 낭비하는 경향도 없지 않다. Ellis는 초기에는 정신분석 경향을 띤 심리치료를 수행하면서 수동적인 태도와 더불어 충고와 정보 제공을 활용하여 적극적이고 지시적인 태도를 혼합한 형태를 띠었을 때 내담자의 향상이 빨랐음을 지적하면서, 생의 마지막 순간까지도 상담자의 적극적이고 지시적인 태도를 견지하였다.

내담자들의 경제적, 시간적 부담으로 정통 정신분석보다는 일주일에 한 번 또는 두 주에 한 번씩 정신분석적 경향을 띤 심리치료를 해 주었다. Ellis는 놀랍게도 고전적인 정신분석보다 변형된 분석을 활용한 내담자들이 보다 좋은 진전을 보이는 것을 활용하였다. 게다가 충고나 정보 제공과 같은 지시적인 방법과 비교적 수동적인 분석적 절차와 혼합된 방법이 변화가 빠르며 더욱더 완벽한 향상을 가져왔다. 적극적이며 지시적인 접근이 정통 정신분석적 접근보다 효율적이며 효과적임을 발견하였다(박경애, 1997, p. 27).

임지준(2019)도 다음과 같이 주장하였다.

서양에서는 개인주의적, 수평적, 개인의 개성을 강조하는 문화가 강하다. 이런 맥락 속에서 Ellis의 교사적, 교훈적 방식, 때로 가르치듯이 상담하는 방식은 개인주의적이고 개인의 자아가 강한 서구인들에게는 다소 도전적이고 권위적으로 받아들여지기 쉽다. 이는 Ellis 본인의 상담에서도 생각보다 초기에 중도 탈락률이 높았다는 점에서도 알 수 있다. 반면, 동양문화, 특히 한 · 중 · 일의 경우는 집단주의적이고 수직적이며 권위에 대한 존중이 강한 문화적 특성이 남아 있다. 이런 문화 속에서 연장자 혹은 권위자와 평등한 관계 속에서 상호 교류를 하는 것에 대해 아직 어색해하는 특징이 있다. 상담자 역시 내담자에게는 대학원을 졸업하고 전문적인 수련을 받은 전문가 집단으로 인식되는 경향이 있고, 이에 우리나라의 경우 내담자들이 상담자에게 일종의 전문적 도움을 받기를 기대하고 상담현장을 방문하는 경우가 많다. 이런 상황에서 Rogers 식으로 끊임없이 수용적으로 경청하고 공감하는 과정만 반복된다면, 전문가로부터의 적극적이고 직접적인 문제 해결과 도움을 기대했던 내담자들이 실망하고 상담을 그만두는 경향도 상당수일 것이다. 반면, REBT의 경우 그 특성상 직접적, 훈시적, 교사적 특성이 강한데 이는 동양사회

에서는 내담자들이 일반적으로 전문가에게 기대하는 역할 수행
과 상당히 일치하는 특성이다. 따라서 상담자가 이러한 자기확
신과 전문성을 가지고 내담자와 상담에 임할 경우, 우리나라에
서는 내담자가 지닌 기대와 일치하여 내담자에게 상담 및 상담
효과에 대한 상당한 신뢰와 희망, 기대를 지니게 하고, 이러한 요
소 자체(문제 개선에 대한 희망, 기대)가 상당한 치료효과를 지
니고 있는 것으로 보인다. 따라서 우리나라는 상담특성에 잘 맞
는 상담기법으로 생각된다.

3) 자가치료와 자기조력의 강조

내담자로 하여금 심리교육을 통해서 자신의 문제의 원인을 보
게 하고 스스로 해결할 수 있는 능력을 강조한다. 유대인의 자녀
교육서 『탈무드』에 나오는, 물고기를 잡는 방법을 가르쳐 주는 것
이 물고기를 주는 것보다 중요하다는 내용처럼 자신이 지닌 문제
의 원인을 알고 그것에 대해 해결과정을 체험하게 한 다음 그 과
정을 스스로에게 늘 적용하도록 하는 자기조력(self-help)이나 자
가치료(self-therapy)를 강조한다. 그러므로 REBT 상담에서는 내
담자에게 필요한 과제를 늘상 내 주며 그 과제의 수행을 통해 스
스로의 문제를 해결할 수 있는 능력을 배양한다. ABC 기록지 같
은 것이 대표적인 자기조력을 위해 필요한 과제이다. 자가치료를
독려하면서 일상생활 속의 문제를 호소하는 주변의 사람들에게
생각과 정서의 관계를 가르쳐 주고 논박을 해 보도록 권유하는 것
도 이런 능력을 배양하기 위한 하나의 과정이기도 하다.

4) 단기치료 지향

　많은 상담자는 정통 정신분석 등 시간과 비용이 많이 드는 치료에 투자하여 자신의 문제를 정확하게 파악하고 그것을 말끔하고 깨끗하게 해결하는 사람들이 과연 얼마나 될 것인가에 대한 물음을 품고 있다. 또한 자신의 문제가 심리치료로 해결될 수 있다는 상식이 없는 일반인들이 더욱 많고, 그것을 안다 하더라도 현실적으로 상당한 시간과 비용을 투자할 수 있는 사람이 그리 많지 않다. Freud 시대에도 내담자들 중에는 돈이 많은 유한 마담들이 많았고 그들은 치료자의 우정을 구매한다고 보기도 하였다. 이렇듯 심리치료는 부자들의 전유물이라는 인식이 있었던 것도 사실이다. 1964년에 미국의 임상심리학자 William Schofield의 저서 『심리치료: 우정의 구매(Psychotherapy: The purchase of friendship)』의 제목을 보면 잘 알 수 있다.

　최근에 사회적으로 상담이나 심리치료 서비스를 받아야 하는 사람들이 늘어나면서 심리치료의 심리경제학(psychoeconomics)에 대한 관심이 증가하고 있다. 비용 대비 효과(cost effectiveness)에 대한 계산을 하지 않을 수 없는 시점에 이르게 된 것이다. 2019년 10월에 시행한 「정신건강복지법」에 따르면 의료인에 의해 수행된 인지치료는 개인상담 30분 이상, 12회기 동안만 지원해 주고 있다. 이렇듯 정부에서 상담이나 심리치료에 대한 관심이 높아지면서 단기치료가 우세해지고 있다. 향후 보험회사까지 이에 가담하게 된다면 단기치료는 더욱 고도의 전문기술이 집약되고, 제한된 시간 내에 최대의 효과를 산출해야 하는 시대적 상황과 맞물리면서 그 중요성이 더욱 강조될 듯하다. 앞서 설명한 REBT 치료의 심리교육적 접근, 치료자의 적극적이고 지시적인 태도 그리고 자가치료와 자기조력의 강조는 결국 치료의 단기화를 도출하는 선행조건이라고 할 수 있을 것이다.

5) 중다양식적(multi-modal) 접근의 강조

REBT라는 명칭이 시사해 주고 있듯이 Ellis의 이론에서 인지를 강조하고 있지만 그렇다고 인간의 정서와 행동을 무시하는 것은 아니다. 그리고 변화과정에서 필요하면 Ellis는 어떠한 행동적, 정서적 기법도 활용할 수 있음을 강조한다(Ellis, 1957). 그래서 REBT는 최초의 통합적 심리치료라고 주장한다(DiGiuseppe et al., 2014). Ellis는 상담과 저술활동을 시작할 때부터 다양한 상담기법을 활용할 것을 주장했다(Ellis, 1995). 심상, 최면, 유머, 독서의 활용, 정서적지지, ABC 기록지, 행동시연, 노출과제, 행동과제 등을 사용하도록 하고 있다(DiGiuseppe et al., 2014). 최근 2019년에 발간한 Corey의 저서 『The Art of Integrative Counseling』에서도 인지행동치료의 선구자인 Ellis의 REBT는 인간의 심리적 특성이 상호작용적이기 때문에 하나의 측면으로만 작업할 수 없다고 강조하며 그 점을 분명히 제시해 주고 있는 것에 주목해야 한다. REBT 상담을 할 때 내담자의 비합리적 신념을 바꾸는 데 효과가 있다고 판단이 된다면 그동안 과학적으로 검증된 거의 모든 기법을 활용할 수 있다는 것을 강조하고 있다.

2. REBT에 대한 오해와 진실

필자는 1997년 지도감독자격증(supervisory certificate)을 취득한 후 REBT를 적용한 수많은 상담과 REBT 관련 강의, 슈퍼비전 등을 해 오면서 상담자들이 지니고 있는 REBT에 관한 많은 오해를 접할 수 있었다. 하여 이 절에서는 구체적인 오해의 내용과 이에 대한 진실을 기술하고자 한다.

1) REBT는 CBT인가

상담학도 및 관련 전문가들은 REBT와 CBT를 혼동하는 경우가 많다. 그들이 대개 CBT(Cognitive Behavior Therapy)로 지칭하는 경우는 Aaron Tim Beck이 개발한 인지치료(Cognitive Therapy: CT)를 CBT와 혼용하여 쓰고 있는 경우가 흔한데 이는 교정되는 것이 마땅하다. 왜냐하면 CBT는 단일한 하나의 이론이 아니고 다음의 개념을 충족하고 있는 이론을 통칭하기 때문이다. 인간 심리구조의 3요소로는 인지 · 정서 · 행동이 있다. 이 세 가지 심리적 요소는 서로 상호작용한다. 그리고 이 중에서 인지에 의해 정서와 행동이 결정된다는 개념을 충족하는 이론은 모두 CBT에 속한다. CBT의 가장 오래된 이론은 REBT이고, 그다음으로 Beck의 CT 그리고

Meichenbaum의 CBM(Cognitive Behavior Modification, 인지행동수정)이 있다. REBT가 CBT가 아닌 것으로 생각하거나 CBT를 CT로 혼용하는 것은 지양해야 할 태도로 사료된다. 이는 마치 개신교를 기독교라고 말하는 경우와 유사하다. 기독교의 기독(基督)은 중국 사람들이 '그리스도'를 한자어로 음역한 것으로 기독교는 예수를 믿는 모든 종교를 포괄한다. 그러므로 천주교도 기독교인데 많은 개신교 신자가 개신교를 기독교로 표현한다. 이는 REBT도 CBT 인데 마치 CT만 CBT인 양 표현하는 것과 같다. 기독교에 개신교와 천주교가 있는 것처럼 CBT(인지행동치료)에는 CT(인지치료)와 REBT(인지정서행동치료)가 있는 것이다. 필자는 1997년에 필라델피아 근교에 위치한 Aaron Tim Beck의 연구소에서 Beck과 그의 딸 Judith Beck, 그리고 그의 제자 Arthur Freeman 등에게 사사를 받았다. 그때 Beck은 자신의 이론을 CBT로 혼용하지 않았으며 그 이후 세계 인지행동치료학회 그리고 유럽 인지행동치료학회 등에서 Beck의 기조강연 등을 들었을 때도 역시 자신의 이론을 CBT와 혼용하지 않았다. 필자는 정확한 용어의 활용을 촉구한다.

2) REBT는 인지만 다루고 정서는 무시하는 단선적 치료 인가

REBT라는 이론의 이름에서 정서를 무시하는 치료가 아니며 정서와 행동까지 아우르는 통합적 치료라는 것을 알 수 있다. Ellis 는 그의 경험과 임상 실제를 통해 이론을 구축해 오면서 초기에는 인지를 강조하는 합리적 심리치료(Rational Psychotherapy)라고 이름을 붙였다. 내담자들이 분노하고 우울해하는 정서 뒤에서는 세상에 대한 잘못된 견해가 있음을 보았기 때문이다. 그는 인지와 정서가 상호작용하므로 정서를 다루기 위해 인지를 먼저 다루었을 뿐이며, 정서를 소홀히 여기지 않았다. 대표적인 정서적 기법인 심상법(imagery)을 많이 활용하고 있음에도 인간의 심리적 기능에서 정서를 무시한다는 거센 비판을 받자 이론의 명칭을 합리적 정서적 치료(Rational Emotive Therapy)로 바꾸면서 이러한 오해에서 벗어나려고 하였다. Ellis가 더욱 인지를 강조한 중요한 이유는 정신분석상담과 인간중심상담에서 인간의 정서적 혼란을 돕는 인지적, 철학적 이유를 무시했기 때문이라고 설명하고 있다(DiGiuseppe et al., 1992). 또한 정신분석을 통해서 환자는 자신이 어째서 이런 문제에 처하게 되었는지 이해할 수 있었지만 이것을 어떻게 변화시켜야 할지는 알지 못했다(서수균, 김윤희 역, 2007).

이론에서 행동의 중요성을 간과하지 않으며 궁극적으로 행동의 변화가 상담의 목표가 되므로, 1993년에 다시 인지정서행동치료(Rational Emotive Behavior Therapy, 이를 합리적 정서행동치료로 번역하지 않는 이유는 이 책의 1장에서 밝힌 바 있다.)로 이름을 바꾸었다. Ellis는 그 이유에 대해서 다음과 같이 설명하고 있다.

개신교에서는 구원을 얻기 위해 필요한 것은 예수를 신과 구원자로서 받아들이기만 하면 된다고 주장한다. 한편, 가톨릭에서는 이것만으로는 충분하지 않고 구원받기 위해서는 선한 일을 해야 한다고 주장한다. 여기에서 말하는 선한 일은 바로 '행동'을 의미한다. Ellis의 이론에 행동이라는 용어를 붙여야 하는 이유는 치료가 성공적이었음을 상담자와 내담자 모두에게 증거로 제시하기 위해서 필요한 것이 '행동'이기 때문이다.

이와 더불어 Ellis는 치료과정에서 숙제를 내 주는 것을 비롯하여 광범위하게 행동주의 이론과 기법을 도입하고 있다(Ellis, 1995).

또한 행동주의 기법을 활용할 때는 다음과 같은 점을 유념하도록 안내하고 있다. 인지재구성이 동반되지 않는 행동치료는 단순히 '기분이 좋아짐(feel better)'을 유도할 수 있으나 '더 나아짐(get better)'으로 이끌지 못한다는 점이다. 또한 잘못된 치료방법은 요즈음 많이 유행하고 있는 명상법, 근육이완법 등처럼 억압된 감정이 정서적 혼란의 주요 원인이라고 믿고 내담자로 하여금 이를 분출하게 하는 것으로, 실험실 연구에 의하면 오히려 혼란을 가중시킨다는 것이다.

Ellis는 아울러 의원성(醫原性, iatrogenesis) 증상에 대한 경고를 하기도 한다. 의원성이라는 용어는 의료인이나 치료자에 의해서 추가적인 문제나 복잡한 결과가 발생하는 것을 뜻한다. 심리치료의 대안적 기법과 기술에 대한 Ellis의 저서를 살펴보면 그는 의원성 증상은 대체로 비합리적 신념을 강화시키는 절차에 의해서 나타난다고 보았다(Yankura & Dryden, 1994). 잘못된 기법의 사용을 통해 심리치료의 과실(malpractice)로 이어질 수 있음을 유념해야 한다.

3) 비합리적 신념은 머리로는 이해하나 가슴으로 다가오지 않는 것인가

상당수의 내담자는 상담자가 찾아낸 내담자의 비합리적 신념을 머리로는 이해하나 가슴으로 다가오지 않음을 호소한다. REBT 상담자를 표방한 지 30여 년이 지났지만 가장 어려운 부분이 바로 이 지점이다. 즉, 상담자가 비합리적 생각을 지적하면 내담자는 그것을 이해하지만 그것이 유도하는 부적절한 부정적 정서가 쉽게 바뀌지는 않는다는 것이다. 이는 아마도 내담자들의 편도체에 입력된 정서가 각인되었기 때문에 쉽게 바뀌기가 어렵기 때문일 것이다. Ellis는 이를 '지적인 통찰(intellectual insight)'과 '정서적 통찰(emotional insight)'이라는 개념으로 설명하고 있다. 지적인 통찰은 문제의 원인과 해결에 대한 이해의 수준이고, 정서적 통찰은 이해를 넘어 적극적으로 노력하고 확신하는 수준이라고 설명한다 (Ellis, 1979; Yankura & Dryden, 1994). 그러므로 상담자는 내담자에게 모든 심리치료는 마술적 행위가 아니기에 자신의 행동 변화가 상담자와 상담하는 그 순간에 찰나적으로 이루어지는 것이 아니고 자신의 지속적인 노력이 요구되는 성찰적이고 행동지향적인 활동이라는 점을 인지시켜야 한다. 필자는 그동안의 경험을 통해 아무리 뛰어난 성찰력과 지적 기능이 있는 내담자라 하더라도 자신의 생각을 바로 보는 관점이 생기면서 자신이 힘들어했던 문제에 대한 순간적 통찰이 일어나 바로 정서적이고 행동적인 여러 가지 어려움에서 벗어나기보다는(간혹 그런 내담자도 있으나) 일상생활 속에서 많은 노력을 통하여 가까스로 행동의 변화에 도달해야 하는 과업을 지닌 내담자들이 더 많다는 것을 알게 되었다. 그러므로 REBT에서 내담자에게 상담목표를 도달하게 하는 데 필요한 과제를 내 주는 이유가 여기에 있다.

　Ellis가 자신의 이론을 왕성하게 보강하고 정교하게 다듬어 가는 과정에서 신경과학(neuroscience)은 왕성하게 발달되지 못했다. 최근에 MRI, MRA 등의 기계가 발명되고 보급되면서 뇌를 관찰할 수 있는 방법이 구체화되었고, 영국과 미국에서는 뇌영상에 대한 연구가 많이 축적되어 가설을 검증하고 뇌에 관한 이론을 형성해 가는 과정 중에 있다. 최근에 밝혀진 내용으로 주목할 만한 것은 사람의 감정 변화에 반응하는 뇌 부위는 대뇌 변연계(limbic system)의 깊숙한 곳에 위치한 편도체라는 것이다. 변연계는 하나의 덩어리가 아니라고 한다. 인간의 기쁨과 슬픔, 분노와 행복 등 다양한 감정을 관장하는 신경망이 고리처럼 연결되어 있고, 편도체는 감정의 관문이라고 한다. 편도체의 크기는 작지만 각 부분이 다른 감정을 관장하는 복잡한 구조를 이루고 있으며 적절한 자극에 자물쇠가 열리듯 반응하고 감정의 여러 반응을 이끌어 낸다는 것이다. 또한 지난 100여 년 동안 이루어진 뇌과학의 가장 괄목할 만한 성과 중 하나는 '뇌가소성(neuro-plasticity)'에 관한 것이다. 즉, 뇌는 훈련하면 변화한다는 것이다. 이로써 Ellis는 자신의 이론을 설명할 때 편도체에 각인된 정서는 뇌가소성에 의해서 바뀔 수 있다는 뇌과학의 발견을 활용하지 못했으나, 적극적인 노력을 통해 도달할 수 있다는 정서적 통찰에 대한 그의 주장은 결과적으로 맞았다고 볼 수 있다.

4) 논박은 내담자를 향해 하는 것인가

Ellis의 REBT를 잘 수행하기 위해서는 기본 개념에 대한 이해가 선행되어야 한다. 특히 Ellis의 인간에 대한 관점을 잘 살펴보아야 한다. Freud의 심리결정론이나 행동주의자들이 보는 기계론적 관점과는 달리, 그는 인간을 행동 여하와 상관없이 소중하고 귀한 존재로 여긴다. 인간은 살아서 숨 쉬고 있다는 것만으로도 소중한 존재임을 역설한다. 그는 이론을 형성하는 시기에 많은 철학, 시대 사조 등에 영향을 받았는데, 기독교의 영향으로 죄는 미워하되 인간은 미워하지 말라는 신념을 받아들였다. Ellis는 또한 인간과 인간의 행동을 분리해서 보는 것을 강조한다. Bertrand Russell의 윤리적 인본주의(ethical humanism)의 영향을 받아 인간 본연의 모습 그대로 자신이나 타인을 받아들이는 비평가적 철학을 강조하고 있다. 여기에서 나온 개념이 인간에 대한 무조건적 수용(unconditional acceptance)이다. Rogers가 강조하는 무조건적 존중(unconditional regard)과 구별할 필요가 있는데, Ellis는 '존중'의 의미 속에는 인간에 대한 긍정적 평가를 담고 있다고 한다. 인간은 너무나 소중한 존재이기 때문에 비록 긍정적이라 하더라도 평가를 삼가야 한다는 것이 Ellis의 관점이다. 그러므로 '무조건적 수용'이라 한 것이다.

상담실에 오는 내담자들은 거의 무기력하고 나약한 상태에 있다. 이런 내담자들을 향해 논박이라는 미명하에 공격을 한다면 그들은 그다음에 바로 상담실을 찾지 않게 될 것이다. Ellis의 주장에 의하면 인간과 인간의 신념을 분리해서 상담자는 내담자라는 한 인간을 무조건적으로 수용해야 하며, 다만 그가 지니고 있는 신념이 내담자를 파괴적으로 몰고 가기 때문에 바로 이것을 표적하여 논박을 하라는 것이다. 이때 내담자에게 신념과 정서, 신념과 행동 간의 관계를 설명해 주고, 내담자가 이를 깨닫도록 안내한 다음에 내담자의 비합리적 신념을 함께 협업하여 논박할 수도 있다.

5) 논박은 구두로만 하는 것인가

REBT 이론에서는 문제의 해결과정을 통칭하여 논박이라고 표현하는 경향이 있다. 영어의 dispute를 논박으로 번역하여 쓰고 있다. 그러나 논박이라는 용어가 강렬하여 상담실에서 여러 가지로 힘든 문제에 직면하여 심리적으로 허약한 상태에 있는 내담자에게 과연 이 용어가 적절한가에 대해서 다각적으로 생각해 본 적이 있다. 결국은 내담자의 신념이란 내담자의 통찰이 수반되면 쉽게 바뀌고 바로 행동의 변화와 연결되는 경우도 있지만 오랜 시간 켜켜이 생각의 단층이 모여서 만들어진 화석화된 신념을 바꾸는 것은 강렬하고 질기게 시도하지 않으면 안 된다는 결론에 이르렀다. 우리말 표준국어대사전에 의하면 논박(論駁)은 어떤 주장이나 의견에 대해서 그 잘못된 점을 조리 있게 공격하여 말하는 것이라고 정의되어 있으나, REBT에서의 논박은 언어를 통해서 말로만 하는 것이 아니다. 여기에서의 논박은 전반적으로 문제의 해결과정을 뜻하기 때문에 언어를 활용하는 인지적 논박, 정서를 활용하는 정서적 논박 그리고 행동을 활용하는 행동적 논박을 모두 활용할 수 있다. REBT가 인지정서행동치료인 또 하나의 이유가 여기에 있는 것이다. 바로 인간의 인지가 왜곡되어 여러 가지 정서적, 행동적 문제의 원인이 되고 있으나 바로 이를 교정하기 위해 정서적인 방법, 행동적인 방법, 거의 모든 방법을 활용하고 있다고 보면 된다. 다만 무의식의 세계에 그 문제의 원인이 있다고 보는 정신분석적 방법인 자유연상, 꿈의 분석, 단시일에 호전을 유도하도록 하는 게슈탈트 기법 그리고 현실을 있는 그대로 보지 못하게 하는 지나친 낙천적 사고를 유도하는 방법, 내담자에게 지나치게 온정을 베푸는 것 등은 피하도록 되어 있다. 그리고 앞에서 이미 지적하였듯 인지의 변화가 선행되지 않은 행동적 기법은 문제를 악화시킬 수 있음도 유념해야 한다.

6) 당위적 사고는 모두 비합리적이고 역기능적인가

Ellis의 이론 중 비합리적 신념에서 당위적 사고는 문제의 핵심 중의 핵심이라고 설파한다. Ellis 이론의 강점은 그의 이론이 상담 현장에서 탄생되었다는 것이다. 그는 1943년 박사 학위를 취득한 후에 뉴저지의 정신위생 클리닉에서 임상심리학자로서의 경력을 시작하고, 뉴욕시의 맨해튼에 소재한 자신의 집에서 상담센터를 열고 2007년 세상을 마치는 날까지 임상현장에 있었다고 할 수 있다. 그는 내담자의 이야기에 숨어 있는 당위적 사고를 찾는 것이 중요하다고 강조하였다. 당시에 Karen Horney 정신분석연구소의 Charles Hulbeck에게서 Ellis는 6년간 정신분석과 사례 슈퍼비전을 받으며 Horney가 주장했던 당위적 사고의 폭정(Tyranney of Should)에 대해 깊은 영향을 받은 듯하다. 이 개념은 Ellis가 주장하고 있는 12개의 비합리적 신념의 원천이 되고 있다.

유념해야 할 점은 당위성은 모두 비합리적이 아니라는 것이다. 한국의 상담학도들은 '반드시 ~해야만 한다.' 또는 '반드시 ~해서는 안 된다.'는 당위성이 문제가 된다고 알고 있는데, 이는 정확하게 당위적 사고를 이해하고 있는 것이 아니다. 당위적 사고는 무해한(innocuous) 당위와 유해한(non innocuous) 당위로 구분할 수 있다. 이는 과업 수행은 각성 기능의 함수관계로 역 U자 모양을 띠고 있는 Yerke Dodson의 법칙으로 설명할 수 있다. 수행은 적정 수준의 각성상태에서 향상한다는 것이다. 각성의 정도가 너무 낮거나 너무 높으면 수행은 감소한다는 법칙이다. 시험불안의 경우, 적절한 불안은 학업 성적에 도움이 되고 불안이 너무 많거나 없다면 성적도 좋지 않을 가능성이 큰 것과 같은 개념이다. 우리는 이것을 창조적 긴장의 원리(principle of creative tension)로 설명하기도 하고 적정 수준의 스트레스(optimal level of stress)라고 표현하기도 한다. 마치 이것처럼 적정 수준의 당위적 사고(무해한 당위)가 있을 때 최고의 좋은 결과를 산출할 수 있다는 것이다. 다만 당위적 사고가 너무 없거나 당위적 사고가 너무 과도하게 있고 그 특성이 질기고 경직되어 있을 때(유해한 당위) 문제를 유도한다는 것을 분명히 알아야 한다. 즉, 내담자가 지닌 당위성의 정도 문제를 잘 파악할 수 있어야 하는 것이다. 비합리적이고 역기능적인 생각은 바로 이러한 유해한 당위적 사고를 일컫는다.

또한 당위적 사고를 구분할 때 밖으로 표출되는 언어적 틀과 그 말의 의미를 잘 살펴보아야 한다. 언어의 형식이나 틀은 당위적 사고이지만 실제 그 의미는 당위적이 아닐 때가 많고, 언어의 형식이나 틀은 당위적이지 않지만 실제 그 의미는 당위적일 때가 많기 때문이다. 그러므로 내담자가 말의 숨은 의미 속에 당위성이 있는지를 파악하는 것이 관건이다.

7) 당위적 사고는 합리주의 사고인가 또는 합리화인가

앞서 이미 언급하였듯이 Ellis는 그의 이론의 명칭에 '합리적'이라는 용어를 쓴 것을 후회하고 있다. 여기서의 '합리적'은 철학적 사조인 합리주의에서 주장하는 '합리'와는 개념이 다르다. 합리주의는 인간은 논리 그 자체에 의해서만 지식을 얻을 수 있으며 인간 경험의 우위에 이성과 경험을 강조한다. Ellis는 과학철학자 Thomas Kuhn의 견해를 받아들여 논리적이고 현실적이며 실용적인 사고를 합리적 사고로 정의하고 있다. REBT는 인간의 현실과 유리된 철학이 아니며 모든 것을 논리로만 승복할 수 있다고 생각하지 않는다. 최근에 REBT에서는 합리적 사고에 대해 포스트모던과 구성주의적 견해를 따르기도 한다. REBT 관련 강의를 하다 보면 흔하게 받는 질문 중 하나가 합리적 사고는 합리화와 같은 개념인가 또는 어떻게 다른가이다. 방어기제의 하나인 합리화(rationalization)는 현실을 있는 그대로 바로 보지 못하고 자기에게 유익한 대로 왜곡하기 때문에 합리적 사고에서 주장하는 현실성을 충족시키지 못하므로 합리화는 비합리적 사고에 해당한다.

8) 합리적 사고는 긍정적 사고 또는 낙천적 사고인가

상담실에서 REBT 관련 강의를 하고, 상담실에서 상담을 마친 다음에 한 회기의 마지막이나 종결 시점에 내담자에게 상담의 소감이나 상담시간에 새롭게 와닿은 내용이 무엇인지 묻는 시간이 있다. 몇몇 수강생이나 내담자들은 당당하게 앞으로는 긍정적 사고를 하고 살아가겠노라고 다짐을 하는 경우를 종종 볼 수 있다. 우리 사회가 오랫동안 그리고 지금까지 지나치게 긍정적이고 낙천적 사고를 강조한 경향이 없지 않았다. 커피 잔에 커피가 반이 있을 때 커피가 반밖에 안 남았다고 생각하기보다 아직도 반이나 남았다고 생각하는 것이 세상을 옳게 보는 것이라고 주입을 받기도 하였고, 아울러 '안 되면 되게 하라. 하면 할 수 있다.'는 무조건적인 긍정적 사고가 시대의 최고 덕목인 적도 있었다. 그러나 이러한 신조는 현실성이 결여되어 많은 사람에게 실망을 안겨 줄 수 있는 위험한 생각이다. 합리적 사고는 이렇게 현실성이 결여된 지나친 긍정적 사고를 오히려 경계하고 있다는 것을 유념해야 한다.

4장
REBT 상담의 과정과 기법

1. REBT 상담의 기초

1) 인간관

Ellis는 인간이 합리적일 수도 있고 비합리적일 수도 있는 이중적인 특성이 있음을 강조한다. 인간은 본래 자기 보존적이고 행복을 추구하며 다른 사람들과의 공동생활을 통해 성장하고 자신을 실현할 수 있는 역량을 지닌 존재로 보았다. 또한 이와 마찬가지로 자기 파괴적 성향이 있고, 자기를 비난하여 성장을 회피하는 성향도 있다고 생각하였다.

2) ABCDE 모형

인지정서행동치료(REBT) 과정의 핵심 부분은 A-B-C-D-E로 불리는 틀이다. A(activating event)는 사건, 상황, 환경 또는 개인의 태도이며, C(consequence)는 각 개인의 반응이나 정서적 결과이다. 이 반응은 적절할 수도 있으며 부적절할 수도 있다. REBT에서는 A(반응을 일으키는 사건)가 C(정서적 결과)를 초래한다고 보는 것이 아니라 각 개인의 A에 대한 믿음, 즉 사고 B(belief)가 C인 정서적 반응을 초래한다고 본다.

예컨대, P라는 사람이 이혼 후에 심한 우울증을 경험한다고 하면, 이혼이라는 사건 자체가 P로 하여금 우울증을 경험하게 하는 원인이 아니라 배우자를 잃은 사실에 대한 P의 믿음이나 생각이 우울을 초래한다고 보는 것이다. 그리하여 인간은 자신의 정서반응이나 장애를 일으키는 비합리적인 생각을 어떻게 바꾸는지 그 방법을 내담자에게 제시하는 것이 REBT의 핵심이다. 이 방법이 바로 D(dispute)로 표현되는 논박이다. 특별히 D는 내담자가 자신의 비합리적인 생각을 고치는 데 적용될 수 있는 과학적 방법이다. 비현실적이고 검증할 수 없는 자기 파괴적 가설들을 논리의 원리를 가르침으로써 포기하게 할 수 있다. Ellis에 의하면 성공적인 상담은 비합리적 사고를 계속적으로 논박하여 어느 정도 재교육에 성공하느냐에 의해 좌우된다고 강조하고 있다. 일단 논박이 성공을 하면 내담자의 적절한 정서와 적응적 행동을 일으키는 효과, 즉 E(effect)가 드러난다.

이 내용을 그림으로 표현하면 다음과 같다.

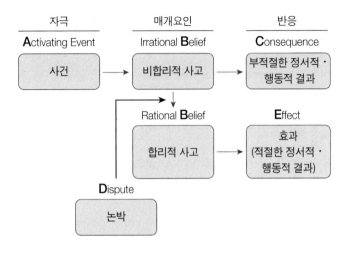

[그림 4-1] A-B-C-D-E 모형

3) 정신건강적 기준

Ellis가 제시한 정신건강적 기준은 상담의 목표로 활용될 수 있다.

- **자기관심(self-interest)**: 인간이 자기 자신에 대해 완전히 몰입하면 정서적으로 건강한 사람은 자기 자신에게 관심을 가질 수 있는 역량을 가지고 있다.
- **사회적 관심(social-interest)**: 인간은 집단 속에서 타인과 관계를 맺으며 살고자 한다. 즉, 건강한 사람은 집단 속에서 유리되지 않고 관계적인 맥락 속에서 인간에 대한 관심을 지니고 있다.

- **자기지향(self-direction)**: 정서적으로 건강한 사람은 비록 타인의 지지나 협동을 좋아한다 하더라도, 이러한 지지를 요구하지 않는다. 인간은 자신의 삶에 대한 책임감이 있으며 자신의 문제에 대해 독립적으로 풀 수 있는 능력이 있다.

- **관용(tolerance)**: 성숙한 사람들은 타인의 실수에 대해 관용적이며 실수하는 사람들을 비난하지도 않는다.

- **융통성(flexibility)**: 건강한 사람들은 자신의 생각에 대해 융통성이 있으며 변화에 대해 수긍하고 타인에 대해 편협하지 않은 견해를 가지고 있다.

- **불확실성에 대한 수용(acceptance of uncertainty)**: 성숙한 사람은 불확실성의 세계에 살고 있음을 깨닫는다.

- **전념(commitment)**: 건강한 사람은 자신의 외부 세계에 대해 중대하게 몰입할 수 있는 능력이 있다.

- **과학적 사고(scientific thinking)**: 성숙한 사람은 깊게 느끼고 구체적으로 행동할 수 있다. 그러나 그들은 정서나 행동의 결과를 논리적으로 생각해 봄으로써 정서나 행동을 규율화할 수 있다.

- **자기수용(self-acceptance)**: 건강한 사람은 그들이 살아 있다는 사실 자체를 받아들인다. 그리고 그들의 기본적인 가치를 타인의 평가나 외부적 성취에 의해서 평가하지 않는다.

- **위험 부담하기(risk-taking)**: 정서적으로 건강한 사람은 위험에 직면하는 것을 두려워하지 않는다.

- **비이상주의(nonutopianism)**: 성숙하고 건강한 사람은 뜬구

름 잡는 식의 이상향적 존재를 성취할 수 없다는 사실을 받아
들인다.

4) 합리적 사고와 비합리적 사고

Ellis는 그의 이론을 형성할 때 당대의 저명한 과학철학자였던
Thomas Kuhn의 아이디어를 많이 빌려 왔다. Kuhn(1962)은 그의
명저 『과학혁명의 구조(The structure of scienctific revolution)』에서
과학자들이 전통을 버리고 다른 전통을 따르는 기준을 빌려와 합
리적 사고와 비합리적 사고를 구분하는 데 활용하였다.

- **합리적 사고는 내적으로 일치한다**: 즉, 논리적이고 응집력이 있
  다. 합리적 사고는 단순히 논리적 신념은 아니다. 합리적 철
  학을 정의하는 데 있어서 논리는 필요하기는 하나 충분한 요
  소는 아닐 수도 있다.
- **합리적 사고는 경험적으로 증명할 수 있다**: 증거에 의해서 검증되
  어야 한다.
- **합리적 사고는 절대적이지 않다**: 대신에 조건적이며 상대적이
  다. 합리적 신념은 대개 바람, 희망, 소망 또는 선호적인 모습
  을 띠고 있다. 그리고 요구적인 철학보다는 소망적인 철학을
  반영한다.
- **합리적 사고는 적응적 정서를 유도한다**: 합리적 신념도 때로는 부
  정적인 정서를 유도할 수 있다. 중요한 것은 부정적 정서라

도 부적절한 역기능적 정서는 아니라는 사실이다. 이것은 짚고 넘어가야 할 부분인데, REBT에 관한 일상적인 오해 가운데 하나가 바로 합리적 사고는 아무런 정서도 유도하지 않거나 긍정적인 정서를 생성한다는 것이다. 합리적 사고도 부정적 정서를 유발할 수 있음을 잘 유념해야 한다.

• **합리적 사고는 우리가 삶의 목적을 달성하는 데 도움을 준다**: 그래서 합리적 사고는 삶의 만족도와 일치하며, 환경과의 갈등뿐만 아니라 심리내적인 갈등을 최소화하는 데 도움을 준다. 그리고 다른 사람과의 제휴나 함께하는 것을 가능하게 하여 주며 성장을 도와주기도 한다. 더욱더 단순하게는 합리적 사고는 우리에게 덜 두렵고, 비난하는 자세를 벗어나서 우리들의 삶의 목적을 추구할 수 있는 자유를 제공해 주기도 한다. 또한 합리적 사고는 이러한 목표들을 획득하는 과정에서 파생할지도 모르는 어떤 위험도 무릅쓸 수 있는 용기를 제공하기도 한다.

한편, 비합리적 사고는 종종 이와 반대되는 다른 특징으로 구분될 수 있다.

• 비합리적 사고는 논리적으로 일치하지 않는다. 비합리적 사고는 상황에 대한 극도의 과장을 하는 경향이 있으며 종종 "끔찍하다" "지긋지긋하다"와 같이 평가적인 용어를 반영하고 있다.

- 비합리적 사고는 경험적인 현실과 일치하지 않는다. 이것은 실제 사건을 따르지 않음을 의미한다. 비합리적 사고의 예를 들어 보자. "만약 나의 아내가 나를 떠나가 버린다면 이는 참을 수 없다." 이런 상황을 직면하게 되는 내담자들 중 막상 부인이 떠나 버린 상황을 잘 대처하며 견디어 내는 내담자들이 많다. 즉, 그들의 생각이 실제 현실과 일치하지 않기 때문에 비합리적인 것이다.

- 비합리적 사고는 절대적이며 교의(敎義)적이다. 이것은 확률적인 기준보다는 절대적인 기준을 나타낸다. 비합리적 사고는 요구(對 소망), 절대적 당위(對 선호), 그리고 욕구(對 바람)로 표현된다. 비합리적 사고는 아동기 이후부터 반복적으로 낭송하고 스스로에게 주입하여 과잉 학습된 경우가 많다. 비합리적 사고와 합리적 사고는 다음의 〈표 4-1〉로 정리할 수 있다.

〈표 4-1〉 합리적 사고와 비합리적 사고의 차이

특성 ＼ 갈래	합리적 사고	비합리적 사고
논리성	논리적으로 모순이 없다.	논리적으로 모순이 많다.
현실성	경험적 현실과 일치한다.	경험적 현실과 일치하지 않는다.
실용성	삶의 목적 달성에 도움이 된다.	삶의 목적 달성에 방해가 된다.
융통성	융통성이 있다. 경직되어 있지 않다.	절대적이고 극단적이며 경직되어 있다.
파급효과	적절한 정서와 적응적 행동에 영향을 준다.	부적절한 정서와 부적응적 행동을 유도한다.

출처: 박경애(1997).

5) 비합리적 사고의 요소

비합리적 사고는 아주 빈번하게 자신, 타인, 그리고 세상에 대한 자애적이고 엄청난 요구에 기초를 두고 있다. Ellis는 이러한 구인은 세 가지의 주요한 '반드시'로 설명하고 있다.

- 나는 반드시 ~해야만 한다(잘해야만 한다, 인정을 받아야만 한다 등).
- 당신은 반드시 ~해야만 한다(나를 잘 대해 주어야만 한다, 나를 사랑해야만 한다 등).
- 세상은 반드시 ~해야만 한다(나를 공평하게 대해야만 한다).

이러한 사고는 일반적으로 '그것은 끔찍하다(과장성)' '나는 그것을 참을 수 없다(낮은 인내성)' '나는 행동을 거칠게 하는 거칠고 한심한 사람(자기 비하성)'이라는 생각을 파생한다. 이것을 그림으로 표현하면 [그림 4-2]와 같다.

비합리적 사고는 혼란된 정서를 초래한다. 불안은 인간을 허약하게 하고 비생산적으로 만든다. 만약 내담자가 그의 최근의 삶 속에서 기능을 잘 하고 있지 못하다면, 내담자는 '내가 이렇게 한심하게 행동하다니, 이것은 끔찍하지 아니한가?'라고 생각하며 도움이 되지 않는 정서인 극도의 불안감을 경험하게 될 것이다. 그러나 내담자가 좀 더 합리적 생각을 하면 마음이 편안해지고 안정된 정서를 느낄 수 있다. 예를 들면, '나는 나의 삶 속에서 기능을

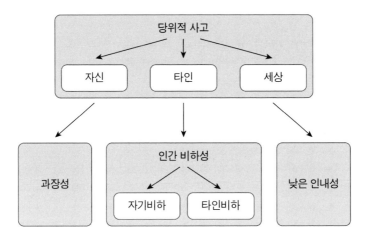

[그림 4-2] 당위적 사고에서 파생한 비합리적 생각의 요소

출처: 박경애(1997).

더 잘 발휘하기 위해서 노력을 하겠다. 그러나 내가 만약 기능을 잘 못한다고 하더라도 그것은 그리 끔찍한 것이 아니다.'라는 신념을 내담자가 가지고 있다면 만족스럽지 못한 상황도 잘 견디어 낼 수 있다.

비합리적 사고는 우리가 삶의 목표를 달성하는 데 도움을 주지 않는다. 우리가 절대적인 사고에 묶여 있을 때 우리가 지니고 있는 에너지도 그 사고와 함께 경직되어 버린다. 그래서 현실적으로 필요한 행동을 하는 데 엄청난 제약이 따르므로 목표 달성이 어려워진다.

2. REBT 상담의 과정

1) 상담의 목표

비합리적 생각의 교정을 통하여 부적절한 정서를 적절한 정서로, 부적응 행동을 적응적 행동으로 교정하는 데 있다.

2) 상담자의 기능과 역할

상담자는 적극적이고 지시적인 역할을 수행하며 내담자의 비합리적이고 역기능적인 신념을 찾아 이를 교정하도록 돕고 궁극적으로 합리적인 삶의 철학을 발전시키도록 돕는다.

3) 상담에서 내담자의 경험

인지정서행동치료는 심리교육적 접근을 취하므로 많은 학습의 과정이 일어난다. 자신의 문제가 자신이 세상을 보는 관점으로부터 잘못되었음을 알고, 새로운 관점을 습득하는 법을 배운다. 뿐만 아니라 이러한 과정을 통해 앞으로 새롭게 생성되는 문제를 스스로 해결할 수 있는 자기조력의 방법도 터득하게 된다.

4) 상담자와 내담자의 관계

상담자는 내담자를 그의 행동과 인간, 그의 신념과 인간을 분리해서 인간 그 자체를 무조건적으로 수용(unconditional acceptance)하게 된다. 그리고 내담자에게 지나친 따스함의 공급을 자제하여 내담자의 독립성을 강화할 수 있도록 최선의 노력을 기울인다.

5) 상담의 과정

(1) 문제, 즉 부적절한 정서적 · 행동적 결과를 탐색한다(C)

상담실에 호소하고 있는 문제로 대개 행동적 문제와 정서적 문제로 구분할 수 있다.

(2) 상담의 목표를 설정한다

- **결과적 목표**: 건강한 정서와 행동의 획득

  결과적인 목표는 부적절한 정서와 부적응적인 행동을 적절한 정서와 적응적 행동으로 변화시키는 데 있다. 현재의 상태에서 좋게 느끼게 하는 것(feel better)이 아니라 현재의 상태에서 실제로 더 나아지는 것(get better)에 초점을 둔다.

- **과정적 목표**: 비합리적 신념을 합리적 신념으로 변화시키는 과정적인 목표는 비합리적 생각을 합리적 생각으로 변화시켜서 합리적인 생각이 행동양식에 영향을 미치도록 하는 것이다.

(3) 그 결과와 관계된 반응을 일으키는 사건이 무엇인지 탐색한
  다(A)

- 반응유발 사건을 나타내는 A는 환경, 상황, 때로는 내담자의
  태도도 포함된다.
- 문제의 반응유발 사건은 이미 일어났으며 변화되지 않는다.
- 내담자들은 강한 부정적 정서를 일으킨 사건에 대해 상담자
  와 함께 이야기하고 싶어 한다.
- 핵심은 반응유발 사건에 대한 내담자의 지각 체계의 탐색에
  있으므로 문제의 사건에 대해 지나치게 상세히 묘사하는 것
  은 불필요하다.
- 반응유발 사건에 대한 내담자의 평가, 즉 사고에 초점을
  둔다.

(4) 정서적·행동적 결과와 사고 간의 관계를 교육한다(B-C)

- 내담자의 정서적·행동적 문제가 선행 사건에 의한 것이 아
  니고 내담자의 신념에 기인한 것을 분명히 교육한다.
- 내담자에게 타인이 그의 정서적·행동적 결과를 유발하는 것
  이 아님을 분명히 한다.
- 내담자에게 과거가 그의 정서적·행동적 결과를 유발하는 것
  이 아님을 분명히 한다.
- 내담자가 스스로 내담자의 비합리적 신념에 의해서 문제가
  발생한 것임을 확신하지 못한다면 REBT 상담은 난항을 겪을
  수 있다.

• 우화, 유추, 은유 등의 방법을 활용하여 B-C 관계를 교육할 수 있다.

Ellis는 종종 다음과 같은 상담자와 내담자 간의 예화로 교육모델을 제시한다.

상담자: 당신의 감정을 수치스러움에서 유감으로 바꾸기 위한 첫 번째 단계는 무엇이 당신의 감정을 결정하는지를 이해하는 것입니다. 자, 당신 또래의 100명의 사람들이 친구들에게 경멸당했다고 가정해 봅시다. 그렇다면 그들은 모두 수치스럽게 느낄까요?
내담자: 아뇨, 그렇게 생각하지 않습니다.
상담자: 왜 그렇죠?
내담자: 예, 사람은 똑같은 상황에 대해서도 서로 다르게 반응하기 때문이죠.
상담자: 그래요. 그런데 무엇 때문에 서로 다르게 반응할까요?
내담자: 모르겠습니다.
상담자: 고대 어떤 철학자가 이렇게 이야기했습니다. "사람은 상황에 대해서가 아니라 상황에 대한 그들의 관점에 의해서 어려움을 느낀다." 그런데 심리학자들의 연구에 의하면 이런 말이 사실이라는 것이 많이 지지되었습니다. 따라서 친구들이 당신을 경멸한 것에 대한 당신의 관점 또는 신념이 당신을 부끄럽게 만든 것입니다. 맞는 것 같습니까?
내담자: 예, 그런 것 같습니다.
상담자: 그렇습니다. 만약 당신의 감정을 수치스러움에서 유감으로 바꾸길 원한다면 당신은 무엇을 변화시켜야겠습니까?
내담자: 내 친구들이 나를 경멸하는 것에 대한 내 생각들이요.

상담자: 그렇습니다. 감정을 바꾸려면 먼저 신념을 바꾸지 않으면 안 되
　　　　죠. 나는 먼저 당신이 두 가지 유형의 신념들을 구별하도록 도
　　　　와드리겠습니다. 그중 하나로 수치스러움과 자기 패배적 감정
　　　　을 이끌어 낼 것이고, 그와는 반대인 다른 어떤 하나로 유감과
　　　　같은 건설적인 감정을 이끌어 낼 것입니다. 자, 당신이 이 두 가
　　　　지 유형의 신념을 구별할 수 있도록 제가 예를 들어 보겠습니
　　　　다. 괜찮겠습니까?

내담자: 좋아요.

상담자: 우선, 당신의 지갑에 10,000원이 들어 있고, 당신의 신념은 당
　　　　신이 언제나 최소한 11,000원을 갖는 것을 더 좋아하지만 꼭
　　　　11,000원이 필요하지는 않다고 상상하십시오. 당신이 11,000
　　　　원을 갖기를 원할 때 10,000원을 갖고 있다면 이에 대해 어떻게
　　　　느끼겠습니까?

내담자: 실망스럽겠죠.

상담자: 맞아요. 또는 걱정되겠죠. 그러나 자살하고 싶지는 않겠죠?

내담자: 그렇죠.

상담자: 자, 이제 당신은 언제나 반드시 최소한 11,000원을 가지고 있
　　　　어야만 한다고 믿고 있다고 상상합시다. 그런데 당신이 지갑을
　　　　열어 보았을 때 단지 10,000원밖에 없다는 것을 알았다고 상상
　　　　합시다. 이제 당신은 어떻게 느낄까요?

내담자: 우울하겠죠.

상담자: 또는 불안하겠죠. 자, 똑같은 상황이지만 단지 신념이 서로 다
　　　　르기 때문에 느끼는 감정이 달라진다는 것에 주의하십시오. 이
　　　　번에는 당신이 언제나 최소한 11,000원을 가지고 있어야만 한
　　　　다는 절대적 신념을 갖고 있는데, 당신 지갑에 12,000원이 있다
　　　　는 것을 발견했습니다. 이제 당신은 어떻게 느낄까요?

내담자: 안도감을 느끼겠죠.

상담자: 그래요. 또는 기쁘겠죠. 그러나 당신은 언제나 최소한 11,000원

을 반드시 가지고 있어야만 한다는 신념 때문에 12,000원을 갖고 있음에도 불구하고 불안해지는 상황을 생각해 봅시다. 어떤 상황이 있겠습니까?

내담자: 내가 12,000원을 잃어버린다든지 하는 거요?

상담자: 맞아요. 또는 12,000원을 썼다거나 도둑맞았을 때도 있겠죠. 자 반드시 어떠해야만 한다는 생각 때문에 우울해지거나 불안해지는 상황을 생각해 보십시오. 그리고 그 소망이 충족되었을 때도 그 절대적인 당위성 때문에 스스로 자신을 불행하게 만들 수 있다는 것도 명심하십시오. 그러나 절대적이지 않은 소망을 가지고, 이 소망들을 절대적인 당위성으로 확대하지 않을 때, 우리는 어떤 상황이라도 건설적으로 적응할 수 있을 것입니다. 아시겠습니까?

(5) 그 결과를 일으킨 근본적인 원인인 사고를 탐색한다(B)

사고란 현실에 대한 단순한 사실의 묘사가 아니고 내담자의 판단이 삽입된 평가이다.

■ 비합리적 사고의 수준

- **자동적 사고**: 의식적 과정에서 순간순간 떠오르는 생각이나 영상
- **추론과 귀인**: 사건이나 자동적 사고에 관해 이루어지는 추론이나 귀인으로서 의식적 과정에 있으며 쉽게 떠올릴 수 있다.
- **평가적 인지**: 부정적 정서와 관련된 역기능적 인지로, 다소 가정된 것이기 때문에 명확하게 표현되지 않을 수도 있다.
- **핵심 인지**(내재된 사고): 흔히 스키마라고 불린다. 각 개인이

독특하게 가지고 있는 철학적 가정, 정서적 격동, 심각한 스트레스 등 인생의 거다린 변화에 의하지 않고는 잘 드러나지 않는다. 비합리적 생각은 다음과 같은 방법으로 탐색할 수 있다.

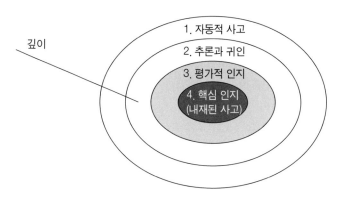

[그림 4-3] 비합리적 사고의 수준

출처: 박경애(1997).

(6) 탐색된 사고의 체계를 논박을 통해 바꾸어 준다(D)

■ 논박의 특성

- 논박의 본질은 내담자가 비합리적인 생각을 깨닫고 그것을 바꾸도록 하는 데 있다.
- 논박은 내담자가 자신의 행동 변화에 대한 의지가 충분히 높을 때 실시한다.
- 논박을 하는 데는 상당한 시간, 다양한 방법, 지속적인 노력 그리고 열정이 필요하다.
- 논박은 상담과정에서 반복적으로 일어난다.

- 내담자의 근본적인 신념 구조는 쉽게 변하지 않는 특성을 지니고 있다.

■ 논박의 단계
- 1단계: 내담자의 사고 양식이나 생각의 체계를 조사하고 도전한다.
- 2단계: 내담자를 위한 기능적이고 효율적인 대안적 사고양식을 개발한다.

■ 논박의 방법
논박의 방법은 다양하며, 은유, 유추, 우화 등의 여러 가지 방법을 활용할 수 있다.

(7) 생각이 바뀜에 따라 나타나는 정서적·행동적 효과를 알게 한다(E)

(8) 바뀐 생각이 완전히 내재화되기 위해서는 숙제를 통한 꾸준한 실천적 노력이 요구됨을 알게 한다

• 합리적 자기언어, 심상법, 역할 바꾸기 등 앞에서 언급한 여러 가지 방법들 가운데 내담자와 문제의 특성에 비추어 무엇을 선택할 것인지 탐색한다.

• 숙제의 이용

- 상담시간에 다룬 깃과 연관된 숙제를 내 준디.

- 반드시 꼭 필요한 것을 내 준다.

- 실천 가능한 것을 내 준다.

- 숙제하는 이유를 자세히 설명한다.

- 다음 회기에서 숙제해 온 것을 꼭 다룬다.

(9) 종결하기

■ 상담의 종결시점이 적절한가를 검토한다

상담과정 중에 가장 중요한 부분이 바로 종결과정이다. 여러 가지 종결의 과정이 있지만 가장 이상적인 종결은 상담목표를 달성한 후에 상담자와 내담자의 상호 합의하에 이루어지는 것이다. 구체적인 기준은 내담자가 자신의 문제를 스스로 해결할 수 있는 여러 가지 기술을 습득했다는 충분한 증거가 있을 때, 그리고 상담자의 도움 없이도 자율적인 삶을 꾸려 갈 수 있을 때이다. 내담자가 충분한 심리적 준비가 되어 있지 않을 때 종결에 대한 논의를 하면 여러 가지 유형의 저항이 나타날 수 있음을 유념해야 한다. 어떤 내담자는 해결된 문제가 다시 발생하는 경우가 있는데 이는 대표적인 저항의 형태로 이해하면 된다.

■ 상담을 통해서 배운 것과 효과를 정리한다

상담을 통해서 내담자는 어떤 것들을 배우게 되었는지를 정리한다. 특히 REBT 상담은 내담자의 현실적인 문제를 해결하는 것보다는 자신의 문제를 유발하는 비합리적 신념을 인식하고 이를 재구성하는 방법을 배우는 교육적인 접근법을 취하므로 내담자가 상담을 통해 이를 제대로 배웠는지를 확인하는 것은 중요하다. 설사 내담자의 현실적인 문제가 충분히 해결되지 않았다고 하더라도 이 방법들을 제대로 알고 있다면 내담자는 앞으로 더 잘 적응할 수 있을 것이라는 기대를 할 수 있다. 내담자들은 상담이 끝날 때가 되면 자신의 정서적인 어려움이 완전히 해결될 것이라는 기대를 갖는 것이 대부분이다. 그러나 REBT 상담은 내담자의 문제해결에 초점을 맞추기보다는 내담자 스스로가 자신의 어려움을 다루어 나갈 수 있는 능력과 기술의 교육과 습득에 더 강조점을 둔다. 그리고 많은 경우 단기 상담을 하기 때문에 상담이 종결될 때도 내담자의 정서적인 어려움이 완전히 해결되지 않은 상태일 경우가 많다. 이럴 경우 내담자는 상담자나 상담에 대한 불만을 갖기 쉬운데, 이때 상담자는 '상담을 통해서 문제를 완벽히 해결해야만 한다.'는 기대나 생각이 비합리적인 것임을 지적하여야 한다. 그리고 보다 중요한 것은 내담자가 자기 스스로 문제를 다루어 나갈 힘을 키우는 것임을 이야기해 준다. 마지막으로 REBT 상담의 전 과정을 마무리하면서 자신이 배운 것과 변화가 일어난 원인에 대해서 확인한다. 그리고 상담 후에 스스로 수행해야 할 구체적인 행동 지침 등 실천 사항에 대해서 합의한다.

■ 자가상담 및 자기조력을 하도록 권유한다

앞서 설명한 바와 같이 인지정서행동치료는 자가치료를 강조한다. 상담과정 전체를 통해 배운 기법과 이론을 가지고 어려움이 있을 때마다 상담실에 와서 상담자의 도움을 청하기보다는 스스로 비합리적 사고를 탐색하고 자기 논박을 수행하면서 스스로 문제를 해결할 것을 강조한다.

■ 인지행동 상담의 전 과정을 정리한다

인지정서행동치료는 심리교육적 접근을 시도한다. 내담자와 상담자가 함께 인지행동 상담의 전 과정을 정리해 봄으로써 자신의 문제와 이에 대한 해결책 등을 다시 살펴볼 수 있으며 이에 따라 확실한 교육적 효과를 거둘 수 있다.

■ 종결 후의 행동 지침에 대해서 논의한다

상담의 효과를 극대화하기 위해서 종결 후 내담자가 취해야 할 여러 가지 종류의 행동 지침에 대해서 상의한다. 종결 시 이루어졌던 내담자의 행동 변화가 지속되어 내재화되기 위해서 내담자 스스로의 피나는 노력이 필요하기 때문이다.

■ 고양회기를 정한다

상담이 종결되면 내담자가 자신의 비합리적 신념을 인식하고 재구성하는 방법을 일상생활에서 계속 실행해 나가겠지만 때로는 그런 방법을 잊어버리거나 아니면 잘못 적용하는 경우가 생긴다. 따라서 상담자는 종결 후에도 내담자와 추수면접을 함으로써 내담자의 상태를 확인하는 것이 필요하다. 또한 상담종결 후에도 필요하다면 상담자와 합의하여 상담이 재개될 수 있음을 알려 줄 필요가 있다. 대개 고양회기는 상담종결 후 한 달, 그 한 달 후에서 3개월 후, 그리고 그 이후 6개월 후에 일련의 회기를 갖는 것이 일반적이다. 이렇게 되면 상담종결 후 거의 1년 동안 내담자에 대한 서비스가 지속되면서 내담자의 변화가 유지되도록 모니터링할 수 있다. 이러면 내담자가 상담이 갑자기 종결되면서 나타나는 심리적 허탈감, 주체할 수 없는 외로움 때문에 허송해야 하는 정서의 낭비를 예방할 수 있다.

3. 상담의 주요 기법과 절차

1) 핵심적인 비합리적 사고의 탐색방법

자동적 사고가 아닌 경우 단순한 질문에 의해서 비합리적 사고를 찾는 것이 어려울 때가 많다.

단순한 질문, 예를 들면 "지금 당신 자신에게 말하고 있는 것이 무엇입니까?"를 많이 사용한다. 그러나 이 질문은 내담자 의식의 흐름 속에 있는 자동적 사고를 드러낼 수는 있지만, 이러한 반응들은 핵심적인 비합리적 사고가 아닌 경우가 많다.

예를 들면, 다음의 대화와 같다.

상담자: 당신 자신에게 말하고 있는 것이 무엇입니까?

내담자: 이 시험에 실패할 것 같습니다.

내담자는 예측식의 반응을 하였다. 그러나 명확하게 평가적 인지를 언급하지 않았으며 내재된 비합리적 신념을 언어화하지 못하고 있다. 물론 이 내재된 비합리적 신념을 탐색해 보기는 더욱 어렵다. 그러므로 비합리적 사고를 찾는 데 특별한 방략이 필요하다.

귀납적 자각, 귀납적 해석, 추론 연쇄, 접속구문과 문장완성 구문의 활용, 연역적 해석, 평가로서의 논박 등의 방법이 사용될 수 있다(DiGiuseppe, 1991). 이 각각에 대한 설명은 다음과 같다.

■ 귀납적 자각

귀납적 자각(inductive awareness)에서 상담자는 내담자가 엄청난 분노를 느끼거나 울화가 치밀어 오를 때 자신들 스스로에게 무슨 말을 하는지를 물어본다. 스스로 깨달을 수 있도록 하기 위해서이다.

■ 귀납적 해석

귀납적 해석(inductive interpretation)은 상담자가 내담자에게 정서적인 곤란을 겪을 때의 생각들을 탐색하고 수집하도록 격려하는 것이다. 이런 생각들은 자동적 사고나 추론인 경우가 많다. 상담자는 몇 회기(대략 5~10회기) 동안 비합리적인 신념을 직접 드러내거나 시사하지 않은 채 다루며 추론을 논박하게 된다. 상담자에 의한 해석을 활용하는 다소 적극적인 절차이다. 다양한 수의 자동적 사고와 추론을 수집하고 그것들에 도전한 후에, 상담자는 해석에 의해서 일상적인 주제를 지적하고, 내담자가 가지고 있음직한 해석과 내재된 신념을 제시할 수 있다.

■ 추론 연쇄

추론 연쇄(inference chaining)는 상담자가 반영적 사고의 논리적 오류를 다루지 않고, 대신 내담자의 해석을 사실이라고 받아들인 후 내담자가 그 해석을 어떻게 평가하는지 더 알아보는 것이다. 내담자의 비합리적 신념을 드러내는 데 효율적이고, 내담자가 스스로 그것을 찾아낸다는 점에서 선호되는 방법이다.

■ 접속구문과 문장완성 구문의 활용

추론 연쇄는 접속구문(conjunctive phrasing)의 형태를 활용한다. 예를 들면, "그것이 의미하는 바는 무엇이지요?" 또는 "그러면요" 또는 "그러므로"와 같은 식이다. 상담자는 내담자의 말끝에 마침표를 찍지 않고 '그래서' '그리고'와 같은 접속사를 삽입한다. 이 방략은 완전한 문장의 질문을 가지고 반영하는 것이 아니고 접속사나 접속구문을 활용한다. 몇 개의 전형적인 반응은 "그래서, 그리고 나서" 또는 "그리고 그것의 의미는……" 또는 "그것이 사실이라면……" "그리고 그것은 내가 ○○이다."와 같다.

■ 연역적 해석

대개 상담자들은 기다리지 않고 바로 해석을 제공하는 경우가 많다. 그리고 그 해석은 내담자에게 장애를 일으키는 사고에 관한 가설로 제시한다. 이때, 제시되는 가설은 추측의 형태로 제시하여야 하며, 내담자에게 그 가설이 얼마나 맞는지 알아보아야 한다. 또한 상담자는 스스로 그 가설이 잘못될 수 있다는 것을 인식하고 있어야 하며, 그 해석은 단지 '가설'이라는 사실을 인식해야 한다. 대부분의 내담자는 초기의 빈번한 해석에 대해서는 긍정적으로 반응한다. 내담자들은 종종 상담자가 자신에 관하여 어떻게 느끼는지에 관한 이해와 더불어서 그들이 생각하는 것을 어떻게 이해하는지에 대하여 언급을 한다. 만약 상담자가 논지에서 빗나가면 내담자는 대개 이것을 터놓고 숨김없이 이야기한다. 대부분의 경우에는 제공한 가설이 내담자의 생각과 정확하게 같지 않더라도 비슷한 경향은 있다.

■ 비합리적 신념을 드러내기 위한 기술로서의 논박

일단 내담자의 비합리적 신념이 찾아지면 상담자는 대개 REBT의 다음 단계인 논박을 하게 된다. 논박은 내담자의 비합리적 신념을 변화시키기 위한 방법으로 이루어지는 것이지만, 논박의 질문에 대한 내담자의 반응은 정서적 장애의 핵심인 내재된 비합리적 신념을 드러내는 데 더욱더 많은 정보를 제공해 준다. 내담자가 처음에 보고했던 비합리적 신념을 정당화하기 위해서 또 다른 비합리적 신념이 연이어 나올 수가 있다.

2) 논박의 방략

논박(Dispute)은 구조화된 REBT 상담에서 신념(B)의 탐색과 함께 가장 중요한 2개의 단계이다. B가 호소문제의 원인이라면 D는 문제 해결과정이므로 이 2개의 단계는 그 중요도에 있어서 등위를 매기는 것이 불필요하고 서로 중요한 과정으로 연결되어 그 의미를 더한다. 본 절에서는 논박에 대해서 심층적으로 다루고자 한다. 논박은 단순한 하나의 단계가 아니고 상담과정 전체를 아우르는 특성이 있으며 Ellis가 중요시 여기는 철학적 개념을 이 과정에서 얼마나 훌륭하게 녹여 냈느냐에 따라서 상담의 효과와 직결되는 것이다. 다음은 우리가 논박에 대해서 총제적으로 파악하고 있어야 할 내용이다.

■ 인간에 대한 무조건적 수용(unconditional acceptance of human being)

현실에서 만나는 상담자들 중에는 REBT 상담이 자신과 맞지 않다고 주장하는 사람들이 간혹 있다. 그들에게 이유를 물어보면 상담자들에게 힘들고 어려운 문제를 호소하는 상황에서 내담자를 논박함으로써 상담관계를 어렵게 만들고 무엇보다도 내담자를 이해하기는커녕 오히려 힘들게 만들기 때문에 REBT를 사용하기 싫다는 것이다. 이것은 상담자가 논박의 대상을 내담자로 여기는 오해에서 기인한다. Ellis 이론에서 주장하는 인간관은 인간은 살아서 숨 쉬는 것만으로도 가치 있으며 인간은 누구 할 것 없이 모두 소중한 존재라는 것을 강조한다(Ellis, 2010). 더군다나 그가 강조하는 인간에 대한 수용의 철학은 Rogers가 강조하는 존중의 철학보다 훨씬 우위에 있다고 할 수 있다. 인간에 대한 무조건적인 긍정적 존중(unconditional positive regard)이라는 개념 속에는 인간에 대한 평가의 관점이 존재한다. 그러나 인간에 대한 무조건적인 수용(unconditional acceptance)이라는 개념 속에는 인간은 너무나 소중하므로 아무리 존중을 한다고 해도 평가의 대상이 되어서는 안 된다는 의미가 내포되어 있다. 이러한 관점에서 내담자가 아무리 극악무도하게 보이더라도 그 사람의 행동이 극악무도한 것이지 그 사람 자체는 너무 소중해서 있는 그대로 수용해야 할 것을 강조한다. Ellis의 상담과정을 살펴보면 이것이 어떻게 상담 중에 나타나는지를 잘 보여 주고 있다. Ellis의 동영상(1993) 중에서 남편이 자기 앞에서 자살을 감행한 내담자를 상담하면서 남편의 행동, 즉 극단적 자살을 선택한 행동이 잘못된 것이지 남편이라는 사람 자체는 '가치 있고 소중하다'고 강조하는 장면이 나온다. 우리는 여기에서 Ellis는 인간 그 자체와 인간의 행동, 인간의 정서, 인간의 생각을 분리해 보아야 한다는 것을 강조하고 있음을 알 수 있다. 인간의 부적응 행동과 사고는 바로잡아야 하지만 인간 그 자체는 무조건적으로 수용해야 한다는 것이다.

■ 인간의 사고에 대한 논박

이러한 근거를 바탕으로 상담과정에서 논박을 진행할 때는 내담자가 지닌 비합리적인 생각을 내담자로부터 분리해서 생각을 논박해야지 내담자를 논박하는 것이 아님을 분명히 하고 있다. 상담자가 인간에 대한 애정을 주요한 태도로 무장을 하고 상담을 해나가야 하는 상담과정에서 상담자가 내담자를 논박하고 공격한다면 이것을 버티어 낼 내담자는 많지 않을 것이다. 상담자는 내담자를 힘들게 하는 비합리적 생각을 지닌 내담자를 있는 그대로 수용하면서 내담자가 지니고 있는 비합리적 생각을 지적하여 논박하는 것이라는 것을 잘 유념해야 한다. 이때 상담자가 내담자와 치료적 동맹관계를 잘 유지하면서 내담자가 지니고 있는 비합리적 생각을 내담자로부터 분리하여 상담자와 내담자가 함께 그것을 객관화시켜 힘을 모아 논박할 수 있으면 가장 바람직하다고 할 수 있다.

■ 논박이라는 용어로 인해 논리성만 강조되는 오류

박경애(2021)에 의하면 현장에서 상담하고 있는 상담자 15명에게 논박 하면 떠오르는 생각에 대해서 답을 해 달라고 하자 대부분의 상담자들은 비합리적 신념의 비논리적 측면에 대해서 반박하는 것으로 대답을 하고 있다. 이에 대해 몇 가지만 소개하면 다음과 같다.

- 논박이란 일반적으로 상담장면에서 내담자가 가지고 있는 근거 없는 생각을 논리적으로 반박하는 것이다(상담자 A).
- 논박은 박힌 생각들이 가져오는 결과를 논리적으로 생각해 보는 것이다(상담자 B).

- 논박이라는 단어는 이성적, 논리적, 딱딱함, 차가움 등의 단어이기 떠오르고 공감과 수용과는 거리가 멀다(상담자C).
- 논박은 내담자가 지닌 비합리적 신념이 논리적인 근거가 있는지를 찾아서 변화시키는 것이다(상담자 D).
- 논박은 모순되고 잘못된 주장이나 의견에 대해 논리적 근거를 가지고 조목조목 따지는 것이다(상담자 E).

논박하기는 영어 단어 dispute를 우리말로 번역한 것이다. Dispute에 대한 네이버 영영사전(2021)의 정의를 살펴보면 "A dispute is an argument or disagreement between people and group"이라고 되어 있다. 이를 우리말로 번역하면 논박은 사람과 집단 사이의 논쟁이나 의견 불일치이다. 이를 보면 dispute를 번역하는 과정에서 논쟁, 논박 등의 단어를 활용하여 우리말로 표현하고 있다. 그러다 보니 논박이라는 단어가 주는 강렬한 뉘앙스 때문인지 그리고 논박이나 논쟁의 앞 글자인 '논'이 한자로 '論'인데 이 뜻이 사리를 밝힌다는 의미 때문인지 많은 상담자들이 논박은 내담자가 지닌 비합리적 생각의 비논리적인 특성만을 조목조목 따져야 하는 것으로 알고 있다. 이는 아마도 비합리적 생각의 가장 중요한 특징 중 하나가 비논리적인 측면이기 때문에 이를 공략해야 하는 것은 핵심적인 방법이 될 수 있을 것이다. 그러나 비합리적인 생각의 특성은 비논리성만 있는 것이 아니라 비현실성, 즉 우리가 경험하고 있는 현실과 유리되어 있고 사실이 아닐 때가 많다. 특히 내담자가 지니고 있는 비합리적인 생각 중에서 추론이나 귀인에 해당하는 생각들은 실제로 그것이 사실인지 아닌지에 대해서 깊이 살펴보아야 할 때가 많으므로 비합리적 생각의 경험적 증거인 사실성에 대해서도 반드시 살펴보아야 한다. 그리고 비합리적 생각은 궁극적으로 내담자의 삶을 파괴적으로 이끌기 때문에 이것이 내담자의 삶에 도움이 되는가에 대해 깊이 성찰하도록 돕고 내담자가 지니고 있는 생각이 외형적으로는 반듯하게 보이고 옳게 보이는 생각이라고 할지라도 이것이 결국 내담자의 삶에 도움이 되기보다는 오히려 방해가 된다는 점, 즉 실용적이고 기능적인 가치가 없다는 점을 내담자가 분명히 깨닫도록 도와야 할 것이다.

논박을 할 때 이렇듯 논리적 일관성(logical consistency), 경험적 증거(empirical evidence), 그리고 실용적 · 기능적 가치(heuristic/functional value)가 중요하므로 이러한 개념들이 형성되는 과정에 대해서 살펴보고자 한다. Ellis는 1955년 미국 시카고에서 열린 미국심리학회 연차학술대회에서 자신의 치료법을 합리적 치료(Rational Therapy)라는 이름으로 발표를 하고 계속해서 이론을 정교화하는 과정 중인 1962년 과학철학자 Thomas Kuhn에 의해 발표된 명저『과학혁명의 구조(The Sturcure of Scientific Resolution)』에 담고 있는 과학철학의 영향을 받아 이를 논박의 지침으로 활용하게 되었다(Walen et al., 1992). Kuhn의 저서는 당시 지식인 사회에 강한 지적 파문을 일으켰고 인류의 지성사를 바꾼 책이라는 평가를 받고 있는데 이는 그가 던지는 메시지가 그동안 사람들이 믿고 있었던 진실을 뒤흔들어 놓았기 때문이었다. 그는 언어학에서 언어를 사용하는 표준례라는 뜻으로 쓰이는 패러다임(paradigm)이라는 용어를 과학철학에 치음으로 차용하여 패러다임을 특정 시대 사람들의 인식체계를 근본적으로 규정하는 프레임으로 정의하고 있다(Kuhn, 1970). 그는 또한 정상과학(normal science)이라고 명명한 공고화된 기존 과학이 설명하지 못하는 문제는 계속해서 누적되고 정상과학은 결국 위기를 맞게 된다는 것을 강조한다. 패러다임의 변화(paradigm swift)는 정상과학이 이렇게 위기를 해결할 수 없을 때 발생하게 되는데 패러다임의 변화가 일어나는 기준으로 패러다임 내에 상당한 논리적 불일치성이 존재하는 경우, 그 패러다임으로부터 추론된 사실들이 잘못되었음을 암시하는 충분한 경험적 자료가 있는 경우, 패러다임이 중요한 문제 해결을 하는 등의 발견적 기능이 부족한 경우 그리고 그 패러다임보다 경험적 발견과 문제 해결에 더 효과적인 대안적 패러다임이 있는 경우를 들고 있다. Ellis의 수제자로 현재 『Journal of Rational Emotive & Cognitive Behavior Therapy』의 편집장으로 있는 DiGiuseppe(1986), 그리고 DiGiuseppe와 그의 동료들(2014)은 일찍이 REBT에서 말하는 비합리적 신념이 바로 Kuhn의 패러다임과 같은 개념이고 다만 이것은 개인적 관점이라는 점이 다르다는 것을 주장한다. DiGiusepp(1986)는 이와 동일한 변화의 모형을 상담과정에 적용해서 다음과 같은 전략을 구사한다.

• 비합리적 신념에 의해 생성된 가설 및 예측과 관련된 자료를 수집하고 경험적 증거를 바탕으로 검증한다.

- 비합리적 신념의 논리적 일관성을 검토하기 위해, 이것이 당면한 사건을 제대로 설명하는지의 여부를 확인한다.
- 비합리적 신념의 실용적 가치를 검토하기 위해, 내담자의 삶의 질에 미치는 영향과 내담자의 개인적 목표성취에 유용한 정도를 파악한다.
- 비합리적 신념을 대체할 대안적 합리적 신념을 구축하도록 내담자를 돕는다.
- 합리적 신념이 개인의 삶에 미치는 영향을 검토하기 위해, 합리적 신념을 선택하여 이전과 무엇이 달라질지, 그것이 삶의 질 향상 및 개인적 목표로 연결될 수 있을지를 살펴본다.

예를 들면, 어떤 내담자가 '자신이 사랑하는 사람과 이별을 했으니 자신은 이제 더 이상과 사랑을 주고받을 사람이 없으므로 자신은 영원한 실패자이다.'라는 비합리적 생각을 지니고 있다고 가정해 보자. 상담자들은 내담자에게 '당신의 애인이 떠난 것'을 '영원한 실패자'라고 등치시키는 것은 논리에 맞지 않다는 점을 지적할 수 있다. 인간이 하는 행동은 사랑하는 사람과의 관계를 지속시키는 것뿐만 아니라 세상과 관계를 맺는 직업적 행동 등 다양한 행동으로 구성되어 있기 때문에 한 가지 행동에서 만족을 못 이루었다고 내담자가 겪을 수 있는 모든 행동에서 실패한 것이라고 말하는 것은 논리의 비약이 있다는 것을 내담자에게 납득시켜야 한다. 상담자는 또한 내담자에게 '당신이 한 사람과의 관계가 성공적으로 끝나지 않았다고 해서 인간으로서 총체적 실패자라는 것을 지지해 줄 증거는 현실적으로 없다.'는 점을 지적하면서 내담자가 지닌 비합리적 생각의 비현실성을 보게 할 수 있다. 실용적 가치의 측면에서는 내담자에게 '나는 사랑하는 사람에게 거부를 당했기 때문에 실패자이다.'라는 생각을 계속해서 스스로에게 주입하고 있기 때문에 내담자는 바로 지금 우울과 같은 강한 부정적 정서를 체험하게 될 뿐이며 그것은 스스로를 돕는 것이 아님을 일깨울 수 있다. 즉 내담자가 지닌 바로 그 생각은 내담자의 삶에 도움이 되지 않는다는 것을 내담자가 깨달아 가도록 도와야 한다. 상담자는 마지막으로 내담자에게 비합리적 생각을 대치할 수 있는 합리적 생각을 대안으로 제시할 수 있다. 결국 논박을 할 때는 단순히 논리적으로 따져 보는 것 외에도 앞에서와 같이 경험적 현실성과 실용적 가치를 살펴보게 하는 것 역시 중요하다. 미국의 Ellis 연구에서 수련 받은 상담자들에게 설문한 결과 실용적·기능적 가치에 대한 논박이 가장 효과적이라는 응답이 있으며 (DiGiuseppe et al., 2014) 필자 또한 그간의 REBT 상담의 경험에서 논박을 할 때 내담자가 지닌 비합리적 생각이 내담자의 삶에 어떤 도움이 되고 유익이 있느냐는 내용의 논박에 대해서 내담자의 호응도가 높았던 경험이 많다. 결론적으로 논박에 대해 내담자가 지닌 생각의 비논리성만을 다루는 것은 논박의 기법을 제한적으로 활용하고 있는 것이다.

■ 논박은 논쟁하며 지루하게 하는 것인가?

논박은 논쟁이기 때문에 싸우듯이 토론하는 것으로 알고 있는 상담자들도 많이 있다. 상담의 실제에서 논박을 지루하게 내담자와 싸우듯이 한다면 이는 초심자일 가능성이 많다. 기본적으로 상담은 어둡고 칙칙한 이야기를 나누는 과정이지만 경험이 많은 숙련된 상담자일수록 지루한 이야기도 유머를 활용하여 함으로써 상담과정 자체를 활기 있게 이끌어 갈 수도 있다. Ellis는 그의 이론을 형성하던 초기부터 유머를 활용하여 왔다(박경애, 1997). 또한 자신의 생명이 다해가는 상황에서도 Ellis를 방문한 학생들과의 만남을 취소하지 않는 이유를 묻자, "성자 Ellis가 REBT 복음을 전파하기 위해서"라고 응수하며 웃음을 선사하기도 하였다. 비합리적 생각을 유머 있게 반격하고 그것의 모순성을 내담자가 볼 수 있도록 안내하는 것을 Ellis는 시적 정의(poetic justice)라고 하였다(Dryden, 1990). Ellis는 미국의 Washington에서 1976년 개최된 미국 심리학회 연차학술대회의 '유머와 심리치료'에 관한 심포지엄에서 합리적 유머 노래(Rational Humourous Song)를 발표하여 대대적인 인기를 끌었으며 재미있는 심리치료 논문을 발표하기도 하였다(Ellis, 1977). 논박의 힘은 어둡고 지루한 이야기를 유머를 활용하여 재미있게 할 때 더욱 그 가치가 드러난다고 하겠다.

■ 논박은 지시적으로 가르치는 것인가?

그렇다면 과연 논박은 어떻게 하는 것인가? 상담자들은 대개 논박은 설명하고 알려 주고 지시하는 것으로 알고 있는 경향이 있다. 앞 절에서 인용했던 '논박 하면 떠오르는 생각'에 대한 상담자들의 생각 중 대표적인 것을 몇 가지만 더 소개하면 다음과 같다.

- 상담자가 단순히 지시하기보다는 과학적인 근거를 가지고 납득할 수 있는 설명을 할 수 있어야 한다(상담자 F).
- 내담자의 잘못된 생각을 좀 더 설득력 있게 따져드는 반박이다(상담자 G).
- 상대방을 언어적으로 설득하고, 가르치고, 틀린 것을 다시 알려 주는 것, 고집을 꺾는 것, 지적하는 것이다(상담자 H).
- 내담자의 비합리적 신념을 합리적 신념으로 대체할 수 있도록 도와주는 상담자의 강력한 언어적 설득기법이다(상담자 I).

앞선 반응이 시사해 주는 것처럼 많은 상담자들은 논박을 이렇게 지시적으로 설명하는 듯이 하는 것으로만 알고 있는 경우가 많다. 그러나 이른바 논박의 스타일은 다양하며 가장 효과적인 방법은 지시적인 방법보다도 오히려 질문기법이라고 할 수 있다. 사실 상담과정 전체를 크게 본다면 묻고 대답해 가는 과정의 연속되는 시간이라고 할 수 있다. 상담자가 자신의 지식이나 경험으로 내담자의 비합리적 신념이 얼마나 비합리적인가에 대해서 설득하면서 가르치는 것보다는 내담자에게 예리한 질문을 하여 이에 대한 대답을 하는 과정에서 일어나는 통찰과 깨달음은 논박이 유도하는 최고의 경지라고 말할 수 있을 것이다. 산파술이라고 일컬어지는 소크라테스식의 대화법은 일문일답형식의 질문기법으로 고대로부터 가장 많이 알려진 방법이다. 앞서 언급했던 내담자의 비합리적 생각을 소크라테스식의 대화법을 활용하여 논박을 한다면 다음과 같이 일문일답의 형식으로 이끌어 갈 수 있을 것이다.

내담자: 저는 사랑하는 사람과의 관계가 끝났기 때문에 인생의 실패자입니다.

상담자: 사랑하는 사람과의 관계가 끝났기 때문에 인생의 실패자라고 생각하십니까?

내담자: 네, 그렇습니다.

상담자: 당신이 하는 일은 애인과 관계를 맺는 일밖에 없습니까?

내담자: 그렇지 않습니다.

상담자: 그렇다면 그 밖에 또 무슨 일이 있습니까?

내담자: 저는 낮에는 저의 직업적 성취와 생계를 유지하기 위해서 회사에 다니고 있습니다.

상담자: 그러면 회사에서 당신의 업무 능력은 어떻습니까?

내담자: 저는 주요 보직자는 아니지만 제 상관보다 일을 더 많이 하고 있기 때문에 회사는 다음에 저를 외국에 있는 저희 회사의 주재원으로 파견하려고 하고 있습니다.

상담자: 그렇다면 직업적으로는 잘나가고 계시다는 뜻이군요.

내담자: 그렇습니다.

상담자: 그렇다면 어떻게 당신을 실패자라고 규정할 수 있지요?

내담자: 제가 가장 사랑하는 사람이 저에게서 떠나갔기 때문이지요.

상담자: 비록 당신의 애인이 떠나가서 힘들더라도, 당신은 회사에서 유능하지 않습니까? 그런데 어떻게 실패자인가요?

내담자: 제 인생의 중요한 문제인 애인을 구하는 데 실패해서요.

상담자: 그렇다면 사랑만이 인생에서 중요한 문제이고 직업적 성취는 인생에서 중요하지 않은 문제인가요?

내담자: 그렇지는 않죠.

상담자: 그런데 당신은 사랑이 마음대로 안 되었으니 인생도 실패라고 하면서 마치 우리 인생의 과업에 사랑만 있는 것으로 말씀하시는 것 같습니다.

내담자: 그렇네요. 직업적으로 성취를 이루고 있는데도 불구하고 당장

사랑하는 사람과의 이별로 어려움을 겪다 보니 사랑만이 제 인
생을 이루는 요인으로 생각했네요.

상담자: 그렇지요. 애인을 만나고 헤어지는 것은 내가 하고 있는 일의
한 부분이지요.

내담자: 네, 맞습니다.

상담자: 그러니 굳이 표현하시려면 '내 인생의 여러 가지 일 중에서 애
인과의 관계가 실패로 끝났다.'로 표현하시는 것이 맞지요.

내담자: 네, 알겠습니다.

상담자: 그런데 애인과의 관계가 끝났다고 하셨는데요. 또 새로운 사람
을 사귀면 안 되는 것입니까?

(후략)

REBT 상담자들에게 이와 같이 소크라테스식의 논박을 추천하
는 이유는 행동의 변화를 유도한 새로운 생각이 자기 발견을 통해
서 가장 잘 일어날 수 있다고 믿기 때문이다(박경애, 1997; 박경애
2013). 이는 미국의 John Dewey와 같은 대표적인 실용주의 교육
학자들의 철학과도 일치하는 개념이다. 동양의 왕양명도 같은 개
념을 강조하고 있는 것으로 보아 스스로 자기 발견을 이루어 내는
방법인 소크라테스식의 대화법은 가장 강력한 논박의 스타일이라
고 할 수 있을 것이다.

■ 논박은 인지적으로만 하는 것인가?

많은 상담자들이 논박은 언어를 활용하여 인지적으로만 하는
것으로 이해하고 있다. 이른바 이것은 구두 논박(verbal dispute)

이라고 할 수 있을 것이다. 논박은 인지적으로만 하는 것이 아니고 정서적, 그리고 행동적 기법을 모두 활용하는 통합적인 기법이라는 점을 분명히 알아야 한다. Ellis가 자신의 이론의 명칭을 변경한 과정을 살펴보자. 그는 1955년 시카고의 미국심리학회 연차학술대회에서 '합리적 치료(Rational Therapy)'를 발표한 이후에 이성과 지성의 중요성을 인간 경험의 다른 측면보다 더 강조했던 18세기 철학사조인 합리주의의 옹호자라는 다소 부정확한 비판을 받았으며, 인간 기능과 심리적 문제에서 정서를 무시한다는 비판이 잘못되었음을 알리기 위해 자신의 이론의 명칭을 Rational Emotive Therapy(RET)라고 바꾸었다. 개명의 정확한 연대는 알 수 없는데 아마도 그의 명저『심리치료의 이성과 정서(Reason and Emotion in Psychotherapy)』가 발표된 1962년 무렵이 아닐까 추정된다. 그리고 1993년 Ellis의 오랜 친구였던 Raymond Corsini는 심리치료교재의 개정판을 집필하던 중에 Ellis가 거의 항상 행동적 상담 기법을 사용한다는 것을 알고 있었기 때문에 이론의 명칭을 Ellis가 실제로 하고 있는 것을 반영하도록 고칠 것을 제안했고 Ellis가 그것을 받아들여 오늘날의 REBT가 된 것이다(Ellis, 1995). 이러한 명칭의 변화과정은 REBT 상담의 핵심과정인 D에서 인지적 방략, 정서적 방략, 행동적 방략을 통합해서 사용할 수 있다는 것을 시사해 주고 있다.

■ 논박의 다면적 특성: 정서적 기법의 활용

Ellis는 실제로 상담을 할 때 정서적 기법을 많이 활용했다. 정서적 기법은 표적으로 삼고 있는 부적절한 부정적 정서 (inappropriate negative emotion)를 적절한 부정적 정서(appropriate negative emotion)로 바꾸거나 적절한 부정적 정서를 환기시키는 방법이다. 대표적인 기법으로 심상법이 있는데 심상법(imagery) 은 시각, 청각, 미각 또는 촉각을 통한 지각이 없음에도 불구하고 대상의 정신적 이미지를 형성하는 것을 말한다(DiGiuseppe et al., 2014). 특히 Ellis와 Maultsby(1974)와 함께 개발한 합리적 정서적 심상법(Rational Emotive Imagery: REI)이 있다. 이 기법은 부정적 기법과 긍정적 기법의 두 가지가 있다. 부정적 합리적 정서적 심 상법(Negative Rational Emotive Imagery: NREI)에서는 내담자로 하여금 눈을 감고 자신들이 문제 상황(A)에 처해 있는 모습을 상상해 보라고 한다. 그리고 이때 겪을 수 있는 정서적 격동(C)을 경험하라고 요구한다. 내담자가 경험한 C를 보고할 때까지 기다렸다가 이러한 정서적 결과와 관련되는 것으로 보이는 내담자의 자기 언어에 집중하라고 요구한다. 그리고 나서 내담자가 겪는 정서적 격동, 예를 들면 극심한 강도 높은 불안에서 강도가 낮은 불안으로 바꿔 보라고 지시하고 특히 정서의 강도가 바뀌게 되면 눈을 뜨라고 하여 내담자에게 그렇게 바뀌게 된 과정에 대해서 물어보면 거의 모든 내담자들은 자신의 생각을 바꾸었다는 보고를 한다.

다음은 부정적 합리적 정서적 심상법을 시행하는 방법이다.

- **준비단계**: 눈을 감고, 숨을 길게 들이쉬었다가 한껏 내쉬십시오.

- **1단계**: 가장 최악의 상태를 상상하십시오.

"나의 애인이 나를 버리고 내 친구와 결혼하였습니다."

- **2단계**: 그때 당신의 느낌은 어떻습니까?

"너무나 불쾌하고 우울하고 세상 살 맛을 모두 잃어버렸습니다. 한마디로 망연자실했습니다."

- **3단계**: 당신의 느낌을 부정적이지만 건강한 정서로 바꾸어 보십시오.

"네, 굉장히 속상하고 마음이 아팠습니다."

- **4단계**: 부정적이지만 건강한 정서로 바꾸기 위해서 어떤 노력을 하였습니까?

"나의 애인이 나를 버리고 내 친구와 결혼을 한 것은 상상하기 어려운 일이긴 하지만 있을 수도 있는 일이라고 생각했습니다."

- **5단계**: 계속해서 그 생각을 유지하도록 어떤 노력을 하겠습니까?

"앞으로 이 생각이 내 생각이 될 때까지 하루에 10번씩 마음속으로 되뇌고, 마치 영어 단어를 외우듯이 계속해서 써 보겠습니다."

- **6단계**: 당신이 좋아하는 것과 싫어하는 것은 무엇입니까?

"좋아하는 것은 음악 듣기이고 싫어하는 것은 설거지하기입니다."

- **7단계**: 당신이 만약 숙제를 다 하면 음악을 하루에 30분 이상씩 듣고 숙제를 못 하면 설거지를 하루에 3번씩 하십시오.

필자는 1995년 뉴욕의 Ellis 연구소의 Ellis scholar로 선정되어 그가 진행하는 금요일 밤의 워크숍에 참가하여 현장에서 진행하는 상담회기를 수차례 목도한 바 있는데 내담자들은 쉽게 이 과정을 따라 하고 있었다. 이를 통해 아마도 그곳에 자원하는 내담자들 중에는 Ellis의 지명도를 알고 있으며 이미 REBT의 기본 원리에 많이 노출된 사람들이 있는 것으로 추측할 수 있다. 내담자들은 이미 심리교육 등을 통해 생각과 정서의 관계에 대해서 알고 있는 상태에서 Ellis가 요구하는 대로 심상법을 수행했던 것으로 보인다. 여기에서 또한 간과해서는 안 되는 것이 있다. 내담자들이 합리적이지 않은 생각으로 정서의 변화를 체험하게 될 수도 있다는 점이다. 예를 들면 어떤 내담자가 거절에 대한 두려움으로 주변의 여성에게 다가가서 말을 붙이는 데 공포가 있었다고 가정하자. 이 내담자가 여성에게 다가가는 공포를 어떻게 줄일 수 있었느냐는 상담자의 질문에 대해서 "저는 어차피 그 여성이 못생긴 여자이기 때문에 저를 거절한다고 하더라도 별 문제가 없다는 생각을 했어요."라고 대답을 했다면 이는 올바른 심상법이 아니라는 점을 분명히 알아야 한다. 이때 합리적인 생각은 "얼굴이 예쁜 그녀가 나를 거절한다고 하더라도 그것은 있을 수 있는 일이며 최악의 상황은 아니다."이며 이 생각을 통해서 정서가 완화되었을 때 합리적인 심상법이 올바로 이루어지는 것임을 알 수 있도록 해야 한다. 긍정적인 합리적 정서적 심상법(Positive Rational Emotive Imagery: PREI)은 내담자가 문제 상황에 있는 자신을 상상해 보게 한 다음에 자신이 건강한 행동을 하고 적응적인 정서를 느끼게 하는 자신의 모습을 상상하게 해 본다. 예를 들면, 실제로 대중 앞에서 말하는 것에 대한 공포가 있는 내담자에게 대중 앞에서 자신 있게 말하고 당당하게 대처하는 자신을 상상해 보게 한다. 내담자가 그런 장면이 가능하도록 하기 위해 본인에게 자기 언어를 어떻게 말했는지를 물어보는 것이다. 이렇게 Ellis는 회기 중에서 상담의 대표적 정서적 기법을 심상법(Imagery)을 활용하고 있으며 REBT 상담에서 많이 활용하도록 권장하고 있다.

■ 논박의 다면적 특성: 행동적 기법의 활용

그는 이렇게 심상법을 활용한 이후 항상 회기의 말미에 내담자에게 대안적인 합리적 신념을 자기 언어화해서 그것을 쓰게 하거나 말로 소리치게 하는 것을 한 달 정도 해 보라고 한 후 달력에 표기하라고 요구한다. 숙제를 제대로 수행한 날은 동그라미(○)를, 잘 못 한 날은 엑스(×)를, 그리고 보통으로 한 날은 세모(△)를 치게 하고 한 달이 지난 후에 동그라미가 3분의 2 이상이 되면 자기 자신이 제일 하고 싶은 것이 무엇이냐고 물은 후 그것을 자신을 위해 하라고 강조하면서 대개 상담회기를 마친다. 그는 확실하게 행동주의의 강화기법을 쓰고 있었다. 이로써 Ellis가 창안한 이론의 명칭에는 비로소 인간의 심리구조의 가장 중요한 3요소인 인지, 정서 그리고 행동을 다 포함하고 있는 이유를 알 수 있다. 특히 그가 젊은 시절 여성에게 다가가는 공포를 해결하기 위해 스스로 창안했던 수치심 극복하기 연습(shame attacking exercise)은 훗날 트라우마 치료에서 효과를 발휘하고 있는 노출치료의 기원으로 평가받고 있다.

■ REBT가 통합치료임을 강조한다

REBT라는 명칭이 시사해 주고 있듯이 Ellis의 이론에서 인지를 강조하고 있지만 그렇다고 인간의 정서와 행동을 무시하는 것은 아니다. 그리고 변화과정에서 필요하면 Ellis는 어떠한 행동적, 정서적 기법도 활용할 수 있음을 강조한다(Ellis, 1957). 그래서 REBT는 최초의 통합적 심리치료라고 주장한다(DiGiuseppe et al., 2014). Ellis는 상담과 저술활동을 시작할 때부터 다양한 상담기법을 활용할 것을 주장했다(Ellis, 1995). 심상, 최면, 유머, 독서의 활용, 정서적지지, ABC 기록지, 행동시연, 노출과제, 행동과제 등을 사용하도록 하고 있다(DiGiuseppe et al., 2014). 최근 2019년에 발간한 Corey의 저서 『The Art of Integrative Counseling』에서도 인지행동치료의 선구자인 Ellis의 REBT는 인간의 심리적 특성이 상호작용적이기 때문에 하나의 측면으로만 작업할 수 없다고 강조한 점을 분명히 제시하고 있다는 점에 주목해야 한다고 강조하고 있다. REBT 상담을 할 때 내담자의 비합리적 신념을 바꾸는 데 효과가 있다고 판단이 된다면 그동안 과학적으로 검증된 거의 모든 기법을 활용할 수 있다. 그러나 Ellis는 내담자의 비합리적 신념들을 알아내고, 도전하고, 대체하도록 돕는 것과 동떨어진 기법들을 비효율적으로 간주하였다(Yankura & Dryden, 1994). 이에 해당하는 기법은 다음과 같다.

■ 논박에 비효율적이고 비효과적인 기법

상담자들이 많이 활용하고 있는 기법이나 논박을 하는 데 가시적인 효과가 잘 나타나지 않고 시간을 많이 끄는 기법이라고 할 수 있다.

• 내담자의 과거력과 어린 시절의 지나친 탐색

내담자의 과거력을 지나치게 탐색하는 것은 내담자를 속여 수많은 회기를 낭비하는 것이라고 지적하고 다음과 같은 점에서 문제가 된다는 것을 강조한다(Ellis, 1982).

- 내담자가 현재 스스로를 변화시키기 위해 열심히 작업하는 것에서 비껴나게 할 수 있다.
- 부모나 사회를 비난하는 구실을 제공함으로써 자기 감정에 대한 책임을 지지 않게 만든다.
- 현재 초래하고 있는 혼란의 핵심인 아무것도 하지 않고 한탄하며 푸념하는 것을 정당화하도록 돕는다.
- 자신에게 일어났던 부당한 사건과 공포감에 더욱 매달려 과거에만 신경증적으로 집착하게 만든다.
- 내담자가 정서적 혼란의 원인을 어떤 사건에 대해 자신이 선택한 반응 그리고 자신의 관점 때문이라고 생각하기보다 그 혼란 직전에 일어난 사건 때문이라고 하는 중대한 실수를 하게 한다.

Ellis는 내담자가 지니고 있는 비합리적 신념에 대해 필요한 과거력의 탐색은 상담신청 당시에 비교적 자세하게 기술하는 개인정보 자료와 회기 중의 면담을 활용한다.

• 기술 훈련의 지나친 강조

Ellis(1991)는 내담자들에게 사회성 훈련, 주장 훈련 등을 지나치게 강조하면 이 기법 등을 가르치는 데에만 상담시간을 다 활용할 수 있음에 대해 경고하고 있다. 상담시간에 비합리적 신념을 합리적인 신념으로 바꾸는 것에 주력하고 부수적으로 필요한 만큼의 기술 훈련을 할 것을 강조한다. 실제 상담현장에서 내담자를 만나다 보면 사회성 기술, 자기 의견의 표현 기술이 부족하여 어려움을 겪게 되는 사례들을 많이 만나게 된다. 이러한 경우라도 내담자의 사회성이 부족한 행동 또는 자기주장이 부족한 행동 속에 숨어 있는 비합리적 신념을 먼저 찾은 후에 이에 대한 논박을 진행하면서 필요한 만큼의 기술 훈련을 하도록 한다.

• 명상과 이완 훈련 등의 기분전환(distraction)의 지나친 강조

Ellis(1982, 1984)는 이러한 방법들이 불안, 우울, 적대감 그리고 자기 연민의 감정으로부터 벗어나는 데는 효과적이지만 내담자를 힘들게 하는 당위적 사고에서 벗어나게 하지 못한다는 점을 지적하고 있다. 그리고 잠시 효과가 나타나는 듯하지만 대개는 혼란들이 더 심해진다는 것을 강조하고 있다. 그러나 10년 후 Ellis는 임상과정에서 Kabat-Zin(1990) 등의 명상효과가 입증되어서인지 이

러한 방법이 때에 따라서 철학적 변화를 일으키기 위해 논박기법과 결합하여 사용할 수 있다는 것을 인정하고 있다(Ellis & Dryden, 1990).

- 논박에 해로운 기법

내담자의 문제 해결을 저지하거나 오히려 방해하는 기법을 말한다. 의술이나 심리치료 등이 어려운 이유는 사람을 치료하기 위해 활용하고 있는 방법들이 항상 유익한 것은 아니기 때문이다. 때로는 치료적 노력이 기존의 증상을 악화시키거나 완전히 새로운 증상을 유발할 수 있다. 이러한 것은 의원성(iatrogenesis)이라는 의료 용어로 설명하고 있는데 의료인이나 치료자에 의해서 추가적인 문제나 복잡한 문제가 발생하는 것을 뜻한다(Dryden & Neenan, 2004). Ellis는 이러한 의원성 증상이 내담자의 비합리적 생각을 강화시키는 치료절차에 의해 나타난다고 보았다(Ellis, 1982; Ellis & Yeager, 1989). Dryden과 Neenan(2004)은 Ellis가 다음과 같은 기법은 사용하지 않는다는 점을 분명히 지적하고 있다.

- 상담자의 지나친 공감 및 온정

상담자들은 상담의 기본기로 공감 훈련을 많이 받았다. 그리고 내담자와의 관계 형성에 내담자의 정서 상태를 공감해 주는 것이 상담의 기초라는 선입견을 가지고 있다. 그러나 REBT 상담에서는 공감을 잘못 사용하면 독이 될 수 있다. 왜냐하면 내담자의 강력한 부정적 정서를 유도하는 비합리적 신념을 강화하게 되어 궁극적으로 내담자의 문제 해결을 방해하기 때문이다. 더불어 상담자가 보이는 지나친 온정은 내담자의 비합리적 생각인 "나는 의존할 강한 누군가가 있어야만 한다."를 강화하는 역효과를 낳을 수 있다는 점을 상기해야 한다.

• 무조건적 긍정적 기술 훈련

상담자들이 비합리적 사고와 긍정적 사고를 혼돈한 나머지 내담자에게 지나치게 긍정적이거나 낙관적인 사고 훈련을 시킬 때가 있다. 이것은 내담자의 피암시성을 강화하고 현실감이 결여되어 있기 때문에 논박에서 활용하는 것은 위험하다.

• 카타르시스 및 정화작용

내담자가 겪고 있는 혼란을 억압된 적개심 등의 정서로 인한 것으로 가정하고 적개심을 있는 그대로 분출하게 하는 것은 적개심을 약화시키기보다 오히려 악화시킬 수 있기 때문에 위험한 방법이다(Ellis, 1979, 1982). 그는 적개심과 관련된 실험적 연구에서 적개심을 억제하지 않고 분출하는 것은 그 감정을 감소시키기보다는 오히려 악화시킬 수 있음을 시사했다고 강조했다(Yankura & Dryden, 1994). 이유는 적개심의 이면에 있는 비합리적 생각을 강화하기 때문이다. 그러므로 이러한 방법보다 적개심 속에 숨어 있는 비합리적 생각을 찾아서 이를 변화시킴에 따라 정서의 변화를 유도하는 것이 REBT 상담의 핵심이 된다. Ellis(1972)는 단순히 기분이 좋아지는 것(feel better)을 경계하고 생각의 변화에 따라서 더 나아지는 것(get better)을 늘상 강조하였다.

• 체계적 둔감법

Ellis는 체계적 둔감법(systematic dissensitization)이 특정 유형의 신경증적 증상을 치료하는 데 유용하다는 것을 인정하면서도 이것이 내담자의 낮은 인내심, 즉 "내가 이런 정서적 혼란을 경험하는 것은 끔찍하다."와 같은 비합리적 신념과 "치료는 쉽고 고통이 없는 방식으로 진행되어야만 한다."는 등의 비합리적 신념 등을 강화할 수 있으므로 위험하다고 경고하고 있다. 대신에 그는 홍수법(flooding)을 사용할 것을 권장하고 있다(Yankura & Dryden, 1994).

이상의 기법 외에도 Ellis는 특히 신앙요법이나 신비주의와 같은 과학적 사실에 반하는 기법이나, 과학적 타당성이 의심스러운 기법, 그리고 비합리적 신념을 다루기보다 상황과 촉발사건(A) 자체를 변화시키는 기법의 사용을 절제해야 한다는 것을 강조하고 있다.

여기까지 상담자들이 논박에 대해서 잘못 알고 있는 논박의 허상에 대해서 다루었으며 동시에 논박의 실상을 제시하였다. 논박의 허상으로 무엇보다도 내담자를 향해서 하는 것이 아니고 내담자가 지니고 있는 비합리적 신념을 대상으로 한다는 점이다. 즉 REBT에서는 인간과 인간이 지니고 있는 인간의 심리적 특성인 사고, 행동, 정서를 인간 존재로부터 분리하여 객관화시켜서 볼 수 있어야 한다. 상담현장에 있는 상담자들은 논박에 대해 포괄적인 견해를 가지고 있지 못하는 경향이 있다. 대개의 상담자들은 비합리적 생각의 비논리적 측면만을 부각하여 지시적으로 설명하듯이 조목조목 따져 보는 것으로 알고 있다. 그러나 논박은 Kuhn의 과학철학의 영향으로 비합리적 생각의 비논리적 측면뿐만 아니라 비현실적이고 비실용적인 측면에 대해서도 다루어져야 한다. REBT 상담자들은 특히 비합리적 생각의 비실용적인 측면이 비논리성을 살펴보는 것보다 더 자주 활용되고 있다는 것을 밝히고 있다. 논박의 스타일에 있어서도 설명하듯이 하는 것보다는 내담자의 자기 발견을 유도하는 소크라테스식의 대화법과 같은 질문기법이 효과적임을 기술하고 있다. REBT 상담이 인지에 강조점을 둔 이론이기 때문에 논박의 내용도 인지적인 것에만 초점을 두고 하는 것은 단편적인 것이다. REBT이론의 명칭이 시사해 주듯이 REBT 상담은 통합치료이기 때문에 인지적 기법 외에도 내담자의 문제해결을 위해 필요한 과학적으로 검증된 다양한 정서적, 행동적 기법의 사용을 논박에 활용할 수 있음을 다시 한번 강조한다.

3) 숙제의 활용

숙제를 잘 활용하기 위해서 다음과 같은 특성을 이해해야 한다.

■ 일관성

숙제는 상담회기 중에 다루었던 것과 일치해야 한다. 그러므로 상담회기 중에 다루었던 것과 관계가 없거나 임의적인 것을 내 주면 안 된다. 상담회기 중의 주요 주제로부터 자연스럽게 파생한 숙제를 고안하도록 해야 한다.

■ 구체성

숙제는 명확한 지시 사항을 충분히 자세하게 설명하고 부과해야 한다. 예를 들면, 만약 당신이 어려운 난관에 대해 가능한 한 해결책을 찾아오라고 요구한다면, 네가 찾을 수 있는 한 많이 찾으라는 희미한 말보다는 최소한 다섯 가지의 해결책을 찾아오라고 분명하게 말하는 것이 좋다. 이런 식으로 하면 내담자는 구체적인 지시 사항을 파악하게 되고, 그의 능력을 발휘하기가 더 쉬워진다. 가능하면 완전하게 숙제를 구체화하라. 언제, 어디서, 어떻게 할 것인지에 관한 사항까지 포함하도록 한다.

■ 숙제의 체계적 부여와 점검

매주 숙제를 체계적으로 내 준다. 그리고 그다음 회기에는 점검한다. 상담자는 한 문제 영역과 관련된 숙제의 완성이 충분할 것이라고 가정하지 말라. 몇 주 동안 똑같은 숙제나 그와 유사한 종류의 숙제를 체계적으로 반복하는 것이 현명하다.

■ 효율성

내담자가 숙제를 열심히 하고 잘하도록 하게 하기 위해서 상담자는 즉석에서 숙제를 내 주거나 사과적인 태도로 숙제를 내 주지 않도록 해야 한다. 숙제를 해야 하는 이유와 그 숙제를 해야만 하는 근거까지도 자세하게 설명을 해 주어야 한다. 내담자가 이를 잘 이해했을 때 상담자의 말에 잘 협조할 수 있다. 내담자가 그 숙제를 할 수 있는지에 대해서 물어보는 것도 또한 필요하다. 만약 숙제를 할 수 없다고 하면, 그 숙제를 하기 위해서 필요한 다른 숙제를 내 줄 수도 있다. 상담회기 중에 내담자에게 내 준 숙제를 심상법이나 역할연기를 통해서 한번 연습해 볼 수도 있다.

숙제는 REBT 상담의 통합적인 부분이다. 그러므로 상담자는 내담자의 회기 사이사이에 자가치료적 숙제의 중요성에 대해서 반드시 숙지시켜야 한다.

4. 요약 및 평가

Ellis에 의해 창안된 인지정서행동치료(REBT)는 인간의 문제행동에 '인지(cognition)'가 매개요인으로 작용한다는 가설을 임상적 경험을 통해 확인하고 이를 상담과정에 적용시킨 인지행동 상담이론의 원조격에 해당된다. 그는 인간은 사물에 의해 방해를 받는 것이 아니라 그것을 바라보는 관점에 의해 방해를 받는다는 고대 스토아철학자 에픽테토스의 견해를 그의 이론에 고스란히 적용하였다. 인간이 겪는 문제, 즉 모든 부적절한 정서와 부적응 행동 뒤에 왜곡된 비합리적인 사고가 있음을 주장하고 문제의 해결을 위해 무엇보다도 이 역기능적인 사고를 찾아 이를 해결하는 것이 선행되어야 한다는 것을 강조하였다. 이 과정에서 상담자는 적극적이고 지시적인 역할을 수행해야 하며 문제행동의 원인에 대한 이러한 이해를 내담자와 공유하여 좀 더 적극적인 심리교육적 접근(psychoeducational approach)을 할 것을 강조하고 있다. 이러한 결과로 내담자는 차후에 생길 수도 있는 또 다른 심리적 장애를 스스로 해결할 수 있는 자기조력(self-help)의 기술까지 습득할 것을 강조한다. 이 기법은 역기능적 신념이 모든 문제의 원인이라고 보는 까닭에 내담자의 과거나 환경을 소홀히 다루거나 무시하는 경향이 있다. 인간의 현재가 과거의 산물임을 부인할 수 없다면 과거와 환경에 대한 지각 체계를 살피는 것이 필요하다. 특히 내담자가 현재 보이고 있는 비합리적 생각이 형성된 과정을 이해하는 것은 과거에 대한 탐색에서 시작할 수 있다. 그러므로 내담자의 과거는 완전히 무시될 수 있는 영역이 아니라는 것을 상기할 필요가 있다. 또한 상담의 단기적인 접근을 강조하기 때문에 내담자와 상담자의 관계가 충분히 무르익기도 전에 내담자의 비합리적 생각을 찾고 이를 논박하는 데 시간을 많이 보낸다. 그런데 상담이 관계의 예술이란 점을 생각하면 상담관계가 충분히 형성될 수 있을 때까지 생각을 바꾸어 주는 것을 잠시 기다리는 여유도 필요하다. 인지행동 상담은 현대의 상담 전문가 및 실천가들에게 가장 많이 활용되고 있는 이론군이며, 인지정서행동치료도 앞서 제시

한 조사 결과가 뒷받침해 주듯이 가장 많은 전문가가 선호하고 있
는 이론으로 나타나고 있다.

5장
REBT의 나아갈 길[1]

1. REBT 전문가의 양성

Ellis가 자신의 생애를 바쳐 구축해 놓은 이론을 정확하게 알고 임상 실제에 구현하기 위해서는 REBT를 자신의 주요 이론으로 선택하는 임상전문가가 양성되어야 한다. 그들은 현장에서 계속 이론을 실천해 나가면서 현실과 맞지 않는 부분에서 교정하고 정교한 보강을 지속해 나가는 주체로 기능할 것이다. REBT 전문가의 양성은 2019년에 창설한 '한국REBT인지행동치료학회'와 역시 같은 해에 개소한 '한국 REBT인지행동치료상담센터'를 구심점으로 지속해 나갈 수 있다.

---

[1] 이 장의 내용은 2019년 3월 1일 한국REBT인지행동치료학회 창립기념 국제학술세미나에서 발표한 '한국에서의 REBT: 적용과 과제'의 내용을 보완하여 수록하였다.

2. 증거기반치료를 향하여

REBT에 대한 실증적 연구가 많이 수행되어야 한다. REBT와 함께 CBT의 양대 산맥을 이루고 있는 CT는 증거기반치료(evidence based therapy/emprically supported therapy)로 확실히 자리를 잡고 있다. 이는 대표적인 인지치료자인 David Barlow를 중심으로 1990년대부터 시작되어 왔다(권정혜, 2020). 그동안 심리치료의 척추기능을 하면서 타의 추종을 불허하는 정신분석이론에 대한 비판은, 치료 효과에 대한 과학적 연구 결과가 없다는 점을 주목할 필요가 있다. 따라서 과학을 중시하고 발달이 많이 이루어진 영국과 북미를 중심으로 증거기반의 인지치료가 각광을 받아 오고 있다. 2016년 영국의 King's College London에서 연구년을 보낸 필자는 영국 전역에 인지치료가 확산되어 있음을 알 수 있었다. 2008년 영국의 보건성(National Health Service) 내에 IAPT(The Improving Access to Psychological Therapies) 프로그램을 개설하여 영국 내 불안장애와 우울을 호소하는 성인들을 대상으로 심리치료를 실시하였다. 이 프로젝트의 총 책임자는 한국에도 방문한 바 있는 사회불안장애 연구로 유명한 옥스퍼드 대학교의 David Millar Clark 교수이다. 그는 인지치료자로서 이 프로그램의 중추적 기능으로 증거기반치료인 인지치료를 일반 대중에게 적용하도록 하고 있다. 그 프로젝트에 따르면 2024년까지 총 1억 8,000만 명(연 인원)에게 인지치료를 실시한다는 것이다.

인지치료(cognitive therapy)에 대한 과학적 연구의 기원은 창시자인 Aaron Beck으로 거슬러 올라간다. 그는 펜실베이니아 의과대학의 교수로서 평생 동안 양질의 연구를 수행해 왔다. 그가 왕성한 연구를 하게 된 배경은 그의 전기 속에 다음과 같이 나타나고 있다.

> Beck은 정신분석의 주요한 이론을 심리학으로부터 인정받는 것이 중요하다고 믿었는데 그 이유는 "매우 영향력 있는 많은 사람이 정신분석을 신뢰하지 않는다는 것이 나에게는 매우 분명했기" 때문이었다. '엄밀한 심리학자들'을 설득하기 위해서는 실증적 증거가 필요하다는 것을 알게 된 Beck은 펜실베이니아 대학교의 심리학과 교수들과 잦은 접촉을 가졌으며 초기에 연구를 함께 한 동료인 Seymour Feshback과 Marvin Hurvich는 심리학자였다. 이러한 동료들은 연구방법론을 잘 알고 있었기 때문에 솔직한 비판자 역할뿐 아니라 연구도구, 통계학 그리고 실험심리학의 연구방법을 제시해 줄 수 있었다. 이렇게 그는 정신분석적 원리를 검증하기 위해서 연구를 시작하였는데 결과적으로 인지치료를 발전시키게 되었다(권석만 역, 2007, p. 51).

인지치료는 이러한 역사적 배경을 근거로 하여 확실한 실증적 연구가 지지된 치료로서 인정받고 있다. 세계행동인지치료학회(World Association of Behavioral Cognitive Therapies)와 유럽행동인지치료학회(European Association of Behavioral Cognitive Association), 영국 행동인지치료학회(British Association of Behavioral Cognitive Therapies)의 근간이 되는 주요 이론으로 맥을 이어 오면

서 증거중심치료로 확실한 기반을 잡아 오고 있는 것이다.

심리학에서 과학적인 측면 중시된 배경에 대해 잠시 살펴보고자 한다. 1879년 Wundt는 독일의 라이프치히 대학교 철학과에 심리학 실험실을 창설하였다. 그와 같은 시기에 미국의 하버드 대학교에서도 William James에 의해서 시범 실험이 시행되었다. 그 당시는 영국에서 과학기술을 바탕으로 성공한 산업혁명(1760~1820)으로 세계 근대화의 촉매가 되었고, 이는 학문의 영역에도 지대한 영향을 미쳐 역사, 철학, 문학, 신학 등의 학문에서도 자연과학에서 중시하던 과학적 사고나 지식을 획득해 가는 과정에 대해 자연과학적 방법론을 열망하게 되었다. 심리학도 그 무렵에 태동한 학문으로서 심리학은 과학임을 표방하고 과학적 연구방법론을 활용하여 심리학적 지식을 축적하는 계기가 되었다. 이러한 심리학자들의 입장에 대해서 1800년경 Kant는 과학이란 '측정과 실험'을 필요로 하는데 심리적 현상은 측정하거나 수량화할 수 없을 뿐 아니라 육체적인 현상처럼 실험도 할 수 없다는 이유를 내세워 '심리학은 과학이 될 수 없다.'고 주장하였다. 수십 년 후에 Herbert, Weber, Fechner 등에 의해 Kant의 주장이 반박되면서 심리학적인 기본 현상들이 수학적인 용어로 등장하기 시작하였다. 정신물리학(psychophysics)의 발달과 더불어 정신적 현상들을 측정하기 시작하였고 Ebbinghans의 기억에 관한 실험연구를 수량으로 제시하는 데 성공하였다. 이렇듯 심리학이 과학이 되기 위해 꾸준히 노력하면서 과학적인 실증적 연구 결과가 축적되고, 오늘날 누구도 심리학이 과학이라는 사실을 부인하기 어렵게 되었다.

인지치료의 창시자인 Beck은 이러한 심리학이 과학을 지향하는 점을 주목하고 자신도 이러한 점을 수용하여 정신분석학에 대한 연구를 수행하면서 결과적으로 인지치료라는 옥석을 얻게 되었다. 이런 Beck의 연구를 중심으로 태동한 인지치료와는 달리 Ellis의 REBT는 그의 상담실에서 현장 경험을 중심으로 개발이 된 노작이다. 그는 임상가였고 2007년 93세로 사망하기까지 700여 편의 논문과 60권이 넘는 저서를 남겼으나 치료 효과를 과학적으로 검증한다든지 제대로 통제된 상황에서 치료 효과가 이루어진 연구는 극히 소수에 그쳤다. 이런 이유에 대해 Yankura와 Dryden(1994)은 다음과 같이 설명하고 있다.

첫째, Ellis가 상담과 심리치료 분야의 주요 치료자이며 이론가로서 자신의 이론을 경험적으로 평가하는 데 초점을 두었고, 둘째, 신중하게 설계된 연구 성과를 수행하는 데 필요한 자원이 보다 쉽게 주어지는 '최고 교육기관(주요 대학과 같은)'이 부족하였으며(Ellis는 대학교가 아니라 클리닉에서 활동), 셋째, REBT에 관한 주요 학술대회가 부족하여 REBT 연구자들과 잠재적인 연구자들 간의 교류와 의견 교환을 촉진하는 수단이 충분히 활용되지 못해 왔다고 보고하고 있다(Yankura & Dryden, 1994).

전반적으로 CBT는 증거기반치료로 인정받고 있기 때문에 CBT의 양대 산맥에 속하는 Ellis의 REBT는 또 다른 산맥인 Beck의 증거기반치료로 확실한 정체성을 지니고 있는 CT에 많은 빚을 지고 있는 셈이다. 이런 점을 상기하면서 REBT에 관한 다양한 실증 및 경험적 연구가 수행되길 기대한다. 우리나라에서도 2021년 『한국 REBT 인지행동치료 연구』가 창간된 것은 향후 REBT 관련 연구를 위한 기폭제가 될 것으로 기대한다.

3. 현재 REBT 관련 연구의 문제점

1) 한국에서 REBT 관련 연구의 현황

2010년 이후 2019년 현재까지 이루어진 REBT 관련 학위논문 (키워드 합리적 정서행동 포함)은 63편, 학술지 논문(키워드 합리적 정서행동 포함)은 37편, 합하여 총 100여 편의 논문이 있다. 이 중에서 3편은 이론에 관한 논문이며 93%에 해당하는 97편의 논문은 집단상담 및 집단치료의 효과와 영향에 대한 검증이 전부이다. 이는 더 이상 과학적 시사점이 없기 때문에 향후 REBT 집단상담 및 집단치료의 효과에 대한 연구는 효용가치가 크지 않음을 시사해 주고 있다. Ellis가 1956년에 그의 이론을 시카고에서 열린 미국심리학회 연차대회에서 발표한 이후, 현재까지 미국이나 한국의 상담 및 심리치료 이론에 관한 교과서에서 빠지지 않고 수록되고 있다. 또한 많은 현장의 전문가가 이를 상담의 주요 이론으로 활용하고 있는 것을 보면 REBT 상담의 경험적 증거와 효과는 이로써 충분한 것으로 판단된다.

2) 미국에서 REBT 관련 연구의 현황

미국의 Ellis 연구소에서 발행하는 학술지『Journal of Rational-Emotive & Cognitive Behavior Therapy』에서, 2010년 이후 2021년까지 약 10년간 나타난 연구방법을 분류해 보았는데 〈표 5-1〉과 같았다. 한국의 연구와 달리 연구방법이 다양하다. 또한 전체 연구 195편 중 약 5%에 해당하는 연구가 사례연구와 질적연구에 해당한다. 질적연구의 제목과 사례연구의 제목은 다음과 같다.

〈표 5-1〉 미국의『Journal of Rational-Emotive & Cognitive Behavior Therapy』에 나타난 연구방법 분류(2010년 이후)

연구방법 분류	2010~2018년	2019~2021년	합계
Review	74	15	89
효과연구	36	22	58
측정/타당도	28	15	43
상관관계	28	19	47
메커니즘 분석	20	21	41
사례연구	8	4	12
질적연구	1		1
계	195	96	291

상관관계 및 메커니즘 분석의 변인	2010~2018년	2019~2021년	합계
비합리적 신념	34	19	53
schema/메타 인지	6	10	16
침투적 사고	3	2	5
기타	5	9	14
계	48	40	88

질적 연구

- Scholol Counselor Consultation: Teachers' Experiences with Rational Emotive Behavior Therapy

사례 연구

- The Clinical Implications and Neurophysiological Background of Using Self-Mirroring Technique to Enhance the Identification of Emotional Experiences: An Example with Rational Emotive Behavior Therapy
- Using REBT in Jewrish, Christian, and Muslim Couples Counseling in the United States
- The Death of a Spouse: Using Rational Emotive and Cognitive Behavior Therapy to Cope
- Flexibility and Passionate Non-extremism Versus Absolutism and Extremism: Teaching the Basics of REBT Therapy and Showing Its Wider Applicability
- Two REBT Therapists and One Client: Commentary
- Two REBT Therapists and One Client: Ellis Transcript
- Two REBT Therapists and One Client: Windy Dryden Transcript
- Metaphors and Stories in Cognitive Behavioral Therapy with children

3) 향후 연구의 과제와 방향

전술한 바와 같이 한국REBT인지행동치료학회(Korean Association of Rational Emotive & Cognitive Behavior Therapy, KAOR)가 2019년 9월에 창립되었다. 2021년 10월에는 한국REBT 인지행동치료학회지(Korean Journal of Rational Emotive & Cognitive Behavior Therapy, KJ-RECBT)가 창간되었고, 2022년 2월에 제2호 가 출간되었다. 향후 본 학회지를 통하여 많은 REBT 관련 논문이 활발하게 발표되고 전문가들 사이에 원활한 상호교류와 소통이 이어지길 기대해 본다.

그간 한국에서 이루어진 REBT 관련 연구의 93%가 주로 집단을 대상으로 하여 REBT 상담의 효과와 영향에 대해 살펴보고 있는데, 이는 REBT 집단상담을 실시한 집단과 실시하지 않은 집단 간의 차이점 외에는 시사해 주는 바가 없다. 향후의 연구에서는 결과연구를 넘어선 과정연구 그리고 개인을 대상으로 질적연구를 수행할 것을 제안한다. 여러 가지 문제별, 장애별 내담자를 대상으로 독특하게 형성된 역기능적 신념의 형성과정과 이에 대한 변화과정에서 작동한 메커니즘을 찾아내는 것이 이론의 정교한 보강 및 상담의 실제에 환류되어 내담자를 효율적으로 돕는 방법으로 기능할 수 있다. 이것이 진정한 의미의 과학자–실무자 모델을 실현할 수 있는 통로로 보인다.

그동안 심리학은 과학임을 증명하기 위해 수량적 연구방법론에 지나치게 경도된 점이 없지 않다. 질적연구는 더 이상 방법론적 일탈이 아니다. 질적연구도 양적연구와 마찬가지로 데이터의 수집, 분석, 해석에 있어서 실증적이며 다만 질적연구의 데이터가 숫자가 아니라 언어로 구성되었다는 점에 그 특성이 있다. 사실 심리학에서 질적연구의 방법론은 그 태동부터 시작되었으나 잠시 잊혀졌다가 최근에 다시 급부상하고 있다. 하늘의 별과 전류 등의 자연현상은 언어가 없기 때문에 숫자에 몰입할 수밖에 없었다. 그러나 인간은 자연현상이 아니고 언어를 구사하는 동물이다. 언어적 데이터를 활용해서 얼마든지 과학적 연구를 수행할 수 있다는 점에 요즈음의 상담심리학자들이 눈을 뜨고 있다는 것은 고무적이다. Freud의 성격발달단계, Piaget의 인지발달단계, Kohlberg

의 도덕발달단계, Erikson의 발달단계 그리고 최근의 Elizabeth Kubler Ross의 죽음과 임종에 관한 5단계의 태도 등도 바로 이런 질적연구로 이루어진 것임을 간과해서는 안 된다.

심리학의 창시자인 독일의 Wundt, 그리고 심리학의 아버지라 불리는 미국의 James 모두 지식의 객관성뿐 아니라 주관성에 관심이 있었다는 것을 주지할 필요가 있다. Wundt에게 수학했던 영국의 심리학자 Titchner는 다음과 같이 말하면서 질적연구와 양적연구의 중요성을 설파하고 있다.

실험은 상호보완적이며, 각각 뭔가를 희생하고 무언가를 얻는다. 질적 실험은 우리에게 정신생활의 모든 세부 사항과 다양성을 보여 주며, 그렇게 함으로써 우리가 그 결과를 수식에 넣는 것을 금지한다. 양적 실험은 우리에게 정신생활의 어떤 균일성을 깔끔하고 간략하게 표현하지만, 그것은 바로 빛을 가져올 질적으로 내성을 향하는 많은 것을 부주의하게 간과하게 되는 이유가 된다(Titchener, 1905, p. VI).

게슈탈트 심리학자이면서 사회심리학의 개척자인 Asch는 자연과학적 연구방법론에 경도된 나머지 심리학에서 질적연구를 주저하고 있는 점에 대해 다음과 같이 지적하고 있다.

과학적으로 되려는 불안감에 심리학도들은 오랜 역사를 지닌 과학의 최신 형태를 종종 모방하면서 과학이 신생 학문이었을 때 취했던 단계를 무시하였다. 예를 들어, 자연과학의 양적 정확성을 모방하려고 노력하면서 시곗바늘을 움직여 시간을 앞당기지 못한다는 것을 깨닫지 못하고 자신의 주제가 그런 처치법에 적합한지 아닌지에 관하여 묻지 않고 자연과학의 양적 정확성을 모방하려고 앞다투어 노력했다. 물리학자들은 별이나 전류로 말할 수 없기 때문에 심리학자들은 종종 자신의 인간 참가자에게 말하기를 주저하였다(Asch, 1952/1987, pp. 14-15).

상담실에서 내담자와 상담자의 관계는 언어를 중심으로 이루어지며 언어를 사용하는 존재의 특성을 활용하여 이 언어 데이터를 수집하고 분석하고 해석하여 의미 있는 결과를 창출해야 한다. 이제는 이러한 질적연구의 중요성을 바로 보고 이를 주요한 연구방법론의 하나로 부가하여 활용하는 것이 향후의 과제임을 분명히 밝히고 싶다.

6장
REBT의 실제 상담사례

이 장에서는 상담현장에서 내담자들이 가장 많이 호소하는 문제인 불안, 우울, 공황 등의 어려움을 REBT를 적용하여 상담한 사례를 제시하고자 한다.

1. 불안을 호소하는 내담자를 위한 REBT

1) 내담자 기본정보

40대 초반의 직장 여성, 미혼, 대학원 석사학위

2) 내담자의 성장과정

서해의 섬 지역에서 6남매 중 넷째로 출생하였고 성장하였다. 어렸을 때는 유독 몸이 튼실하고 건강하여 어부인 부친을 도와 농사일과 갯벌일도 거들면서 자랐다. 서울의 한 대학교를 졸업하고 대기업에 입사하였는데 프로젝트 관리자 역할을 하면서 도전의식이 강하고 열정적으로 많은 일을 성취하여 왔다. 그러나 몇 년 전부터 매주 주간 보고를 하는 상황에서 목소리가 떨리기 시작하여 발표가 있는 날에는 안정제의 일종인 약을 먹기 시작하였다. 2년여 전부터는 이것으로 조절이 되지 않아 이에 더해 또 다른 종류의 센 인데놀까지 복용하기 시작하였으나 소용이 없었다. 최근에는 2~3명의 소그룹에서 빔을 활용하여 발표를 해야 하는 상황에서조차도 떨려서 상담실을 찾게 되었다. 그녀는 자신이 이렇게 발표를 힘들어 하고 약까지 먹어 가면서 자신을 추슬러야 하는데도 남들은 그런 사정을 잘 모르고 발표가 끝났을 때마다 발표를 잘한다고 칭찬을 하였다.

3) 이전 상담경험

수년 전, 그때도 발표 불안장애를 고치기 위해 회사 근처의 상담실에서 4번 정도 상담을 받았으나 별로 도움이 되지 않아서 그만두었다.

4) 호소문제

발표 시 긴장과 2~3명의 소그룹 회의 또는 대화에 있어서 심장이 두근거리고 불안이 발생하며, 아침부터 지속적으로 심장이 두근거린다. 프로젝트 관리자로서 사람들을 대할 때 많은 어려움이 있었던 기억이 계속 생각이 난다.

5) 사례 개념화

발표불안을 호소하는 여성으로 MMPI와 문장완성 검사를 통해서 특이한 사안은 발견되지 않았다. 다만 직장에서 적극적인 역할을 하고 있는 점에 비해 MF 점수(남성성/여성성 39)가 다소 낮고 SI 점수(사회적 내향성 63)가 높은 것을 볼 때 자신의 기질적 특성과 달리 많은 노력을 통해 현재의 지위를 성취한 것으로 보인다. 그녀는 학창시절에 선생님들로부터 음성이 낭랑하고 발음도 정확하여 국어책을 잘 읽는다는 평가를 늘 받아 왔다. 그러던 중 여고생 때 국어 선생님께서 학생들 중 한 명이 유명한 시를 낭송해 주면 자신이 그 시에 대한 상세한 해설을 해 주겠다고 하셨다. 내담자의 친구들은 내담자를 그 시를 낭송하는 적임자로 추천을 하였다. 그런데 그때 막상 읽으려고 하니 떨리기 시작하였다. 많은 친구가 자신을 추천했고 선생님도 자신에 대한 기대가 많았던 상황이었다. 내담자는 반드시 급우들과 선생님의 기대에 부응해야만 하며 그들을 실망시켜서는 안 된다는 생각을 강하게 하기 시작하였다.

그 무렵 이후부터 손을 들고 질문하는 것도 어려워지기 시작하였다. 대학원을 졸업하고 취업을 하여 직급이 낮을 때는 그냥 자신의 일을 열심히 하면서 칭찬도 많이 받으면서 일을 하였으나 직급이 올라갈수록 자신에게 발표를 해야 할 일이 생기면서 긴장되기 시작하고 손이 떨리고 심장이 두근거리기 시작하였다. 이때도 '자신이 반드시 발표를 잘해야만 하고 못하면 그들은 내 뒷담화를 할 것이고 나를 무시할 것이다.'라는 신념이 강하게 든다고 하였다. 내담자는 특히 발표 시작 후 초반 몇 분이 가장 긴장되고 힘들며 그 시간이 지나면 원래 자신의 모습처럼 자연스럽게 된다고 한다. 내담자의 스키마는 '내가 하는 일을 반드시 잘해야만 하고, 인정을 받아야만 한다. 그렇지 않으면 사람들은 나를 무시할 것이다.' 라는 것으로 파악이 된다. 다음의 〈표 6-1〉에는 내담자의 스키마가 회기마다 변주되어 나타나고 있는 비합리적 신념이 제시되어 있다.

〈표 6-1〉 회기마다 변주되어 나타나는 내담자의 비합리적 신념

내담자의 스키마
• 나는 반드시 내가 하는 일을 잘해야만 하고 다른 사람의 인정을 받아야만 한다. • 그렇지 않으면 나는 한심하다.

↓

1회기(추론과 평가적 인지의 혼재)
• 내가 회사에서 발표를 잘하지 않으면 동료들은 끊임없이 내 뒷담화를 할 것이다. • 그리고 나를 무시할 것이다.

$\downarrow$

4~5회기(평가적 인지)
내가 알고 있는 중요한 사람들로부터 인정받지 못하면 나는 한심한 인생이다.

$\downarrow$

6~7회기(평가적 인지)
나는 항상 말을 잘하는 괜찮은 사람이라는 소리를 들어야만 한다.

$\downarrow$

8~11회기(추론과 평가적 인지)
• 다른 사람이 나에게 예쁘다고 하면 그 말을 믿지 못한다. • 다른 사람의 기대에 부응해야만 한다.

$\downarrow$

15~16회기(추론)
아름답지 못한 외모는 나의 가치를 하락시킬 것이다.

6) 상담 초기

(1) 1회기

회사에서 15명의 팀을 이끄는 매니저로서 비교적 나이가 어렸는데 여자로서는 내담자가 처음으로 매니저를 하면서 팀원들의 부러움과 질투심을 유발하였다. 뿐만 아니라 팀원들의 뒷담화로 상처를 많이 입었다. 내담자는 자신이 발표를 잘하지 않으면 그들은 끊임없이 내담자에 대해서 뒷담화를 할 것이고 자신을 무시할 것이라는 추론적 수준의 생각을 하고 있었다. 그리고 곧 있을 회사 내의 중요한 발표를 또 맡게 되었다고 하소연하였다. 상담자는 그들이 뒷담화를 한 것을 들은 적이 있는지 질문하였으며 지나가는 말에 대해서 내담자가 상처를 입어야만 하는 이유에 대해서 물었다. 원래 인간은 서로서로 남의 험담을 주고받으면서 살아가는 존재라고 말하였으며 남의 험담에 의해서 나의 존재의 중요성이 결정되는 것인가에 대한 질문을 하였다. 그리고 타인이 나에 대해 뒷담화를 하는 것이 나를 무시하는 것인가에 대해서도 질문을 하였다.

(2) 2~3회기

내담자는 곧 있을 중요한 프로젝트 발표를 이야기하면서 가슴이 쿵쿵 뛰고 있었고 그 소리는 함께 이야기하고 있는 상담자에게도 들려왔을 정도였다. 그렇지만 지난 상담을 마친 후 회사에서 갑자기 고객 9명 정도가 방문하여 예정에 없던 발표를 그들 앞에서 하게 되었는데 '에라, 모르겠다'라는 심정으로 했더니 그 전보다는 떨지 않았다고 보고하였다. 상담자는 그렇게 당당하게 임한 내담자의 행동을 격려하였다. 아울러 이번에 중요한 프로젝트를 발표할 기회가 내담자의 호소 문제를 극복하기 위한 절호의 찬스라는 것을 설명해 주었다. 회피는 모든 병리의 근원일 뿐만 아니라 문제 해결의 실마리를 놓치게 된다는 것을 Mower의 2요인 이론을 설명해 가면서 내담자를 이해시켰다. 그리고 세 가지 기법을 활용하였다.

첫째, 사회적 상황이 일어나기 전에 무슨 일이 일어날 것인가에 대해서 기록하도록 하였다. 내담자는 다음과 같이 기록하였다. "발표의 모두에 2~3개 문장을 말하는 동안은 떨릴 것이지만 이 시간이 지나면 안정이 될 것이다."

둘째, 다른 사람의 행동을 관찰하도록 하였다. 그녀의 곧 있을 중요한 프로젝트 발표에서 자신의 회사에서 5명이 그리고 상대 편에서 14명이 참석한다고 하였다. 그러면 발표가 진행되고 있는 30분 동안 14명 각각의 행동에 대해서 살펴 올 것을 숙제로 제시 하였다.

셋째, 이중 기준에 대한 설명을 하였다. 내담자는 자신이 다른 사람이 발표하는 것을 볼 때 그 사람이 떠는 것을 보면 안쓰럽다 는 생각이 들지만 다른 사람들은 자신이 발표할 때 떠는 것을 보 면 자신을 한심하게 여기고 무시할 것이라고 하였다. 이러한 이중 기준의 근거에 대해서 생각해 보고 올 것을 요청하였다.

그러고 나서 며칠 후에 있을 발표현장을 녹음해 올 것과 내담자 가 평소의 중요한 발표 때마다 복용하던 인데놀과 안정액을 복용 하지 않고 발표를 진행하면 어떨까 하고 제안하자 내담자는 인데 놀은 먹지 않고 안정액만 복용하겠다고 대답하였다. 그리고 다음 과 같은 합리적 생각을 함께 적어 보고 발표 전까지 이 생각을 계 속해서 암송하는 과제를 부여하였다.

- 나는 최선을 다했다. 내가 할 수 있는 만큼 하면 된다.
- 이 한 번의 발표로 내 인생이 결정되는 것이 아니다.
- 목소리가 떨려도 좋다.
- 다른 사람이 내가 떨고 있는 것을 눈치채도 좋다.
- 다른 사람은 나의 부분만을 보고 있을 뿐 나의 전체를 보는 것이 아 니다.

---

(3) 4~5회기(Beck의 자기 평가 불안 척도 23)

내담자가 상담실에 들어오자마자 지난번 발표에 대한 내담자의 생각을 물어보았다. 내담자는 초기 5분 정도 떨었으며 나머지 시간을 떨지 않고 잘 수행하였다고 하였다. 그녀의 예상대로 시간이 지나면서 안정이 되었다고 하였다. 그래서 직접 녹음한 내용을 들어서 그녀가 정말로 떨었는지 확인하였다. 상담자가 녹음파일로는 그렇게 떨고 있다는 것을 확인하지 못했음을 함께 들으면서 반응하였다. 그리고 발표의 달인이라고 말할 수 있는 그 누구라도 그 상황에서 긴장하는 것은 자연스러운 것임을 일깨워 주었다. 내담자가 지닌 '떨면 안 된다. 떨면 큰일이다.'라는 비합리적 생각 대신 '누구라도 그런 상황이면 긴장을 할 수 있고 긴장해서 목소리가 떨린다고 해서 큰일은 아니다.'라고 생각해야 한다고 교정해 주었다. 내담자는 상담자의 이러한 제안을 수긍하였다. 다음으로 지난번에 과제로 부여한 '다른 사람의 행동을 관찰해 보기'에 관하여 질문을 하였다. 그러자 내담자는 참가자들의 몰입도가 좋았고 사람들이 고개를 끄덕여 주는 것을 보고 안정이 돼서 그런지 말해야 하는 것은 다 생각이 났다고 하였다. 그녀는 발표를 잘하고 싶은 마음에서 연습을 많이 하였는데 처음 5분 동안 긴장을 하다 보니 다른 사람들이 내가 실수한 것을 눈치챘다고 보고 하였다. 상담자는 내담자가 처음에 좀 떤 것은 실수가 아니라 자연스러운 것이고 그런 것은 참석자가 알아챘다고 해서 큰일이 나는 것은 아니라는 것을 알게 하였다. 그러자 결국 자기네 팀이 그 프로젝트의 수주를 놓쳤는데 자신이 발표를 잘하지 못해서인 것 같다고 귀인을 하여 상담자는 과연 그럴까에 대해서 질문을 한 후에 발표로 인하여 결과, 즉 판이 바뀌는 경우가 얼마나 되냐고 계속해서 물었다. 내담자는 1/30 정도는 된다고 하였다. 상담자는 그것은 어림잡은 짐작이고 사실이 그런 것인지는 확인해 보아야 한다고 말하였다. 상담자는 계속해서 내담자에게 프로젝트를 수주하지 못한 진짜 원인이 무엇이냐고 묻자 내담자는 그 분야의 영업실적이 전혀 없다고 하였다. 이에 상담자는 그것이 진짜 원인일 가능성이 있고 내담자가 초반에 떨었기 때문에 프로젝트 수주를 하지 못했을 가능성은 거의 없기 때문에 자신을 자책하는 것이 바람직한 행동인지 물었다. 그러면서 상담자는 내담자가 결국 '나는 내가 알고 있는 중요한 사람들로부터 인정받아야만 한다.'는 비합리적인 생각이 있다는 것을 지적하면서 어떤 이유 때문에 여자 나이 40세가 넘은 상황에서도 남들에게 인정을 받아야만 한다는 생각에 그토록 경도되어 있느냐고 물었다. 내담자는 "아!"라는 경탄의 소리를 내면서 "정말 그렇네요. 제가 왜 이 나이까지 다른 사람의 인정을 받으려고 이토록 노력을 했을까요?" 하면서 뭔가 통찰이 생긴 듯한 반응을 보였다. 그러면서 자신의 어린 시절 이야기를 하기 시작하였다. 형제가 많은 시골의 집에서 자랐지만 다른 언니와 여동생들은 다 가수 강수지처럼 예뻤고 공부도 모두들 잘했다. 자기는 몸도 크고 얼굴도 언니들처럼 예쁘지 않았으며 언니들이 공부까지 잘해서 학교에서 상이란 상은 다 타 왔기 때문에 자신은 웬만큼 공부해서 상을 타 와도 부모님의 눈에 띄지 않았다. 어렸을 때부터 음성이 좋아서 전문 MC가 되고 싶었으나 "너는 언니들에

비해 못생겼고 얼굴이 울퉁불퉁 배(과일)와 같이 생겨서 더욱 안 된다."라는 소리를 듣고 자랐다. 그다음부터는 오히려 누가 예쁘다고 하면 그 말을 믿을 수 없었고 못난 외모와 잘나지 않은 학업 능력으로 인정받기 위해 치열하게 노력했고 '나는 주변의 사람들에게 반드시 인정을 받아야만 한다.'는 생각을 강화해 오면서 지금까지 살아온 것 같다고 술회하였다. 상담자는 지금까지는 다른 사람의 인정을 받기 위해 몸부림치듯이 살아왔다면 이제부터는 누구의 인정이 아니라 자신이 만족하는 삶을 살아가야 하지 않겠느냐고 말하며 내 삶의 주체를 타인에게서 내게로 옮겨 와야 하는 것의 중요성을 일깨웠다. 마지막으로 인데놀은 복용하지 않고 안정액만 복용했는지 묻자 그렇다고 하였다. 그런 약물의 위약효과에 대해 설명해 주고 향후에는 약물의 문제가 아닌 내 마음의 문제이니 발표의 또 다른 기회가 왔을 때 안정액도 더 이상 복용하지 말고 임할 수 있는 용기의 필요성에 대해서 역설하며 본 회기를 마감하였다.

7) 상담 중기

(1) 6~7회기(Beck의 자기 불안 척도 23점)

그녀는 상담을 하면서 특별히 직급이 낮은 새로운 인물이 오면 더욱 두렵다고 호소하였다. 직급이 낮은 사람들에게도 "항상 말을 잘하는 괜찮은 사람이다."라는 말을 들어야만 한다는 신념을 찾아내었다. 직급이 높은 사람에게는 나쁜 평가를 들어도 창피하지 않은데 직급이 낮은 사람들에게 좋지 않은 평가를 받으면 자신이 무시당하는 것 같아서 힘들다고 하였다.

(2) 8~11회기

직장생활을 하면서 타인이 나에게 예쁘다고 하면 그 말을 믿지 못했다. 상사는 영업이나 일을 위해서 거짓말을 많이 하기 때문에 믿을 수 없었다. 업무 자체가 컨설팅이다 보니 '잘해야만 한다.' '잘나야만 한다.' '저 사람의 기대에 부응해야만 한다.'는 생각이 강했지만 이제는 그런 생각은 많이 약화되었고 2~3명과 이야기하는 모임에서는 더 이상 떨지 않는다. 그리고 지난주 동안 있었던 경영진 보고에서도 더 이상 떨지 않았다. 상담자는 어차피 발표하는 것이 내담자의 주된 업무인 만큼 "피할 수 없으면 즐겨라."라는 말을 상기시키면서 그 상황을 직면하는 것이 문제 해결의 주안점이 된다는 것을 상담하는 과정 내내 설명하고 이해시키면서 강조하였다.

(3) 12~13회기

내담자는 자신의 업무를 나눌 수 있는 직장의 다른 구성원에게 도움을 받지 않고 스스로 혼자서 일을 하면서 고통스러웠던 경험을 나누었다. 그러면서 자신은 일단 마음에 들지 않으면 그 사람에 대해서 속으로 내치는 특성이 있다고 하였다. 상담자는 이런 것을 생각의 오류 중에서 전부 아니면 전무의 특성으로 'all or nothing'에 해당되며 건강하지 않은 사고 패턴이라고 지적하였다. 2~3인과 함께하는 모임에서는 아무런 문제가 없으나 여전히 많은 사람이 모이는 곳에서 발표를 할 생각을 하면 불안하다는 것을 호소하여 심상법(imagery)을 소개하고 세션 중에 연습하였다. 그리고 과제로 심상법을 내 주었다.

(4) 14~15회기

발표를 할 때 언제 처음으로 떨게 되었느냐고 묻자 10여 년 전 코엑스에서 100여 명의 직원들 앞에서 발표해야 할 상황을 떠올렸다. 그때 회사의 상사가 밥도 못 먹고 불안해하고 있는 내담자의 모습을 보며 약국에서 안정제를 사다 주어서 먹게 되었고 그 후에 발표를 떨지 않고 잘하게 되어 그때부터 발표할 때마다 안정제를 먹었다고 했다. 그리고 스스로 떤다고 느낄 때 같은 안정제를 사서 복용하였다. 어느 날 약국에 가서 그 안정제를 찾자 약사가 그 약을 먹는 이유를 물어 자초지종을 이야기하니 안정액보다 더 강한 약을 권유해 주었다. 그 이후로 내담자는 오후 2시에 발표가 예정되어 있으면 그날 아침부터 원래부터 복용하던 안정제와 이보다 더 강한 약을 먹으면서 2시가 될 때까지 좌불안석으로 떨어야만 했다고 고백했다. 특히 4~5년 전부터는 살이 찌면서 외모에 자신이 없어졌고 자신감이 떨어지기 시작했다고 고백하고 있다.

8) 종결기

(1) 16~17회기(Beck의 자기 불안 척도 13)

 지금은 큰 모임에서는 거의 불안이 사라졌고, 있다고 하더라도 개의치 않게 되었다. 그러나 아직도 3명 정도 모임에서 발언을 해야 할 때는 여전히 가슴이 두근거려 온다고 보고하였다. 내담자는 아마도 그들이 거의 자기보다 나이가 어린 사람들이기 때문에 자칫하다가 그들의 입방아에 오르내리는 것을 참을 수 없다고 한다. 특히 앉아서 이야기하다가 대화의 상대자가 자신을 쳐다보는 것이 힘들다. 쳐다보면서 나를 무시한다는 신념 때문인 것 같다고 자가 진단하였으며 그것은 그러려면 그러라고 내버려 두는 자세를 갖겠다고 하였다. 그리고 '나는 다른 사람의 인정을 받기 위해 사는 것이 아니다. 내가 일하는 사람들 중에는 내 마음에 드는 사람도 있고 마음에 들지 않는 사람이 있어도 함께해야 한다.' '두세 명이 모인 곳에서 마음이 불편해도 그것은 시간이 좀 지나면 괜찮아진다.'라는 생각을 스스로에게 계속해서 주입하면서 그동안 버티어 온 점이 있다. 향후 그동안 배운 ABC 분석 등을 활용하여 스스로의 문제를 해결해 나가는 것으로 종결하였다. 향후 2~3명이 모임에 자주 참여해서 노출의 효과를 기대해 보자고 하고, 처음에는 떨림이 좀 있겠지만 그런 상황에 익숙해지면서 해결될 수 있다는 기대를 가지고 마감하였다.

2. 우울을 호소하는 내담자를 위한 REBT

1) 내담자 기본정보

30대 중반의 직장 남성, 미혼, 대졸

2) 내담자의 성장과정

지방의 중소도시에서 1남 1녀 중 장남으로 성장하였다. 부모님 사이가 좋지 않았으며 아버지와는 평생토록 대화다운 대화를 해본 적이 없다. 지금 돌아보면 아버지가 자녀를 돌보고 기를 수 있는 소양이 있었던 사람인가에 대해서 의문이 든다. 최근에 어머니는 아버지의 폭력을 견디지 못하고 이혼하셨으나 어차피 두 분의 이혼이 내담자에게 별 영향은 끼치지 못한다고 하였다. 어머니는 늘 일을 하면서 살아오셨기 때문에 어린 시절부터 외할머니 손에 의해서 양육이 되었으며 외할머니에게는 무엇인가를 얻기 위해서 떼를 써도 되지 않는다는 것을 알았기 때문인지 사소한 것도 요구하지 못했고 무엇인가를 얻고 싶을 때도 그냥 혼자서 무기력하게 울었던 생각이 많이 나고 어머니가 보고 싶어서 많이 슬퍼했던 기억이 많다.

중·고등학교 때는 비교적 공부를 잘했고 서울에 있는 대학교에 들어갔다. 전공을 살려 터키를 여행하다가 터키에 있는 한인

회사에 다녔고 사수의 비합리적 태도에 적응하기 어려웠다. 그런 상황에서 서울에서 이와 유사한 일을 하고 있는 회사에 입사하여 거의 10여 년 정도 다니고 있다. 그러나 지금은 전문성이 없는 단순 사무직이 지루하고 여기서도 팀장 및 사수들의 태도가 효율적이지 않아서 견디기 힘들다는 생각을 할 때가 많다. 최근에는 본인의 진로에 대해서 다시 탐색해 보고 진로 전환이 필요한 때라는 생각을 하기 시작하였다.

3) 이전 상담경험

10여 년 전쯤 대학교 졸업 후 목에 디스크가 생겨 수술을 받고 집에서 한두 달을 보내게 되었는데 당시에 TV를 통해 베이징 올림픽을 보면서 자신의 처지가 너무 한심했다고 한다. 그리고 그 시기부터 우울감이 시작되었던 것 같다고 한다. 특히 목 디스크 치료 후에 재활치료를 더 받아야 하는데 큰 비용이 들어 부모님께 말씀드리지 못하고 속으로 앓고만 지내던 중에 대학생 때부터 사귀던 여자 친구와 헤어지면서 우울감이 심해졌다. 그때 병원에서 가서 우울증 처방을 받은 후에 지금까지 약을 처방받아 복용하고 있다.

수년 전 그때도 우울감이 심해져 회사 근처의 상담실에서 주말마다 3개월 정도 상담을 받으면서 다른 각도에서 생각하는 법을 배웠고 어린 시절 어머니와의 관계에서 몰랐던 것을 알게 되었으나 10년 이상 평생을 상담을 해야 한다는 말에 부담이 되어 그만

두었다.

4) 호소문제

최근 5번 만난 좋아하던 여성이 있었는데 그녀에게 더 이상 전화가 오지 않았고 문자를 통해 다시 만나자고 하니 바로 이별 통보를 해 와서 마음이 진정이 되지 않아 상담실에 오게 되었다. 내담자는 우울감을 해소하고 싶고 건강한 이성관계를 맺고 싶다고 하였다. 내담자는 그동안의 이성관계에서 만나고 헤어지는 것이 반복되었고 특히 화려한 여자를 좋아하는 이유가 무엇인지도 알고 싶다고 하였다.

5) 사례 개념화

우울감과 여자 친구와의 관계 문제를 호소하고 있는 남성으로 MMPI와 문장완성 검사를 통해서는 특이하고 병리적인 특성은 발견되지 않았다. 내담자는 어린 시절부터 외할머니의 손에 길러졌으며 일터에 있는 어머니가 그리울 때가 많았고, 부모님은 사이가 좋지 않아 심하게 싸우는 광경을 많이 목격하였다. 이러한 전반적인 성장의 과정을 통해 주 양육자와 안정된 애착이 형성되기 어려운 환경이었던 것으로 사료된다. 내담자는 주변인에 대해서 합리적이고 효율적이어야만 하는데 그렇지 못한 것을 보면 화가 나고 적응하기 어려워한다. 또한 자신의 현재 처지를 비관하여 금수저를 물고 태어난 사람이 부럽고 세상은 불공평하다는 것을 참기 힘들어 하고 있다. 내담자는 이렇듯 자기만의 세계와 자신을 바라보는 사고방식이 경직되어 있으며 이러한 경직된 인지의 틀이 내담자로 하여금 우울증 등의 부적응적인 정서를 경험하게 하는 것으로 보인다. 내담자의 핵심 스키마와 이로 인해 변주되어 나타나는 비합리적 생각은 〈표 6-2〉에 제시되어 있다. 본 상담의 성공요인은 이러한 생각들에 대해 얼마나 성공적으로 논박을 하느냐에 달려 있다고 할 수 있을 것이다.

6) 상담 초기

(1) 1~4회기

호소문제 파악 및 REBT 원리에 대한 설명과 필자가 번역한 자가치료서 『우울증 스스로 극복하기』(공역, 2005, 사람과사람)를 읽도록 추천하였다. 내담자를 상담실에 오게 한 촉발요인은 최근 5번 만났던 여인에게 본인은 호감이 있었는데 상대방 여성이 자신을 거부하자 마음이 떨리고 우울감이 재발하여 상담실을 오게 되었다. 그동안의 이성관계에서도 한 사람을 깊이 있게 사귀는 경험이 부족하였고 늘 가볍게 만나고 헤어지는 경우가 많았다. 최근 회사에서도 상사가 바뀌었는데 본인은 비교적 효율적으로 일을 하는 사람이라고 생각하는데 상사는 전혀 효율적으로 업무를 처리하지 못해서 불만스럽다고 하였다. 회사의 소유주 역시 직원을 소중히 여기지 않고 함부로 대해서 떠나고 싶다고 하였다. 그리

〈표 6-2〉 회기마다 변주되어 나타나는 내담자의 비합리적 생각

상담 초기 스키마
• 세상은 반드시 공평해야만 한다. • 나의 상사와 회사는 반드시 합리적이고 효율적이어야만 한다.

↓

5~6회기 추론적 생각
• 내가 다니는 회사가 비합리적이고 부당하여 회사를 떠나야만 한다.

↓

7~8회기 추론적 생각
• 세상은 나쁘게 흘러가는 것만 같다. • 어머니에게도 뭔가 안 좋은 일이 일어날 것만 같다.

↓

9~10회기 추론적 생각과 평가적 인지의 혼재
• 직장의 업무가 효율적으로 돌아가지 않고 상사가 무능하고 회사의 주인도 나를 소중하게 여기지 않는다. 이것을 나는 참을 수 없다. 나는 곧 이 직장에 사표를 낼 것이다.

↓

13~14회기 추론적 생각과 평가적 인지의 혼재
• 회사 내의 고졸 출신에 대한 차별을 참을 수 없다. • 우리 회사는 비윤리적이다.

고 세상은 원래부터 금수저도 많고 공평하지 못하다는 것에 대해서 불평하였다. 상담자는 내담자의 저간의 이야기를 다 들어 보고 REBT 상담의 원리에 대해서 설명을 해 준 후에 향후 본 상담자는 REBT이론에 따라서 상담을 할 것이며 자가치료서인 『우울증 스스로 극복하기』를 읽도록 추천하였고, ABCDE 자가 기록지를 기록해 오도록 하였다. 상담내용과 내담자의 기록을 토대로 내담자를 고통스럽게 하는 비합리적인 생각은 다음과 같다.

초기 비합리적 생각

- 내가 좋아하는 여성은 반드시 나를 좋아해야만 한다. 그렇지 않으면 참을 수 없다.
- 나와 함께 일하는 주변 사람들은 반드시 합리적이어야만 하고 효율적이어야 한다. 그렇지 않으면 끔찍하다. 그러므로 나는 곧 이 직장을 그만둘 것이다.
- 내가 만나는 윗사람들은 대개 재수가 없다.
- 세상은 공평해야만 한다. 태생부터 금수저를 물고 난 사람들을 보기 싫다.

내담자가 수행해 온 ABC 기록지는 〈표 6-3〉과 같다.

〈표 6-3〉 내담자의 ABCDE 자가 기록지 숙제 예시

1. ○월 ○일

사건 및 상황(A)	생각 및 신념(B)	정서적 · 행동적 결과(C)	논박 및 개입(D)
아침에 일어나기가 너무 힘들어서 5분쯤 더 자기를 바랐었하다가 결국 일어나는 데 30분이 걸렸다.	• 출근하기가 너무 싫다. • 지겨운 상사의 잔소리, 거래처 컴플레인, 지긋지긋한 인정들이 오늘도 나를 기다리고 있겠지. • 오늘 하루도 재미있거나 뭐 딱정적인 일은 일어나지 않고 지루하고 힘든 일만 일어날 거야.	• 정자리에서 일어나는 게 너무 싫어. • 피곤하다. 더 자고 싶다. • 몸이 너무 빠근하다.	• 출근을 하지 않아도 되는 날이 아니라면 결국 시간 내에 기상해야 하는 것. • 눈을 번쩍 뜨고 일어나는 게 덜 피곤할 수도 있다. • 내 예상과는 달리 오늘은 뭔가 회망적이고 즐거운 일이 일어날 수도 있고 되는 일이 일어날 수도 있고 운동도 함 후에는 하고 심신은 운동도 함 수 있다.

효과(E)

숙제

Notes

2. ○월 ○일

사건 및 상황(A)

일부 비용을 마치 당연하다는 듯이 당당하게 면제해 달라는 거래처의 메일을 받고 있었다.

생각 및 신념(B)

• 호의가 계속되면 당연한 줄 안다.
• 잘 알지도 못하면서 뭘 안다고. 비용만 덜 내면 다인 줄 아나.
• 비용 안 낸다고 자기 월급이 오르는 것도 아니면서.

정서적·행동적 결과(C)

• 거칠었다.
• 화가 났다.
• 아침부터 스트레스 받는다.
• 날카로운 어투로 반박하고 싶다.

논박 및 개입(D)

• 자기 일을 열심히 하는 나와 같은 일개 사원일 뿐이다.
• 아직 부드럽게 인정하는 스킬이 부족한 어린 직원일 수 있다. 그게 아쉬울 뿐 내가 화날 이유는 없다.
• 이런 것에 대응하는 것이 곧 내가 하는 업무다.

효과(E)

회사 내부 강사가 심해져서 비용을 면제해 줄 수 없다고 양해해 달라고 좋은 어투로 회신했다.

숙제

Notes

3. ○월 ○일

사건 및 상황(A)	생각 및 신념(B)	정서적·행동적 결과(C)	논박 및 개입(D)
직장 동료 여직원들과 식사 자리에서 그들이 내 성격을 평가했었다. 내가 식욕이 없어 보이는데/밥은 잘 먹으며 성욕도 없는 것이라고도 말했었다. 또 성격이 모났다고도 했다.	• 너희들이 나에 대해 뭘 안다고 이러쿵저러쿵 떠들어. • 왜 저런 소리를 해서 기분을 상하게 만들지?	• 생각하고 싶었고 기분이 상할 뻔 했었다. • 알지도 못하면서 뭘 나에 대해 떠들거리냐고 쏘아붙일 뻔 했었다.	• 근거 없는 비판에 기분 상할 이유는 없었다. • 사실과 다른 추측에 당사자가 나더라고 해서 응응상 말할 거는 없었다. • 항상 누구나 사항이든 본인의 이건을 말했을 뿐이다. 그 것이 사실은 아니다. 나의 기준이 아니었다고 그렇다. • 근거가 없다. 그것이 상 타이이었다고 인정하면 그것이다. • 해도 인정하면 그것이다.

효과(E)

마음대로 생각하라고 말해 줬었다. 나는 내 생긴 대로 산다고 생각하라고 생각하면 이야기는 나름이 어차피 나름들의 전점이고 어떤일 뿐이라 내게 크게 영향받지 않을지 근거 없는 거는 아이야 기를 하든지 모르겠다고 했었다.

숙제

Notes

7) 상담 중기

『우울증 스스로 극복하기』를 읽고 자기 비난이 도움이 되지 않는다는 것을 알았다. ABCDE 자가 기록지를 작성하였다.

(1) 5~6회기

내담자는 계속해서 자신의 회사가 비합리적이고 부당하여 회사를 떠나고 싶다는 호소를 하고 있다. 상담자는 유추하기 기법으로 회사에 다니는 것의 좋은 점과 나쁜 점을 분석하여 보자고 제안하였다. 유추하기 기법(referencing)은 미래에 대한 전망까지 포괄하여 통합적으로 조망해 보는 기법으로 내담자가 제시한 좋은 점과 나쁜 점은 다음과 같다.

좋은 점	나쁜 점
• 월급을 준다. • 경력을 쌓고 있다. • 의료보험을 제공하고 있다. • 국민 연금을 들어 주고 있다. • 퇴직금을 제공한다. • 점심식사를 제공한다. • 거래처와 골프를 마음껏 치게 해 준다. • 곧 승진도 앞두고 있다.	• 자유가 없다. • 하기 싫은 것을 해야만 한다. • 보기 싫은 사람을 봐야 한다.

이런 작업을 통해 자신이 회사를 다니고 있는 것의 장점이 단점보다 2배 이상이 많다는 것을 눈으로 볼 수 있게 되었고 함부로

직장을 그만두지 않아야 하는 것도 알게 되었다. 그러나 그동안 나의 능력을 한 번도 최대로 꺼내어 활용해 보지 못하였으므로 한 번 전문직 시험에 도전해 보고 싶다는 의향을 피력하고 있다. 자신이 그 전문직에 도전하기 위해서 몇 년간 공부할 돈 5,000만 원 정도를 모아야 하는데 그때까지는 회사에 다니기 싫어도 다녀야 할 것 같다고 하였다. 상담자는 이번 회기에는 숙제로 다음과 같이 자기 언어(self-talk)를 반복적으로 암송해야 할 것을 요청하였고 내담자는 자기 전에 3번씩 외치겠다고 하였다.

- 최소한 5,000만 원을 모을 때까지 이곳에서 견디어야 한다.
- no pain, no gain, 원하는 것을 이루기 위해 나는 반드시 내년 5월까지 버티어야 한다.
- 그래서 내 인생의 40대 이후는 지금보다 훨씬 더 행복할 것이다.
- 나의 행복한 40대를 위하여 남아 있는 30대의 마지막 몇 년 동안 최선을 다할 것이다.
- 해야 한다. 그러므로 나는 할 수 있다.

〈표 6-4〉 내담자의 ABCDE 자가 기록지 숙제 예시

1. ○월 ○일

사건 및 상황(A)	생각 및 신념(B)	정서적·행동적 결과(C)	논박 및 개입(D)
• 팀장이 현재 당면한 문제를 처리할 생각은 안 하고 뜬구름 잡는 소리만 하고 있다. • 자리에도 없다. 또!	• 자식이 없으면 무얼 하나. 실무에 대한 것이 없는데. • 내가 윗사람 복이 없다.	• 좋은 기분으로 출근하자마자 역시나 아침부터 기분이 잡친다. • 모든 걸 다 놓고 퇴사하고 싶다.	• 뜬구름 잡는 소리를 하는 건 특별히 현재 문제가 이러하니 이것부터 해결하고 오겠다는 건 포기해야 하는 게 맞다고 했다. • 앉는 데는 1인 시간 포기하는 데는 1초면 되네. 기억. 기억합시다. 1초.

효과(E)	
숙제	

Notes

2. ○월 ○일

사건 및 상황(A)	생각 및 신념(B)	정서적·행동적 결과(C)	논박 및 개입(D)
새벽에 잠이 깨서 한 시간 정도 다시 잠들지 못하고 설치다 아침에 일어났었다.	• 출근해서 자리에 앉아 해결해야 하는 많은 일. 수신 번씩 받는 전화, 업무새처럼 똑같은 일 반복하기, 메일 읽고 답하기. 이 모든 게 지겹고 하기 싫다.	• 출근하기가 너무 싫다. • 일어나지 않고 이불 속에 남아 있다.	• 월급받는 만큼의 응당한 대가를 치러야 한다. • 지겨운 일. 그게 바로 내가 하는 일이다. • 없는 것 같지만 정당히 열심히 일한다고 인정해 주는 사람들도 있다.

효과(E)

숙제

Notes

(2) 7~8회기

내담자는 이렇게 반복적으로 자기 언어를 암송하는 것이 도움이 많이 되었다고 하면서도 쉽게 감정이 동요되고 어머니와 함께 산책하면서도 눈물이 나고 살아온 것에 후회가 많이 된다고 하였다. 자신은 돈도 못 모으고 쓰기만 하였고, 공부도 마음껏 못 해 보았고, 배우자감도 만나지 못했다. 여태까지 희망적인 일이 없고 내일이 나쁘게만 흘러갈 것 같은 예감이 든다고 하였다. 어쩐지 어머니에게도 곧 뭔가 안 좋은 우발적인 사고 같은 것이 일어날 것만 같다고 하였다. 상담자는 돈도 못 모으고 공부도 마음껏 못 해 보고 배우자감도 아직 만나지 못한 것의 반대 측면을 생각해 보았느냐고 물었다. 그러자 내담자는 그래서 마음껏 운동도 해 보았고 자기가 하고 싶은 것을 다 해 본 것은 좋은 점이라고 하였다. 상담자는 지금 인간의 수명이 길어지면서 나이에 대한 기준이 예전과는 많이 달라졌음을 지적하였다. 그리고 내담자는 아직 젊기 때문에 무엇이든지 본인이 원하면 다시 시작할 수 있다는 격려를 아끼지 않았다. 다만 내담자가 상담의 말미에 "내일이 나쁘게 흘러갈 것만 같다." 그리고 "어머니에게도 뭔가 안 좋은 일이 일어날 것만 같다."고 하여 상담자는 그러한 생각의 근거가 무엇이냐고 묻고 논박을 하였다. 논박을 통해서 내담자는 스스로 그의 이러한 비합리적 생각이 논리적 근거도 없고 현실에 기초하지도 않고 실용성도 없는 생각임을 확인하게 되었고, 다음과 같은 대안적인 생각 '내일이 나쁘게 흘러간다는 증거는 없다. 또한 어머니에게 뭔가 나쁜 일이 일어난다는 증거는 더욱 없다.'는 합리적 생각으로 바꾸어 자기 언어를 통해 내재화하도록 격려하였다.

(3) 9~10회기

자신의 현재 직장이 마음에 안 들어서 그만두고 공인회계사 공부를 하겠다고 한다. 상담자는 여러 가지로 따져 물었다. 갑자기 이 시점에서 직장을 그만두어야 하느냐고 묻자 직장의 업무가 효율적으로 돌아가지 않고 상사가 무능하고 회사의 주인도 직원을 소중하게 여기지 않는다고 주장하였다. 이제 자신의 미래를 위해 현재를 희생해야겠다는 판단이 든다고 했다. 이제 곧 회사에 사표를 내겠다는 다짐을 보이고 있다. 상담자는 본인이 진정 원하는 것이 회사를 그만두는 것이라면 자신의 더 나은 미래를 위해 도전하는 것도 나쁘지 않지만 내담자가 혹시 현재의 상황을 회피하기 위한 출구로 회사를 그만두려는 것은 아닌지에 대해서 직면하였다. 상담자는 전체 상담과정의 중간 점검을 하였다. 내담자는 자신을 괴롭히는 생각이 들 때 근거를 따지고 바꿀 수 있는 능력이 생겼다고 말하였다.

〈표 6-5〉 내담자의 ABCDE 자기 기록지 숙제 예시

1. ○월 ○일

사건 및 상황(A)	생각 및 신념(B)	정서적·행동적 결과(C)	논박 및 개입(D)
• 사후처리는 생각하지 않고 고객 인정사항을 승인하는 팀장 • 뒤처리는 나를 비롯한 팀원들의 몫	• 왜 알지도 못하면서 멋대로 승인해 주는가. • 거래처의 말에 놀아나고 이익도 그들이 얻고 우리는 하지 않아도 될 일을 떠맡는다. • 쉽게 승인해 준 사람은 따로 있는데 왜 내가 힘들게 책임져야 하는가. 일이 줄어들어도 모자랄 판에 해 주지 않아도 될 일을 떠맡아 오니 너무 짜증난다.	• 억울하다. • 괘씸하다. • 억울하다.	• 그게 그 사람의 일이고 뒤처리하는 게 결국 내 일이다. • 그 일을 하면서 배우는 것도 있다. • 나는 저러지 말아야지 하고 반면교사하게 된다. • 어쨌든 힘들지만 시간은 가고 그럴수록 내 실력도 늘어오는 것이다.

효과(E)

숙제

Notes

(4) 11~12회기

내담자는 지난 주말 너무 괴로웠다고 하였다. 막상 사표를 내려고 생각하니 심장이 계속 뛰고 머리에서 뜨거운 기운이 생기면서 기분이 가라앉고 죽을 만큼 힘들었다고 하였다. 상담자의 지적처럼 자신이 공부를 해서 공인회계사가 되고 싶은 욕망보다는 지금 현재 다니고 있는 회사의 상사와 시스템이 죽을 만큼 싫어서 회피하기 위한 수단으로 회사를 그만두고 공인회계사 공부를 해야겠다는 생각을 했음을 확인했다고 하였다. 회사는 자기에게 생각보다 큰 존재였다는 것을 알게 되었다. 상담자는 자신의 진로를 충동적으로 결정했을 때, 즉 회계사 공부를 하면서 겪어 내야 하는 외로움, 좌절 그리고 불확실성을 견디어 낼 수 있는 의지가 있는지에 대해서 내담자에게 재차 물었다. 그는 그러한 어둠 속의 터널에 갇힌 것 같다고 하면서 그럴 자신이 없다고 했다. 상담자는 다음으로 그 회사에서 자신의 진로 경로에 대해서 묻자 회사가 자신을 다음 연도에 승진시켜 줄 것과 외국 주재원으로 파견할 계획이 있음을 알고 있다고 하였다. 그렇다면 굳이 보장된 길을 놓아두고 가능성만 있을 뿐 불확실함으로 가득 찬 공인회계사 공부를 해야 하는 이유를 재차 묻고 이것이 자신이 진정으로 원하는 길이기 때문에 가려 하는 길이 아니라는 것을 깨닫게 되면서 회기는 마감되었다.

(5) 13~14회기(Beck의 자기 불안 척도 7, 우울 척도 19)

그동안 불안하지 않았다. 이제 회사를 떠나지 않아야 되겠다고 결심하니 공부를 안 해도 된다는 생각이 떠올랐고 그러면서 엄습하던 불안도 떠나간 것 같다고 하였다. 그러나 여전히 회사 내의 고졸 출신에 대한 차별 등을 보면서 비합리적 태도가 싫다고 했다. 그래서 회사에 헌신하기 싫고 회사에 대한 충성도가 없다고 하였다. 주는 월급 받고 할 수 있는 데까지만 하겠다고 하였다. 내담자는 회사에 대해서 비합리적 기대를 하는 듯이 보였다. 오늘날 많은 기업 중에 내담자의 기대에 부응할 만큼의 윤리성이 높은 기업이 어디 있을지 물어보았다. 내담자는 잘 모르겠다고 하였다. 상담자는 어느 조직이나 인간이 모여 있는 곳은 인간 자체가 모순을 많이 띠고 있는 존재이기 때문에 내담자가 생각하는 그런 류의 비윤리성은 어디에나 존재할 것이라고 논박하였다. 결과적으로 내담자는 '이 세상은 도덕적이어야 하고 내 주변의 사람들, 특히 내 상사는 자신의 직책에 부응하는 능력이 있어야만 한다. 그렇지 않으면 나는 견딜 수 없다.'는 비합리적 생각을 지니고 있으며 이러한 생각을 변화시켜야만 내담자가 조직 속에서 성장할 것이라는 대안적 신념을 제시하였다. 뿐만 아니라 본 회기에서는 그동안 내담자에게 중요하게 보이는 어려움인데 호소하지 않은 내용으로 보이는 아버지와의 불편한 관계에 대해서 직면하였다. 내담자는 언젠가는 해결해야 할 문제인데 아직은 말하고 싶지 않다고 하였다. 향후 상담을 통해 더 탐색하고 싶은 영역과 바람으로 다음과 같이 정리하였다.

(6) 15~18회기(Beck의 자기 불안 척도 4, 우울 척도 8)

회사에 계속해서 다니기로 작정하면서 불안도 우울도 없어졌다. 그간 상담시간에 배운 기법으로 마음을 잘 다스려 오고 있다. 앞으로 어떻게 살아가야 되느냐고 물어보아서 상담자는 내담자를 향해 본인은 어떻게 살고 싶으냐고 물어보았다. 최근에 보았던 드라마의 주인공을 이야기하면서 다른 사람에게 따뜻한 이웃이 되어 주고 싶다고 하였다. 그리고 회사에서도 무능력한 사람을 업신여기기보다 불쌍하게 보면서 자기가 할 수 있는 일을 꿋꿋하게 해 나가겠다고 하였다. 지금 자신의 회사가 형편이 좋지만 직원들에게 더 나은 혜택이 돌아오지 않는 것은 참을 수 없다고 하였다. 또한 자기가 매일 해야 하는 똑같은 지겨운 일을 아직도 참을 수 없다고 하였다. 주변의 직원 중에 이랬다저랬다 하는 것도 싫다고 하였다. 상담자는 우리 일상은 반복의 연속이며 숨 쉬는 것조차 내담자의 견해로 치면 똑같은 일이고 반복적인 일이기 때문에 지겨운 일일 수 있지만 그 지겨운 것을 잘 해내는 것이 우리의 생명을 지키고 유지할 수 있는 것임을 새로운 각도에서 보게 하였다. 생명의 마감을 경각에 앞둔 환자들, 특히 COPD라 불리는 만성 폐쇄성 폐질환을 가지고 있는 환자들은 일상적으로 반복되는 그 숨 쉬기가 잘 안 되어서 죽음의 공포 속에서 살아가야 한다고 논박하였다. 아울러 주먹구구식으로 이랬다저랬다 하는 것에 대해서도 결국 다른 각도에서 보면 경직되지 않고 그 내부에 유연함이 있음을 보게 하였다. 이제 곧 종결해야 하는데 어떻게 해야 하나 걱정이 된다고 하여 다음 회기에 종결 후의 과제에 대해서 이야기해 주고 그동안 못 다한 이야기가 무엇인지 찾아오라는 숙제를 내 주는 것으로 회기가 마감되었다.

8) 종결기

(1) 19~20회기

상담자는 종결을 위한 목록표를 가져다 놓고 체크하기 시작하였다. 그동안 내담자가 호소했던 우울과 불안이 얼마나 해소되었느냐고 묻자 지난번의 검사 결과와 같이 불안과 우울감이 아주 미미하다고 했다. 그러면서 이제는 미량으로 복용했던 약을 끊고 싶다고 하여 다음에 의사 선생님과 상의하라고 하였다. 상담을 통하여 습득한 새로운 행동에 대해서 점검하였다. 이제는 직장에서 수행하는 반복적이고 지겨운 일들을 잘 참아낼 수 있다고 하였다. 며칠 전에 소개팅에서 만난 여성에게 연락이 오지 않았지만 그 전처럼 그렇게 절망적이지는 않다고 하였다. 자신에게 맞는 사람을 만나기까지 필요한 과정이라고 느꼈다고 하였다. 상담자는 REBT 창시자가 브롱스 식물원에서 수치스럽고 부끄러운 감정을 무릅쓰고 여성들에게 다가가는 공포를 극복한 사례를 들려주었다. 그러면서 내담자가 겪었던 이 경험을 스스로 다음과 같이 분석하였다.

- 우울하고 불쾌하다(C).
- 소개팅에서 만난 여성에게 거절당했다(A).
- 여성에게 거절당한 것은 있을 수 없는 일이며 내가 한심하다
  는 증거이다(B).

자신은 이때 신념을 바꾸어서 부적절한 부정적 정서, 즉 우울하고 불쾌한 감정을 조절할 수 있게 되었다고 말하였다. 즉, 여성에게 거절당한 것이 내가 한심하다는 것을 지지해 준 증거는 없다는 것을 알고 있으며 여성에게 거절당한 것은 내가 그녀의 취향이 아니기 때문이지 그렇게 끔찍하고 견디지 못한 고통은 아니라고 말하였다. 상담자는 더 좋게 느끼는 것(feel better)과 더 좋아지는 것(get better) 사이의 차이점을 역설하였다. 아울러 REBT 상담의 주요 목표인 장기적 기쁨(long term hedonism)과 단기적 기쁨(short term hedonism)의 차이점에 대해서도 알려 주고 성적인 태도와 장기적 기쁨 사이의 연결점에 대해서도 논의하였다. 소위 이것을 19세기 실용주의 철학에서 쾌락 계산법(hedonic calculus)이라고 한다는 것을 알려 주었다. 이제는 어려움이 있을 때마다 상담실을 찾기보다 일기를 쓰듯이 스스로 ABCDE 기록지를 계속해서 쓰면서 스스로의 비합리적 생각을 관리해서 자신을 스스로 치료할 수 있도록 하는 것이 정서적 어려움이 생길 때마다 자신의 문제를 해결해 나갈 수 있는 독립적인 인간이 되는 방법이라고 논의하였다.

다음은 내담자가 마지막 회기 때 미리 써 가지고 온 전체 상담에 대한 소감이다.

올해 후반기에 인생에서 손꼽힐 정도로 힘들었던 시기를 겪었습니다. 그때 상담실을 찾았고, 선생님께서 격려해 주시고, 제가 겪는 문제에 대해서 해결할 수 있는 방법을 알게 되어 도움이 많이 되었습니다. 특히, 저의 심리적인 취약점과 그렇게 된 이유에 대해서도 알게 되어 도움이 많이 되었습니다. 회사 생활이 너무 힘들어 퇴사를 먼저 하려고 했는데 상담을 받으면서 생각이 바뀌었습니다. 회사의 업무 자체가 단순하고 지리한 일의 반복이라서 힘들었지만 결국 저를 힘들게 하는 것은 이러한 업무에 대한 저의 태도라는 것을 알게 되었습니다. 그저 힘들다는 이유로 깊이 생각지 않고 퇴사를 했더라면 요즘처럼 날씨도 추워졌을 때 아무런 수입도 없이 혼자서 몇 년을 공부하며 지내는 신세가 되어 심리적으로 더 무너졌을 것 같습니다. 제 주변의 사람들도 제가 공부한다고 고생하지 않고 회사를 계속 다니게 되어 다행이라고 하십니다. 제가 만약 다시 공부를 하는 것이 회사의 불합리한 여러 가지 상황을 회피하는 것이라는 통찰이 상담을 통해서 생기지 않았더라면 저는 다시 공부를 시작하려는 무모한 선택을 했을 것으로 생각됩니다. 아직도 저는 업무 스트레스에 취약하고 이성에게 거절당했을 때 여전히 슬프기는 하지만 제가 이겨낼 수 있다는 믿음이 희미하게나마 생겼습니다. 저는 상담 시간에 배운 대로 제 자신을 사랑하고 위로하고 self-soothing 할 수 있는 능력을 활용하여 저의 문제를 스스로 해결해 나가도록 노력하려 합니다. 제 자신에게 충분한 가능성이 있고 여태까지도 잘 살아왔다는 상담 선생님의 격려를 마음에 새기면서 잘 살아가도록 하겠습니다. 감사합니다.

3. 공황장애가 있는 내담자를 위한 REBT

1) 내담자 기본정보

30대 초반의 기혼, 대졸, 두 살 된 딸

2) 내담자의 성장과정

내담자는 지방에서 2남 1녀 중 둘째로 태어났다. 아버지와 어머니는 함께 시장에서 장사를 하시면서 아이들 셋을 모두 대학을 보내셨다. 부모님의 사이는 비교적 좋은 편이었으며 아이들을 잘 교육시키고 잘 기르기 위해 부단한 노력을 하신 분들이다. 어머니는 친정이 열악하셨기 때문에 본인의 배움이 많지 않다는 것 때문에 평생을 열등감, 그리고 열등감이 초래한 우울증으로 힘들어하셨지만 어머니로서는 자녀를 이해해 주고 공감해 주는 따뜻한 분이셨다. 내담자는 늘 학벌로 인한 열등감과 우울증에 시달리는 어머니를 안쓰럽게 생각하였고 어머니와는 무슨 이야기도 할 수 있는 마음의 대화가 통하는 사이였다. 내담자는 어머니를 닮아 따뜻하고 좋은 성품을 지녔으며 어렸을 때부터 내담자 주변에는 늘 친구가 많았고 내담자에게 어려움을 토로하고 상담을 요청하는 사람들도 많았다. 부유하지는 않았지만 비교적 행복한 어린 시절을 보냈고 대학 때 만난 남자친구와 결혼하여 아이도 낳고 평범하게 살아가고 있다.

3) 이전 상담경험

상담경험은 없었고 공황을 경험한 후에 무서움 때문에 한의사에게 처방 받아서 한약을 복용 중이었으나 한약을 먹으면 그때뿐이었고 진척은 없었다. 어머니가 우울증으로 상담을 받으셨는데 효과를 보시고 내담자에게도 상담을 추천하여 상담을 받게 되었다.

4) 호소문제

약 8개월 전에 아이가 울 때 기도가 막혀서 죽으면 큰일 난다는 생각을 하게 되면서 처음으로 공황발작(5년 전에 살짝 체험한 것과 다른)을 경험하게 되었다. 특히 현재 남편이 지방에 위치한 직장에 취업을 하며 주말부부로 살면서 너무 외로웠고 불안과 걱정이 심해지기 시작하였다. 더불어 갑자기 들이닥친 코로나19로 인한 상황에서 문제가 더 어려워지기 시작하였다고 한다. 그리고 최근에 서울의 한 직장에 아르바이트로 취업을 하면서 일 처리가 어려울 때도 가슴이 더욱 답답하고 불안해지기 시작하였다.

5) 사례 개념화

내담자는 성장과정에서 이미 기술하였듯이 천성이 곱고 착하며 다른 사람의 아픔에 대한 공감능력이 아주 발달되어 있는 듯이 보인다. 다른 사람의 아픔을 그냥 지나치지 못하고, 특히 타인의 어려움에 대해서 적절하게 거리를 두지 못하고 자신의 아픔처럼 여기는 경우가 많았다. 예를 들면, 어렸을 때 신문에서 보았던 대구 지하철 사건과 2014년 4월에 일어났던 세월호 사건은 마치 내담자가 자신이 겪은 일인 듯이 내담자를 너무 힘들게 하였다. 내담자의 이런 과도한 공감력은 어린 시절부터 늘 친구들의 고충을 들어주고 친구들의 어려움을 해결하도록 앞장서서 도와주는 역할을 하는 데 주요한 기여를 하는 것으로 보인다. 그녀는 주변에 많은 사람들과 함께 있으므로 더욱 빛날 수 있는데도 불구하고 남편이 지방에 있는 직장으로 이직을 하는 바람에 주말부부 생활을 하면서 더욱 외로워지고 그 외로움이 심해지면서 공황증세가 나타나기 시작한 것으로 보인다. 내담자는 "의지할 강한 누군가가 있어야만 한다." "함께할 수 있는 사람이 항상 있어야만 한다."라는 비합리적 신념이 스키마로 자리잡고 있었는데 지방 중소도시에서 자신의 삶을 홀로 아이를 기르면서 이끌어 간다는 것이 벅찬 일로 여겨졌던 듯하다. 그러던 차, 봉고차를 타고 가족들과 지방 축제에 가는 중에 이 차가 고장이 나서 못 내린다면 숨이 막혀 큰일이 날 것 같다는 생각이 들면서, 축제에 가다가 중간에 봉고차에서 내리게 된다. 그다음부터 지하철을 타고 가다가 임시 정차를 하게 되면 대구 지하철 사건과 자신의 상황을 연결시키면서 공황이 더욱 심해지기 시작하였고, 그다음부터는 자다가 공황이 오면 어떡하나 하는 불안감으로 불안이 증폭되고 많은 상황으로 전이되었고 대학병원에서 공황장애라는 진단을 받게 되었다. 다음의 〈표 6-6〉에는 내담자의 스키마와 때때로 나타나는 비합리적 생각이 제시되어 있다. 내담자의 스키마는 내담자가 처한 다른 상황마다 다른 모양으로 변주되어 나타난다. 이 사례에서 내담자는 다른 사람들과의 강한 유대가 중요한데 지방에 떨어져서 혼자 육아를 하면서 공황증세가 시작된 것으로 유추할 수 있다. 그리고 남편에

〈표 6-6〉 내담자의 다양한 비합리적 생각들

내담자의 스키마
• 의지할 강한 누군가가 있어야만 한다. • 함께할 수 있는 사람이 있어야만 한다.

↓

1~2회기에 나타난 인지적 왜곡
• 나는 숨을 쉬지 못할 거야. • 나는 공황발작을 일으킬 거야. • 나는 온몸 전체가 긴장될 거야.

↓

종결기의 공황일지에 나타난 내담자의 비합리적 생각
• 남편이 나에게 잘해 주기 때문에 육아는 남편에게 부담을 주지 말고 혼자서 책임져야 한다. • 아이에게 수면교육 등을 잘 시켜서 아이들 잘 길러야만 나의 존재가치가 빛난다.

대해서도 중요한 타인, 그리고 함께하는 사람과의 연대를 위해 육
아에 있어서 남편에게 부담을 주지 않음으로써 남편과의 유대를
강화하려는 내담자의 신념으로 파악해 볼 수 있겠다.

6) 상담의 과정

(1) 접수면접

접수면접 시 내담자가 상담실에 방문한 경위와 공황발작의 내
력과 그것을 치료하기 위한 노력에 대해서 경청하였다. 내담자는
공황장애를 치료하기 위해 한의원과 한약에 의지하였는데 일시적
이었고 지속적인 효과는 없음을 토로하였으며 어머니의 권유로
상담실을 방문하게 되었다. 상담자는 내담자가 대학 병원에서 공
황장애로 진단이 났다는 것을 확인하였고 공황장애에 대한 일반
적인 설명을 해 주었다. 특히 공황장애를 유도하는 비합리적 신념
의 기능에 대해서 설명해 주었다. 공황장애에서 벗어나기 위해서
는 내담자가 상황에 대해서 잘못 해석하는 것을 찾아서 그것을 바
꾸어 주는 것이 치료과정의 핵심이라는 것을 일러 주었다. 또한
독서치료가 유익함을 안내하였는데 마침 내담자가 『굿바이 공황
장애』『어느 날 갑자기 공황이 찾아왔다』와 같은 책을 읽고 있다
고 하여서 무한한 격려를 보냈다. 관련 도서를 읽는 것은 상담 효
과의 시너지를 낼 수 있다고 강조하였다.

(2) 상담 초기

1~2회기

내담자의 공황 출현과 지금까지 발달해 온 내력에 대해서 경청하였다.

내담자는 세월호 사건 때도 한 달 이상 악몽에 시달렸다. 자신은 특히 타인의 어려움에 대해서 감정이입이 잘 되어 그것이 마치 자신의 일처럼 너무 고통스러웠다고 하였다. 아버지는 내담자가 고등학생일 때 "너처럼 살찐 딸이랑 손을 잡고 걸어가고 싶지 않다."는 말씀을 별 생각 없이 하셨는데 그것이 내담자의 마음에 꽂혀 남자들이 나를 좋아하지 않는다고 생각했고 자존감이 낮아졌다. 20대 때는 식이장애도 와서 많이 힘들었다. 내담자의 낮은 자존감이 20대에 경험했던 식이장애에, 그리고 최근의 공황장애에 미약하지만 관련이 있는 듯이 보인다. 우선 상담자는 내담자의 이러한 공황장애를 극복하도록 돕기 위해 첫째, 내담자가 가진 불안과 공황장애의 본질에 대해서 설명해 주었다. 둘째, 내담자가 회피하거나 불안해하는 상황의 범위와 이에 대한 스트레스 정도를 파악하였다. 이를 위해 내담자가 가장 공포스럽게 여기는 상황에 대해서 질문을 하고 공포상황의 층위를 구성하였다. 다음은 내담자가 가장 공포스럽게 느끼는 상황에 대한 순위와 스트레스 점수이다.

내담자가 이런 상황에서 가장 많이 나타나는 비합리적인 생각으로 "나는 숨을 쉬지 못할 거야." "나는 공황발작을 일으킬 거야." "온몸 전체가 긴장이 될 거야."라는 것을 찾아내었다.

순위	상황	회피 여부 (예/아니요)	스트레스 점수 (0~10)
1	자다가 공황이 오는 상황	아니요	10
2	지하철이 멈추는 상황	아니요	8
3	엘리베이터가 멈추는 상황	아니요	7
4	엘리베이터가 정전되는 상황	아니요	8
5	폐쇄된 곳에 갇히는 것	아니요	7
6	해외 여행 갔을 때 통제력을 잃는 것	예	9
7	작은 버스에 밀집해서 타는 것	아니요	3
8	운전하다가 사고상황을 목격하는 것	예	4
9	운전하다가 막히는 상황이 오는 것	예	2
10	아이가 소리를 크게 지르는 것	아니요	4
11	공황 관련 이야기를 듣는 것	예	2

　　마지막으로 내담자에게 공황이 다른 불안, 우울, 고립이나 부부 · 커플 등의 또 다른 문제를 수반하는지의 여부를 살펴보아야 하는데 공황으로 인해 가끔씩 우울해지고 남편이 이해를 못 해 주면 어떻게 해야 하는지에 대한 불안감도 있었다. 본 회기에서는 REBT의 기본 개념을 적용하여 내담자의 호소문제에 대입하여 설명해 주고 ABC 기록지 작성하기를 숙제로 내 주었다. 그리고 내담자의 불안으로 몸이 굳어질 때 긴장 이완 훈련을 하는 법에 대해서 가르쳐 주었고 이완상태와 본인이 고통스럽게 여기는 상황과의 연합의 중요성에 대해서 설파하였으며 근본적으로 앞에서 본인이 찾은 생각의 변화가 있어야 치료가 된다는 점을 일러주었다. 그리고 내담자에게 다음에 다시 공황이 올 것같이 불안할 때, 다음과 같은 자기 언어를 암송하도록 하였다.

- 불안은 정상적이다.
- 모두가 불안해한다.
- 불안은 내가 경계하고 있는 것이다.
- 불안은 생물학적으로 계획된 것이다. 이것은 무엇가 잘못된 순간의 올바른 반응이며 내가 탈출해야만 하는 위험한 상황은 아니다.
- 나는 전에도 불안을 경험했지만 아무 일도 일어나지 않았다.
- 나는 전에도 오지 않은 부정적인 예언을 많이 만들어 왔다.
- 불안했을 때도 나는 정상적으로 호흡하였다.
- 나는 결코 미치지도 않았고, 심장마비도 일으키지 않았으며, 불안 때문에 죽지도 않았다.

(3) 상담 중기

3~4회기

다음 〈표 6-7〉은 내담자가 수행해 온 ABC 기록지이다. 이를 보면 내담자가 ABC에 대한 확실한 이해가 있음을 알 수 있으며 자신의 생각을 교정하는 데 효과적인 방법으로 보인다. 본 회기에서는 심상적 노출을 활용하여 몸의 이완상태에서 내담자가 가장 공포스러워하는 상황을 심상해 보도록 하였다. 노출은 공황과 같은 불안장애의 치료에서 가장 중요한 행동적 기법임을 알려주었다. 내담자가 지난 회기에 작성한 공황의 위계표를 보면 해외 여행 갔을 때에 통제력을 잃을까 봐 해외 여행을 안 가고, 운전하다가 사고상황을 목격하게 되거나 길이 막히는 상황이 올까

〈표 6-7〉 지난 회기 숙제 - ABC 기록지 1

1.

사건 및 상황(A)	생각 및 신념(B)	정서적 · 행동적 결과(C)	논박 및 개입(D)
회사에서 계속 혼자 실장님의 눈치를 보면서 가끔 오는 메시지를 주고받음.	내가 또 메시지를 보내면 실장님이 싫어하겠지.	얼굴에 열이 오르고, 실장님과 있는 게 불편하다. 하루 종일 눈치를 봤더니 가슴이 불안하다.	전에 실장님이 한 번 말했던 내용을 곱씹으며 과도하게 실장님 눈치를 보았다. 뭐라고 하면 흘려들으면 되는 건데 굳이 하루 종일 눈치를 볼 필요가 없다. 게다가 눈치를 주지도 않는데 혼자 눈치 볼 필요는 없다.
Notes		효과(E)	
		숙제	

2.

사건 및 상황(A)	생각 및 신념(B)	정서적 · 행동적 결과(C)	논박 및 개입(D)
어젯밤 상담 후에 실제로 공황이 와도 잘 지나갈 수 있다는 생각을 했더니 자꾸 생각나서 1시간 정도 가다 깨다 함.	자다가 공황이 오면 어쩌지 하는 예기불안이 반복. 잠을 또 설치면 어떡하지 생각함.	긴장된 상태, 과각성 상태, 자다가 깨고 쉽게 잠들지 못함.	생각만으로 공황이 일어나지 않으며, 온다고 해도 호흡을 잘하고 넘어가면 되는 것. 아예 잠을 못 잔 적은 없었다. 쓸데없는 생각이다.
Notes		효과(E) 길게 생각하지 않고 잘 잤다.	
		숙제	

3.

사건 및 상황(A)	생각 및 신념(B)	정서적·행동적 결과(C)	논박 및 개입(D)
모기가 많아 모기장을 설치하고 잠을 자는 것.	예전에 범퍼침대에서 아기를 재우다가 공황이 온 적이 있기에 모기장 같은 것을 설치하면 비슷하게 답답하지 않을까?	설치를 미뤘다.	9개월 넘게 범퍼침대에서 아기를 재워도 답답하지 않았다. 컨디션이 좋지 않아 그렇게 느낀 것일 뿐이다. 오히려 모기장을 설치하면 잠을 편하게 잘 수 있다. 구멍이 다 뚫려 있어서 답답하지 않고 아늑함을 느낄 수 있다.
Notes		효과(E)	
		숙제	

4.

사건 및 상황(A)	생각 및 신념(B)	정서적·행동적 결과(C)	논박 및 개입(D)
여름 더위에 대한 예기불안	더우면 큰일이 날 것이다.	더워서 열이 나고 숨 막히고 갑갑할 것 같은 느낌이 공황으로 이어질 것 같은 불안	더운 것은 여름이니 당연하다. 누구나 덥다. 더워서 열이 나는 것도 자연스러운 일이다. 더우면 물을 마시거나 시원한 곳으로 가면 된다. 이것은 공황이 아니다. 평생 살면서 더워서 아픈 적은 없었다.
Notes		효과(E)	
		숙제	

봐 운전은 회피하고, 공황에 관련된 이야기를 안 들으려고 회피하는 것 자체가 공황을 더욱 가중시키는 원인이 되기 때문에 그 실제 상황을 피하지 않고 맞닥뜨려서 불안을 감소하게 만드는 습관화(habituation)에 대해서 설명을 해 주었다. 실제 상황에의 노출이 가장 강력한 방법이나 지금 당장 상담실에서는 실제 상황에 대한 노출이 불가능하기 때문에 상상에 의존하는 심상 노출부터 시작하는 것임을 안내하고 실시하였다. 그리고 숙제로 계속해서 ABC 기록지를 작성해 오고, 내담자가 가장 두려워하는 상황이 오면 두려워하지 말고 그대로 노출해 볼 것과, 내담자가 작성한 공포스러운 상황에 대한 합리적 대처방법에 대해서 기술하도록 하였다.

5~7회기

내담자가 수행해 온 ABC 기록지를 바탕으로 내담자가 상황을 바라보고 해석할 때 현실적이며 실용적이고 논리적인 생각의 틀로 바로 보고 있는지에 대해 지속적으로 교육하면서 자신이 해석이 현실에 근거하지 않는다는 것을 분명히 깨닫게 하였다. 내담자는 이번 기회를 통해 진심으로 공황에서 벗어나고 싶은 강렬한 의지를 보이기도 하여, REBT의 치료절차에 잘 따라와 주었으며 상담자의 요청대로 열심히 임하였다. 대부분의 공황장애 내담자들은 그 증상이 즉각적으로 내담자의 몸을 통해 영향을 미치므로 그러한 상태에서 벗어나 안정을 찾고 싶어 하며 상담의 동기가 강한 편이다. 내담자가 수행해 온 ABC 기록지와 자신이 기술한 공포상황의 위계에서 스스로 대처할 수 있는 생각과 행동에 대해서 함께 훑어보았다. 그리고 다시 한번 내담자가 공포스럽다고 생각하는 그런 상황이 올 수도 있겠지만 내담자는 지금까지 터득한 방법으로 잘 견디어 낼 수 있다는 자신감을 조금씩 드러내기 시작하였다.

숙제로는 계속해서 ABC 기록지와 내담자에게 그동안 일어났던 공황에 관한 에피소드 등을 자세하게 기록해 보는 것이 도움이 된다는 것을 알려주었다. 내담자로 하여금 그간의 경험들을 가능한 한 자세하게, 시각적으로 떠올려 보고, 무슨 일이 일어났었는지, 어떤 소리가 들렸으며, 어떤 감각이 경험되었는지 구체적으로 기술해 오라는 숙제를 부여하였다.

이는 다음의 〈표 6-8〉에 제시되어 있으며, 공황의 위계 상황과 이에 대한 합리적 대처법은 〈표 6-9〉에 제시되어 있다.

〈표 6-8〉 지난 회기 숙제 - ABC 기록지 2

1.

사건 및 상황(A)	생각 및 신념(B)	정서적 · 행동적 결과(C)	논박 및 개입(D)
일요일(21日) 밤 잠 들었다 깨서 왠지 공황이 올 것 같은 느낌이 들어 불안해서 잠을 쉽게 못 잠. 괜히 답답한 느낌이 들었음.	자다가 공황을 겪으면 큰일이다. 신체적 증상이 오면 큰일이다.	잠을 못 잠. 답답하고 불안함. 심장이 저녁부터 아픈 듯 답답했음.	상담에서 '공황 겪어 보기'를 숙제로 내 주서서 무의식에 신경 쓴 건지, 공황 관련 책을 읽어서 더 노출되어서 생각난 것인지는 모르겠으나 이러한 신체적 증상은 위험한 것이 아님. 미리 걱정할 필요 없음. 와도 이겨 낼 수 있음.
Notes		효과(E)	
		숙제	

2.

사건 및 상황(A)	생각 및 신념(B)	정서적 · 행동적 결과(C)	논박 및 개입(D)
확실히 노출법을 하고서 더 생각이 나는 것 같음. 잠을 잘 자다가 요새 다시 못 잠. 항상 피곤해서 30분 자다 깨면 잠이 안 오고 계속 못 자는 상황이 짜증남. (22日) 어제보다는 잘 잤으나 초기 2시간은 계속 깸.	내가 잠을 이렇게 못 자면 큰일이다.	수면장애. 혼자 밤에 깨어서 잠을 다시 자려고 노력하는 것이 외롭고 힘듦. 잠이 들어도 금방 또 깸.	항상 마음이 편할 수는 없는데 그때마다 이렇게 못 잘 수 없으니, 내가 긍정적으로 생각하는 것이 필요하다. 자지 않아도 편히 쉬는 시간이라고 생각하자. 마음의 여유를 갖자.
Notes		효과(E)	
		숙제	

3.

사건 및 상황(A)	생각 및 신념(B)	정서적 · 행동적 결과(C)	논박 및 개입(D)
회사 실장님이 자기 주변의 공황에 걸린 사람이 운전을 하다가도, 회의를 가다가도 공황을 그렇게 일상생활에서 자주 경험한다는 얘기를 듣고 나도 신경이 쓰임.	공황이 오면 큰일이다.	괜히 답답한 것 같은 느낌. 스트레스 받는 상황에서 여유롭고 싶은데 예민해지면서 자꾸 공황 생각이 남.	지금껏 모든 스트레스 상황에서 일어난 적 없었다. 모든 일을 연결 지어 생각할 필요 없다. 그렇게 심한 사람도 있는데 나는 아주 가벼운 것이니 더 잘 고칠 수 있다. 요즘 생각이 자꾸 나는 것은 이겨내기 위한 과정이다. 변화를 위해서 노력하는 과정이다.
Notes		효과(E)	
		숙제	

4.

사건 및 상황(A)	생각 및 신념(B)	정서적 · 행동적 결과(C)	논박 및 개입(D)
술을 조금 마셔서 혹시 공황이 오지 않을까, 잠은 잘 잘 수 있을까 하는 생각.	또 공황이 오면 큰일이다.	잠을 잘 못 자고 긴장함.	걱정 많은 생각이 나를 지배하고 통제하게 하지 말자. 예기불안일 뿐 일어나지 않은 일을 미리 걱정하지 말자. 일어나더라도 나는 잘 대처하고 이겨낼 수 있다.
Notes		효과(E)	
		숙제	

5.

사건 및 상황(A)	생각 및 신념(B)	정서적·행동적 결과(C)	논박 및 개입(D)
약간 어지러워서 몸의 반응을 걱정하고 신경 쓰임.	또 공황이 오는 것은 아닐까?	어지러움, 긴장, 걱정, 가슴 답답함.	몸에 이상 있는 것을 다 공황과 연결지을 필요가 없다. 몸의 증상은 단지 현재 내 상황에서 나를 유지하게 해 주는 증상일 뿐, 미리 겁먹고 연결지어서 생각하지 말자.

	효과(E)
Notes	
	숙제

〈표 6-9〉 공황의 위계상황과 내담자가 기술한 합리적 대처법

내담자의 공황의 위계상황	내담자의 합리적 대처법
자다가 공황이 오는 상황	공황은 쉽게 오는 것이 아니며 오더라도 호흡을 다시 하면 지나가는 것이므로 미리 걱정하거나 불안할 필요가 없다. 오래달리기를 하고 숨이 가쁠 때처럼 호흡을 다시 하면 되는 것이다. 다른 일은 일어나지 않는다. 그냥 이것으로 끝날 일이다.
지하철이 멈추는 상황	버스도 가다가 막히면 서는 것처럼 지하철도 열차 운행이 많으면 기다리게 될 수 있다. 길이 하나라 오히려 더 안전하다. 부딪힐 위험도 없다. 마음 편히 기다리면 목적지에 도착한다. 대학교 다닐 때도 아무 일 없이 편하게 타고 다녔다.
엘리베이터가 멈추는 상황	엘리베이터는 주기적으로 점검을 하기 때문에 걱정할 필요 없다. 차단기가 내려가면 더 안전한 것처럼 엘리베이터도 문제 해결을 위해 멈추는 것이다. 멈추더라도 구조대가 와서 구해 주든지, 다시 작동을 할 것이다. 그리고 이 상황은 누구나 무서운 상황이기에 공황과 연결 지을 필요가 없다. 잠깐 당황스럽고 마는 일시적 상황이다.
폐쇄된 곳에 갇히는 상황	공간의 크기는 상대적인 것이다. 겁먹을 필요가 없다. 휴대전화가 있기 때문에 언제든지 연락해서 도움을 구할 수 있다.

(4) 종결기

8~9회

상담의 종결기에서는 내담자가 그간에 보인 향상된 내용이 상담의 종결 후에도 지속되도록 안내하는 것이 중요하다. 대개는 전체 상담과정의 3/4 지점부터 종결을 위한 준비를 하도록 하는 것이 바람직하다. 내담자는 처음 올 때부터 경제적인 이유 등으로 10회기 정도의 상담을 통해 자신의 문제를 극복하고 싶다고 하였으며 제한된 시간 동안에 자신의 어려움을 극복하기 위해 최선을 다하는 모습이 감지되기도 하였다. 내담자가 기술해 온 그간의 공황장애의 시작에 대한 내력부터 함께 살펴보았다. 구체적인 내용은 다음과 같다.

공황장애 일지

나의 공황장애의 내력에 대해서 살펴보고자 한다. 주말에 속이 안 좋아서 약을 사 먹었는데 그 주에 장염이 걸려 스트레스를 받았다. 나는 주말부부였기 때문에 서울과 지방을 왔다 갔다 하곤 하였는데 지방에 있을 때 할 일이 없는 날은 너무 외로워서 외로움이 증폭되는 상황이었다. 주말에 가족과 함께 작은 봉고차를 타고 지방의 축제에 갔었는데 봉고차 속이 답답하고 미칠 것 같아서 급하게 봉고차에서 내렸다. 임신을 했을 때도 지하철이 임시 정차하면 미칠 것 같았고, 숨이 안 쉬어질 것 같았던 적이 있어서 공황이 온 것 같은 생각이 들어 체크리스를 찾아보고 공황이라는 생각을 하게 되었다. 내가 공황증세가 있다는 생각 때문에 마음이 너무 무거워지고 조급해지기 시작하였다. 친했던 선배 언니에게 이야기를 하니 자기도 스트레스가 너무 컸을 때 자다가 숨이 막힌 적이 있었다는 말을 듣고 그날 밤도 숨이 막힐 것 같았고 답답하였다. 그다음 날 아침에는 몸이 떨릴 정도로 무서웠다. 아기 가드 침대에 누워 있어서 답답해서 숨이 또 막힐 것 같아서 일어났더니 그 방 안도 답답해서 거실로 나왔더니 거실도 답답하였고 미칠 것만 같았다. 그 뒤로 1~2주는 집에 있어도 무섭고 밖에 나가도 무섭고 그냥 답답하고 숨을 못 쉬면 어쩌나 하는 마음이 또 들었다. 내가 왜 공황이 왔는지 이때는 인지하지 못했다. 그런데 이러한 사실을 산후조리원에서 함께 있었던 언니들에게 말하자 그동안 고생 많이 했다는 말에 눈물이 났고 어머님께도 말씀드리자 어머니가 나를 공감해 주시고 위로해 주셔서 마음이 많이 풀렸다. 이때 '아! 나는 지방에서 혼자 외로웠고 아이 키우는 것도 힘들었구나!'하는 느낌이 들었다. 남편이 잘해 주고 노력해 주어서 나도 잘해야만 한다는 강박이 심해서 아무리 힘들어도 힘들다는 내색을 하지 않고 혼자서 밤에 수유하고, 아이에게 분유를 주면 안 된다는 생각으로 나의 젖만 먹이면서 힘들었음을 알게 되었다. 그리고 아이에게 수면 교육도 잘해야 한다는 생각, 아이에게 잘해 주어야만 한다는 생각 등 육아강박이 심했던 것을 깨닫게 되었다. 지방에 가는 날은 지방에서 공황이 왔기 때문에 더 스트레스를 받기도 하였다. 스트레스를 받으면 귀가 삐 하고 울리거나 벙벙하며 이명 현상이 있기도 하였다. 청각에 예민해지면 괜히 위아래 집에서 들리는 소음이 나한테만 들리는 환청이 아닌지, 정신병에 걸리면 어쩌나 하는 두려움이 며칠 동안 지속되기도 하였다. 공황발작이 오면 과호흡이 올 수 있다고 해서 호흡 연습을 해 보았더니 호흡이 신경 쓰여서 숨을 못 쉬면 어쩌나 걱정을 하기도 했다. 그럼에도 사건 사고 기사를 많이 보면 특히 세월호 사건이나 비행기 사고 같은 것은 나의 감정을 많이 이입하여 힘들었기 때문에 최대한 사건, 사고에 관한 기사를 안 보려고 피해 왔다. 체크리스트에서 자기 암시로 인한 증상이 더 나타나는 것 같아서 관련한 이야기는 안 하고 회피하여 왔다. 공황장애에 걸린 유명 연예인이 불면증 때문에 힘들었다는 내용을 TV에서 시청한 후에 나도 잠을 못 자면 어떡하나 걱정을 하다가 실제로 잠을 못 자기도 하였다. 제일 두렵고 싫은 것은 지하철같이 폐쇄적인 공간에 갇히는 것이고 임시정차가 한때 너무 무서워서 한 달간 지하철을 매일 타는 연습을 하면서 지금은 괜찮아졌다. 5년 전에 살짝 공황이 왔을 때나 상태가 안 좋을 때는 지하철이 매우 무섭다. 특히 대구 지하철 사건 등에 대한 이야기를 들었을 때는 갇혀 있는 사람들에게 감정이입을 많이 해서 특히 무서웠다. 밤에 잠이 안 오면 또 공황이 오면 어쩌지 하는 생각으로 잠이 더욱 안 오기도 하였다. 지금은 생각 중지 연습을 해서 많이 괜찮아졌다. 한때는 밤이 너무 싫었고 밤에 혼자 깨어 있는 시간이 너무 외롭고 힘들었다. 지금은 선생님이 가르쳐 주신 자기 언어를 낭송하고 연습하며 또 기도하면서 예전에 힘든 것이 100이었다면 지금은 5 정도로 내려왔다. 마음이 두근두근거리고 불안하고 얼굴에 열이 오르고 하는 것은 정말 싫은 증상이다. 많이 좋아졌지만 또 오면 어떡하지 하는 생각이 중간 중간에 든다. 이 생각이 아예 없어졌으면 좋겠다. 밖이 왁자지껄한 시끄러운 상황에서 더 예민해진다. 가족들이 다 모여 있는 것을 좋아했는데 다 모여서 너무 시끄럽고 조카들이 내 딸과 장난칠 때 심하게 장난을 치면 남편 눈치가 보여서 이때도 힘이 든다. 사람이 너무 많이 모여 있는 것은 아직까지는 괜찮은데 혹시 갑갑할까 봐 걱정이 된다. 고속도로 위나 터널 안에서 사고 나면 피할 수 없이 갇히는 상황이 될까 봐 무섭다. 한창 공황을 겪었을 때는 TV 시청도 힘들었고 모든 상황이 답답한가 아닌가의 잣대로만 판단이 되었다. 공황이 왔던 날 했던 것, 예를 들면 그날 갔던 레스토랑에 다시 갔을 때는 신경이 쓰여서 그날 밤 잠도 못 잤고 그날 독감주사를 맞았더니 다음에는 독감주사 맞는 것도 다 신경이 쓰였다.

내담자와 함께 그녀의 진술문을 함께 읽어 보면서 다시 한번 그녀의 왜곡된 신념이 어떻게 내담자를 힘들게 했는지 살피었다. 특히 내담자는 "남편이 나에게 잘해 주는 것에 부응해서 육아에 관한 한 남편에게 역할 분담을 요구하지 말고 내가 스스로 알아서 해야만 한다." "아이에게 수면 교육 등도 잘 시켜서 아이를 잘 길러야만 한다. 그렇지 않으면 나의 존재 가치는 퇴색된다." 등의 비합리적 생각이 내담자에게 불안을 가중시키고, 공황을 오게 하는 요인이 될 수 있음도 상기시켰다. 그리고 공황이 왔던 날에 했던 모든 행동과 방문했던 곳이 연합이 되어 지금까지 내담자를 힘들게 했으므로 역조건화를 활용하여 그것을 해결해야 하다는 점을 강조하였다. 그래서 내담자는 다시 그때 갔던 레스토랑에 가서 아무런 일이 일어나지 않은 체험을 하고, 독감 예방주사를 맞고 나서 별일이 없는 체험을 해야 비로소 그렇게 연합되어 조건형성된 반응인 공황반응이 사라질 수 있다는 메커니즘에 대해서 설명을 자세히 해 주었다. 그리고 그녀와 다음에 제시된 ABC 기록지를 함께 살펴보면서 상황에 대한 왜곡된 해석, 즉 비합리적 생각이 아니라 합리적인 해석을 했을 때의 효과에 대해서 함께 이야기를 나누었다.

〈표 6-10〉 지난 회기 숙제 - ABC 기록지

1.

사건 및 상황(A)	생각 및 신념(B)	정서적 · 행동적 결과(C)	논박 및 개입(D)
요즘 수면이 좋아졌지만 자꾸 깨서 그런 건지, 신경 써서 그런 건지 자는 것에 대해 불편한 마음과 회피적인 마음이 약간 생겼음. 아직까지는 자다가 깨서 찾아오는 공황에 대한 걱정이 있는 것 같음.	자다가 공황이 오면 큰일이 날 것 같다.	잠을 회피하고 걱정함. 불안함.	사람이 잘 잘 때도 있고, 못 자는 날도 있는 것이다. 수면에 집착하지 말고, 마음 편하게 먹자. 조금 자도 깊이 자면 피로가 풀리니 수면 시간에 신경 쓰지 말자. 혹여나 자다가 공황이 와도 별것 아닌 일이다. 호흡을 다시 가다듬고 무서워하지 않으면 사라지는 증상이다. 결국 나는 다시 잠에 잘 들 것이다. 잘 대처할 수 있으니 미리 걱정하지 말자.

	효과(E)
Notes	
	숙제

2.

사건 및 상황(A)	생각 및 신념(B)	정서적 · 행동적 결과(C)	논박 및 개입(D)
지하철이 조금 덜 컹거림. 만약 멈춘 다면 예전처럼 무 서울까 봐 걱정이 되었음.	지하철이 멈추면 큰일이다.	약간의 긴장감.	지하철은 멈춰도 다시 출발할 것이 고, 예전의 나와 지금의 나는 다르 기 때문에 당황하 지 않고 잘 대처 할 수 있다. 공황 이 오더라도 그냥 잠깐 지나가는 감 정일 뿐 큰 의미를 두고 미리 두려워 할 필요가 없다.

| | | 효과(E) | |
| Notes | | 숙제 | |

3.

사건 및 상황(A)	생각 및 신념(B)	정서적 · 행동적 결과(C)	논박 및 개입(D)
친정집에서 자려 고 했는데 불이 노 란 불빛으로 우리 집보다 어두워서 답답했음. 혹시 공 황이 오지 않을까 걱정함.	불빛이 어둡거나 침침하면 공황이 올 것이다.	답답함을 느낌. 미리 불안함.	빛의 차이일 뿐 내 가 있는 공간은 동 일하다. 미리 겁 먹거나 걱정할 필 요는 없다. 어두 운 곳에 있어도 달 라지는 것은 없다. 마음가짐의 차이 이다.

| | | 효과(E) | |
| Notes | | 숙제 | |

4.

사건 및 상황(A)	생각 및 신념(B)	정서적 · 행동적 결과(C)	논박 및 개입(D)
술을 조금 마셔서 혹시 공황이 오지 않을까, 잠은 잘 잘 수 있을까 생각함.	또 공황이 오면 큰 일이다.	잠을 잘 못 잠. 긴장함.	걱정 많은 생각이 나를 지배하고 통제하게 하지 말자. 예기불안일 뿐 일어나지 않은 일을 미리 걱정하지 말자. 일어나더라도 나는 잘 대처하고 이겨낼 수 있다.
Notes		효과(E)	
		숙제	

5.

사건 및 상황(A)	생각 및 신념(B)	정서적 · 행동적 결과(C)	논박 및 개입(D)
약간 어지러워서 몸의 반응을 걱정하고 신경 씀.	또 공황이 오는 것은 아닐까?	어지러움, 긴장, 걱정, 가슴 답답함.	몸에 이상 있는 것을 다 공황과 연결지을 필요가 없다. 몸의 증상은 단지 현재 내 상황에서 나를 유지하게 해 주는 증상일 뿐 미리 겁먹고 연결 지어서 생각하지 말자.
Notes		효과(E)	
		숙제	

10회기~종결 회기

드디어 내담자와의 마지막 회기가 되었다. 내담자는 지난번 공황일지에 기록했던 것처럼 공황이 올 것 같은 예기불안이 100이었다면 지금은 5 이하로 내려왔다고 하였다. 그리고 그동안 한약을 먹으면 일시적으로 신체적 증상이 완화되어서 한약을 복용하였는데 이제는 먹지 않아야겠다고 다짐하였다. 자신의 증상이 좋아져서 남편에게 편하게 대해 주니 남편도 자신에게 부드럽게 대해 주고 말도 곱게 하여 이해받는 느낌이 든다고 하였다. 상담자는 공황장애는 치료보다 더욱더 중요한 것이 재발 방지이기 때문에 집에서 혼자서 ABC 기록지를 계속 작성하면서 자신의 신념을 스스로 다스리고 상황에 대한 왜곡된 해석을 하지 않도록 지속적인 노력을 기울일 것을 당부하였다. 그리고 공황장애와 관련한 서적들도 읽어 가면서 스스로를 잘 치료할 수 있어야 한다고 강조하며 회기를 마감하였다. 다음의 소감문을 통해 내담자의 변화된 과정을 파악해 볼 수 있다.

상담 종결 후 소감문

상담받기 전에는 '공황'이라는 단어를 듣는 것조차 두렵고 무서웠다. 그래서 그런 생각이 나면 회피하고 다른 생각으로 돌리곤 했는데 상담을 받으면서 공황은 두려운 것이 아니라는 것을 알게 됐다. 상담 선생님께서 회피는 만병의 근원이라고 하시며, 회피하지 말고 직면하라고 하셔서 노출치료, 독서치료 등을 하며 공황에 직면하였다.

처음 REBT 치료를 받을 때는 공황을 없애 버려야겠다고 생각했지만 공황이 없어지거나 불안이 없어지는 것이 아니라, 여러 가지 치료와 인지를 바꾸면서 잘못된 생각은 바꾸되 공황이 올 수도 있다는 것을 받아들이는 마음으로 변화했다. 다만 공황이 온다면 전처럼 미리 불안하거나 미리 두려워하지 않고 잘 대처할 수 있으며 나는 잘 견딜 수 있다는 믿음으로 바뀌었다.

물론 살다 보면 힘든 시기들이 겹쳐 공황이 또 오고, 또 불안해질 수도 있다. 그러나 전과 달리 다시 나는 금세 일어날 수 있을 것이며 전처럼 무서워서 덜덜 떠는 것이 아니라 잠깐의 그 기분과 증상을 견디면 일어설 수 있다는 믿음을 가지게 되었다.

모든 것은 마음에서부터 시작되는 것이며 마음으로 다스릴 수 있다는 생각이 든다.

그래서 요즘은 기분이 좋지 않거나, 불안하거나 답답하면 선생님께서 알려 주신 방법으로 왜 내가 이런 기분인지, 그래서 증상은 어땠는지, 이게 왜 잘못된 생각인지에 직면하며 써 내려가고 있다. 그래서인지 늪에 빠지는 것이 아니라 그 기분과 생각에서 벗어날 수 있게 되어 정말 다행이라는 생각이 든다.

살면서 사실 아기를 낳는 것보다 공황이 와서 1년 내내 두려움에 떨고 살았던 내 삶이 더 힘들었다. 내 인생이 송두리째 뽑힌 것 같았고 내 일상을 잃은 것 같은 좌절감이 들기도 했다. 그러나 지금은 공황으로 인해 나는 내 자존감을 더욱 높이고 성장하였으며, 더욱 멋진 삶을 살기 위해 계획하는 좋은 발판이 되었다고 생각하기 위해 노력 중이다.

상담 종결 1년 후 자신의 공황에 대한 진술

상담을 받은 지 1년 반 정도 지났습니다.

처음 상담을 받을 때는 공황이라는 단어만 들어도 무섭고, 회피하기 일쑤였는데 REBT를 받으면서 피하는 것이 아니라, 오히려 잘못된 생각을 고쳐야 한다는 것을 배웠고, 지금은 매우 편안하게 생활하고 있습니다.

물론 지금도 불편한 신체적 증상들이 있고, 가끔 불안해질 때도 있습니다. 다만, 그때 당시 생각은 빨리 다 완치하고 싶다, 이 상황에서 벗어나고 싶다, 이런 생각과 더불어 나는 공황이 아니다라는 거부도 있었습니다. 그러나 공황장애에서 가장 중요한 것은 자신이 공황장애라는 것을 받아들이는 것, 그리고 그것을 완치하려고 하는 것이 아니라 언제든 와도 이겨낼 수 있다는 자신감을 갖는 것이 제게 가장 중요하다는 것을 깨달았습니다.

REBT를 받으면서 불안해질 때마다 드는 잘못된 생각들을 다시 바로잡는 교정된 생각들을 통해 점차 저 자신에게 확신을 갖게 되었고, 그 당시에 출산과 육아로 인하여 온 공황장애 때문에 둘째를 낳는 것을 무서워하였는데 상담을 하면서 상담 선생님께서 오지 않은 것 때문에 시도하지 않는 것은 아닌 것 같다, 또한 오면 또 어떠냐, 이겨내면 되지, 이런 말씀들을 해 주신 덕분에 지금은 무서움을 이겨내고 둘째를 임신하였습니다. 물론 지금도 임신 상태이기 때문에 '몸과 마음이 힘들어지면 어떡하지?'라는 생각이 들긴 하지만 한 번 이겨냈기 때문에 더 잘 이겨낼 수 있을 것이라고 믿습니다. 힘들 때마다 그리고 불안한 생각이 들 때마다 선생님께서 해 주신 말씀들을 떠올리며 '그래 오면 또 이겨내면 되지. 난 회복탄력성이 좋으니까. 이번엔 더 금방 이겨낼 거야.'라고 생각하며 마음을 다잡고 있습니다.

두려움을 없애고 합리적인 방향으로 생각하는 것 그리고 신체적 증상들에 대해 무서워하지 않고, 나에게 요즘 힘드니까 좀 쉬어보라고 몸이 신호를 보내는 것이라고 이해하는 것, 그게 중요한 것 같습니다.

부록

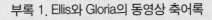

Theories of Counseling
and Psychotherapy

Ellis와 Gloria의 동영상 축어록

(Three Approaches to Psychotherapy (1964) Part 3: Rational Emotive Therapy)

E: Rational therapy or rational emotive therapy, also called RT for short, is based on several fundamental propositions or hypotheses. And the first of these is that the past is not crucial in a person's life. The past affects him a good deal but he affects himself much more than the past affects him. Because no matter what he has learned during his historical development, the only reason why these things that have happened to him and have been told to him affect him today is because he is still re-indoctrinating himself with the same philosophies of life, the same values that he usually imbibed and taught himself too early in his childhood.

합리적 치료 또는 합리적 정서치료는 몇 가지 기본적인 명제나 가설을 기반으로 합니다. 그 첫 번째는 과거가 한 사람의 삶에서 결정적인 것이 아니라는 것입니다. 과거는 그에게 많은 영향을 주지만, 그보다는 자기 스스로가 미치는 영향력이 더 크다고 볼 수 있습니다. 살아오면서 무엇을 경험했든 간에, 그에게 일어난 일과 그가 들었던 말들이 현재 영향을 미치는 유일한 이유는 그가 여전히 어린 시절에 습득하고 터득한 가치관, 삶의 철학을 자신에게 재주입하고 있기 때문입니다.

So we stick largely in the present in rational emotive psychotherapy rather than in the past. And we believe that today the individual experiences negative emotions, self-defeating behavior, inefficiencies because he now is indoctrinating himself with what we call simple exclamatory sentences which involve ideas. Human beings can tell themselves ideas in all kinds of languages, in pictures, in sign languages, in non-verbal expression, in math, for example, but they normally speak to themselves in simple English if English is their native tongue. And when they talk to themselves in an irrational or an illogical way then they create, they literally create their negative feelings or emotions in the behavior that follows there from.

그래서 합리적 정서치료에서는 과거보다는 주로 현재에 초점을 맞춥니다. 또한 우리는 오늘날 아이디어가 포함된 단순한 감탄문 같은 것들로 스스로를 세뇌시키면서, 부정적인 정서, 자기 패배적인 행동, 무능감을 경험한다고 믿습니다. 예를 들어, 인간은 모든 종류의 언어, 그림, 수화, 비언어적 표현 또는 수학으로 자신의 생각을 표현할 수 있지만, 보통은 모국어가 영어라면 간단한 영어로 스스로에게 말하게 됩니다. 그리고 그들이 비합리적이거나 비논리적인 방식으로 자신에게 말하는 것은 그에 뒤따르는 행동 또한 말 그대로 부정적인 감정이나 정서를 만들어 냅니다.

Now just to give an example, the individual usually tells himself when he's upset, first a sane sentence and then an insane sentence. The sane sentence is something along the order of I don't like the thing that I've done, I dislike my own behavior. And that would be fine but unfortunately he follows it with an insane sentence which says to himself and because I don't like my behavior I am a louse, I am worthless, I am a no-goodnik. And this thoroughly insane sentence, which is a sentence of faith unfounded on fact which has no empirical reference, which is a kind of superstitious or dogmatically religious system, creates what we call his anxiety and through his anxiety his depression, his guilt, his other forms of self- defeatism.

예를 들어, 보통 사람들은 화가 났을 때 자신에게 이성적인 문장으로 말한 후 비이성적 문장을 말하게 됩니다. 여기서 이성적이라는 것은 '내가 한 짓이 싫다.' '내 행동이 마음에 안 든다.'와 같습니다. 그렇게 되면 좋겠지만 불행히도 사람들은 '나는 내 행동이 마음에 들지 않기 때문에 나는 패배자이고 무가치하고, 쓸모없다.'는 등의 비이성적 문장들을 뒤따라 말하게 됩니다. 어떤 경험적 증거 없이 사실과 무관한 신념이나 일종의 미신적이거나 독단적인 종교와도 같은 것들을 포함하는 이렇게 명백히 비이성적인 문장들은 불안을 만들어 내고 또한 불안을 통해 우울과 죄책감, 또 다른 형태의 자기 패배감을 유발합니다.

Or again, the individual tells himself the same sentence I don't like your behavior when, let us say, somebody has acted badly with him. And instead of following that up with that because I don't like your behavior I can still stand it and I'm going to change to get you to change your behavior, he says I can't stand your behavior or in an absolutistic God-like, grandiose manner, you shouldn't be the way you are because I think that I don't like the way you are.

또는 예를 들어, 누군가가 자신에게 나쁘게 행동했을 때 '나는 당신의 행동이 마음에 들지 않는다.'라는 동일한 문장을 스스로에게 말합니다. 그리고 '나는 당신의 행동이 마음에 들지 않기 때문에 그 말을 따르는 대신, 나는 여전히 참을 수 있고, 당신의 행동을 바꿀 수 있도록 내가 변화할 것이다.'라고 말하는 대신, 마치 절대적인 신과 같이 거만한 모습으로 '나는 당신의 모습이 마음에 들지 않으니 당신은 그런 모습으로 있으면 안 된다.'라고 말하기도 합니다.

Now it's these second, B, sentences which upset the individual. Or another way of putting it, as Epictetus, a Roman philosopher, said many years ago, it's not what happens to us at point A that upsets us, it's B, our view of what happens to us.

이제 이 두 번째 문장, B가 사람들을 화나게 하는 것입니다. 또는 다른 말로 표현하면 로마 철학자 에픽테토스가 오래전 말했듯이, 우리를 화나게 하는 것은 A 지점에서 우리에게 일어난 일이 아니라 B, 즉 우리에게 일어난 일에 대한 우리의 관점입니다.

And in rational emotive psychotherapy we go after this individual, the patient's view and show him that whatever he thinks has upset him, usually some external situation, what somebody else has done, it's really what he's telling himself about this thing, this event which upsets him.

그리고 합리적 정서 심리치료에서 우리는 환자 개인의 관점을 따라가며, 자신을 화나게 만든 그 어떠한 일이, 보통 외부적인 상황 또는 다른 사람이 한 행동에 대해일지라도, 사실은 그것들에 대해 자기 자신에게 말하면서 스스로 화를 내게끔 하고 있다는 것을 보여 줍니다.

And although he may never be able to do anything about the external event at A, he can change the internal event, his sentence, his belief to himself at B. Now in rational emotive psychotherapy we try to show the patient three kinds of insight in contradistinctions with some other therapies which usually emphasize one major kind.

그리고 비록 그가 A에서 외부 사건에 대해 아무것도 할 수 없을지라도, 그는 B에서 내부 사건, 자기진술, 자기신념은 바꿀 수 있습니다. 합리적인 정서 심리치료에서는 일반적으로 한 가지 주요한 통찰력을 강조하는 다른 치료법들과 대조적으로 환자에게 세 가지 종류를 제시하려고 합니다.

The first kind we try to show him is that all his behavior, especially his negative, self-defeating behavior which we're interested and which is upsetting him, has clear-cut ideological antecedents. He may have learned these, as I said before, in the past but right now today he must still believe these same ideologies else he would not get the negative behavior that flows there from.

그 첫 번째로 우리는 환자에게 그의 모든 행동, 특히 우리의 관심사이기도 하고 그를 화나게 하는 그의 부정적, 자기 패배적인 행동에는 어떠한 명백한 신념이 선행되고 있다는 것을 보여 주려고 합니다. 그는 이것들을 과거에서 학습했을 수 있지만 이 신념들을 지금 순간에도 믿고 있기 때문에 부정적 행동이 유발된다는 것입니다.

And insight number two, which is most important and which is unfortunately neglected in many other systems of psychotherapy, is that he being as Ernst Cassirer once said a symbolizing animal is continually re-indoctrinating himself with these ideologies and that's the issue, that's why he's now disturbed.

가장 중요하기도 하고 불행하게도 많은 다른 심리치료에서 방치되고 있는 두 번째 통찰력은 Ernst Cassirer가 인간은 상징적 동물이라고 말했듯, 환자 개인은 이러한 신념들을 스스로에게 계속해서 재주입하고 하고 있다는 것입니다. 그리고 그것이 바로 그가 지금 불안해하는 이유입니다.

Now insight number three is that even when he sees clearly what he's telling himself and that he's telling himself nonsense, only by work and practice, by continually reassessing and revaluing his own philosophic assumptions will he ever get better.

세 번째 통찰력은 그가 연습을 통해, 그리고 자신의 철학적 가정에 대해 지속적으로 재평가하는 과정을 통해, 그가 자신에게 무엇을 말하고 있는지를 분명하게 알아채고 그것들이 비합리적인 것임을 알게 되더라도 오직 연습과 노력을 통해 자신의 철학적 가정에 대해 계속해서 재평가하면서 더 나아질 수 있다는 것입니다.

Now we also stress the fact that action is necessary to change an individual. Just talking about things, thinking about things is nice but not necessary. Or I should say it's not a necessary condition for a psychotherapeutic change.

우리는 개인을 변화시키기 위해 행동이 필요하다는 점을 강조합니다. 이야기만 하고, 생각만 하는 것도 좋지만 심리치료에서는 꼭 필요한 조건은 아니라고 볼 수 있습니다.

What the individual has to do in addition usually is act. And we therefore give him concrete homework assignments and get him to act these out and check up and follow to see whether he does these homework assignments. And our final goal is to get the individual to learn and learn for the rest of his life to challenge and question his own basic value system, his own thinking so that he really thinks for himself.

개인이 추가적으로 해야 할 일은 일반적으로 행동하는 것입니다. 그래서 우리는 그에게 구체적인 숙제를 주고 그에게 주어진 숙제대로 행동하는지에 대해 확인하고 따라가도록 합니다. 우리의 최종 목표는 개인이 평생 동안 자신만의 근본적인 가치관, 자신만의 사고방식에 대해 도전하고 질문하여 진정으로 스스로 생각할 수 있도록 학습하게 하는 것입니다.

He must do this particularly when he feels miserable, he feels anxiety or depression or guilt or too much frustration or anything else that is negative or when he behaves very inefficiently.

그는 이러한 행동을 특히 자신이 비참함이나 불안, 우울, 죄책감, 너무 많은 좌절감 또는 다른 부정적인 감정을 느끼거나 매우 비효율적으로 느낄 때 해야 합니다.

And finally he was able through this kind of new thinking, rethinking his own assumptions to apply what we call the scientific method to the facets of human living and to be truly scientific in his behavior to question and challenge his own assumptions and we do in science and thereby to minimize, though never entirely to eliminate, the terrible anxiety and the atrocious hostility which unfortunately affects most of us in this existence.

그리고 최종적으로 그는 이러한 새로운 사고, 즉 소위 말해 안타깝게도 우리 대부분에게 이런 방식으로 계속 영향을 주는 극심한 염려와 잔혹한 적대감을 완전히 제거하는 것이 아닌 최소화할 수 있도록 해주는 과학적 접근처럼, 과학적 방법을 삶의 다양한 면에 접목하고 자신의 행동과 가정들에 대해 질문하고 도전하도록 자신만의 가정들에 대해 다시 생각하는 사고로 해야 합니다.

==============================

(E: Ellis / G: Gloria)

E: Hello, Gloria, I'm Dr. Ellis.
E: 안녕하세요, 글로리아, 저는 엘리스 박사입니다.

G: Hello, how do you do, Dr. Ellis.
G: 안녕하세요. 엘리스 박사님. 만나서 반갑습니다.

E: Do you want to be seated, please? Well, would you like to tell me what's bothering you most?
E: 앉아서 얘기하실까요? 자, 요즘 당신을 가장 신경 쓰게 하는 것이 무

엇인지 말씀해 주시겠습니까?

G: Hmm, yeah. I think the things that I'd like to talk to you the most about are adjusting to my single life, mostly men, I guess. As a matter of fact, I don't know if I'm doing the wrong thing but I'm going to refer to your book anyway because this is what I'm impressed with, the book about 'The Intelligent Women's Guide to Man-Hunting'.

G: 흠, 일단 박사님과 가장 나누고 싶은 이야기는 저의 독신 생활에 대해서인데, 특히 남자들에 대해서입니다. 실은 이게 잘하는 것인지는 모르겠지만, 박사님의 『지적인 여성의 남성 사냥 가이드』 책이 저에게 정말로 인상이 깊어서 그에 관해 얘기해 보려고요.

E: Yeah.

E: 네. (좋아요)

G: I tried to follow it and I believe in it. This is why it's so fun reading your book because I'm not much of a reader but I sort of believe the same way you do. But then I've got a problem in this area. The men I'm attracted to or the type of man I'd like to become closely involved with I can't seem to meet or I get too shy with or something but it just doesn't click. The men I seem to be dating nowadays are the ones that I don't respect much, the ones I don't enjoy much, that seem flip and uninteresting. And I don't know if it's something about me or what because I really do want to meet his kind of man.

G: 저는 그 책 내용을 그대로 믿고 따라 해보려고 했어요. 제가 평소에 책을 즐겨 읽지 않지만 박사님의 책을 즐겨 보는 이유는 박사님과

비슷한 믿음을 갖고 있기 때문이죠. 그러나 이 부분에서 문제가 조금 있어요. 저는 끌리거나 친해지고 싶은 남자한테는 제가 너무 부끄럼을 많이 타거나 만남이 잘 이루어지지 않는 것 같아요. 그래서 요즘 만나는 남자들은 제가 별로 존경하지도 좋아하지도 않는, 별로 매력이 없는 못마땅한 사람들이에요. 그래서 이것이 나의 문제인지, 아니면 제가 정말로 그런 부류의 남자를 만나고 싶은 건지, 무엇 때문인지 잘 모르겠어요.

E: Well, let's talk a little about your shyness. Let's suppose you meet somebody who you consider eligible, that you might like. Now let's see if we can get at the source of your shyness, just what you're telling yourself to create this. You meet this man and you feel shy, embarrassed.

E: 음, 그러면 일단 당신의 수줍음에 대해 조금 이야기해 봅시다. 당신이 괜찮다고 생각하고 좋아할 만한 사람을 만난다고 가정해 봅시다. 이제 당신의 수줍음의 근원을 찾을 수 있는지 봅시다. 당신은 이 남자를 만났을 때 수줍어하고 쑥스러워하는 거죠.

G: Yes, but I don't usually show that. I usually act flip right back.

G: 네, 하지만 저는 보통 그런 걸 표현하지는 않아요. 대개 그 반대로 행동을 해요.

E: Yeah.

E: 그렇군요.

G: I act like the other men act to me, as a matter of fact. I act flip. I don't seem near as intelligent. I act like a typical dumb blonde. I'm just not myself with them. I'm more un-at-ease.

G: 그리고 사실은 저는 다른 남자들이 저에게 하는 것처럼 행동해요. 반대로 행동하는 거요. 전 그렇게 똑똑하지는 않은 것 같아요. 전형적인 멍청한 금발머리 여자처럼 행동하거든요. 전 그들과 있을 때 제 모습이 실제 제 모습 같지가 않아요. 좀 불편해 있는 상태에 있어요.

E: Yes, well, as you probably know from Guide to Man-Hunting, I believe that people only get emotions such as negative emotions of shyness, embarrassment, shame because they tell themselves something in simple exclamatory sentences. Now let's try to find out what you're telling yourself. You're meeting this individual. Now what do you think you are saying to yourself before you get flip.

E: 네, 아마 『지적인 여성의 남성 사냥 가이드』에서 보셔서 아시다시피, 사람들은 단순히 수줍음, 쑥스러움, 수치심 같은 부정적인 정서는 그저 스스로 격한 감정으로 표현하는 문장으로 말하기 때문에 그렇게 느낀다고 생각합니다. 그러면 당신은 스스로에게 무슨 말을 하고 있는지 함께 알아봅시다. 어떤 한 남자를 만났다고 가정해 봐요. 반대로 행동하기 전에 스스로 무슨 말을 할 것 같으세요?

G: I know what it is, that I'm not, I don't stand up to his expectations. I'm not quite enough for him. He's superior to me. Although I want this type of man, I'm afraid I won't have enough to attract him.

G: 저는 그가 바라는 게 제가 아니라는 걸, 그의 기대에 못 미친다는 걸 알아요. 그에게 저는 너무 부족하고, 그는 저보다 훨씬 우월해요. 전 저보다 나은 사람을 원하지만, 그런 남자를 매혹시키기에 제 자신이 부족할까 봐 걱정돼요.

E: Well, that's the first part of the sentence and that might be a true one because maybe he could be superior to you in some ways. Maybe he wouldn't be attracted to you. But that would never upset you if you were only saying that I think he may be superior to me. Now you're adding a second sentence to that which is if this is so that would be awful.

E: 자, 그게 문장의 첫 부분이고 그가 어떤 면에서 당신보다 우월할 수도 있으니까 그것이 사실일 수도 있습니다. 아마도 그는 당신에게 끌리지 않을지도 몰라요. 하지만 그가 나보다 우월하다는 생각만으로 당신이 화가 나진 않았을 거예요. 당신은 (지금) 만약 그게 사실이라면 끔찍할 것이라는 두 번째 문장을 추가하고 있는 겁니다.

G: Well, I'm not quite so extreme as that cause I've thought about that too. It's usually I've missed my chance again because of I want to show the very best of myself, because I think I have self-confidence, and I have enough to offer.

G: 글쎄요, 저도 그것에 대해 (이미) 생각해 본 적이 있기 때문에 그렇게 극단적이진 않은 것 같아요. 그냥 제가 자신감이 있고, 충분히 많은 걸 갖고 있다고 생각하고, 저의 가장 좋은 모습을 보여 주려고 하니까, 보통 기회를 계속 놓치곤 했죠.

E: Yeah.

E: 네.

G: But when I get afraid like that then I show all the bad qualities. I'm flip. Then I'm so much on the defensive that I can't show my good qualities and it's like I missed my change again. There was a good opportunity to be close to this man and I loused it up again.

G: 그렇게 두렵다고 느낄 때, 저는 저의 안 좋은 점을 드러내 버려요. 또 확 변해버리는 거죠. 그러다 너무 방어적인 모습을 보이다 보니 저의 장점을 드러내지 못하고 기회를 다시 잃어버리게 되는 거죠. 이 남자와 친해질 수 있는 좋은 기회가 있었지만 저는 다시 망쳐버리는 거예요.

E: All right, but even let's suppose you're saying that, and I think you really are, but you must be saying something else too because if you were just saying, hell, I missed my chance again you'd say, all right, next time I'll take advantage of what I learned this time and do it a little better. Now you still must be saying if you feel shame, embarrassment, shyness that there's something pretty bad about your error in missing your chance again.

E: 좋아요, 하지만 그렇다면 당신이 정말로 그렇게 말하고 있다고 가정해 본다고 해도, 정말 그렇게 하고 있다고 생각은 하지만, 당신은 분명히 다른 말을 하고 있는 게 틀림없어요. 왜냐하면 당신은 정말 '젠장, 난 또 기회를 놓쳤어.'라고만 말했다면, '괜찮아, 이번에 배운 것을 다음번에 조금 더 잘 활용하면 되지.'라고 말했을 것이기 때문입니다. 그래서 당신이 아직도 수치심, 당혹감(쑥스러움), 부끄러움(수줍음)을 느낄 때, 또 한 번 기회를 놓친 당신의 실수에 대해 뭔가 꽤 안 좋은 것이 있다고 여전히 말하고 있다고 봅니다.

G: I don't know if this follows in contact to what you're saying but the thing I do feel is that I get suspicious then, am I the type of woman that will only appeal to the ones that are not my type of guy anyway? Is there something wrong with me? Am I never going to find the kind of man I enjoy? I always seem to get the other ones.

G: 이것이 박사님의 말과 관련이 있는지 모르겠지만, 저는 의심이 든다는 거예요. 어차피 저는 제 타입이 아닌 사람들에게만 어필이 되는 여자인가요? 저에게 문제가 있는 걸까요? 저는 제가 좋아하는 남자를 절대 찾을 수 없을까요? 저는 항상 그러지 않는 사람들만 얻는 것 같아요.

E: All right, now you're getting closer to what I'm talking about cause you're really saying if I am this type of woman that none of these good, eligible men that I could appeal to then that would be awful. I'd never get what I want and that would really be something frightful.

E: 좋아요. 이제 글로리아 당신이 하신 말씀이 제가 하는 말들과 더 가까워지고 있어요. 왜냐하면, 당신은 지금 '내가 정말 그런 훌륭하고 적합한 남자에게 어필할 수 없는 그런 여성의 타입'이라고 말하고 있으니까요. 그러면 정말 끔찍하겠네요.

G: Plus, I don't like thinking of myself that way. I want to put myself on a higher standard. I don't like to think that I'm maybe just an average Jane Doe.

G: 게다가, 저는 제 자신을 그런 식으로 생각하는 것을 좋아하지 않아요. 제 자신을 더 높은 기준에 두고 싶어요. 저는 그냥 평범한 보통 여자라고 생각하고 싶지 않아요.

E: Well, let's just suppose for the sake of argument at the moment that that were so.

E: 자, 일단 그렇다고 가정하고 논박을 해 봅시다.

G: All right.

G: 좋아요.

E: That you were an average Jane Doe. Now would that be so terrible? It would be inconvenient. It would be unpleasant. You wouldn't want it. But would you get an emotion like shyness, embarrassment, shame out of just believing that maybe I'm gonna end up like Jane Doe?

E: 당신이 평범한 보통 여자라고 가정해 봅시다. 그게 그렇게 끔찍할까요? 별로 좋지는 않겠죠. 즐겁지 않을 거예요. 아마 당신은 그것을 원치 않을 거예요. 하지만 내(글로리아)가 그저 평범한 보통 여자로만 될 거라는 믿음만으로 수줍음, 부끄러움, 수치심 같은 감정을 느끼게 될까요?

G: I don't know.

G: 모르겠어요.

E: I don't think you could because you still would have to be saying on some level as I think you just said and it would be very bad, it would be terrible. I would be a no-goodnik if I were just Jane Doe.

E: 저는 당신이 그러지 못할 거라고 생각합니다. 왜냐하면 아까 말한 것처럼 당신은 '내가 평범한 보통 여자라면 아무 쓸모가 없을 것이고 그러면 매우 나쁘고 끔찍할 거야.' 정도로 말을 해야 하거든요.

G: Well, plus I'd never get what I want. If I were just a Jane Doe and if I would have to accept that I'd never get what I want and I don't want to live the rest of my life with just icky men.

G: 음. 덧붙여서, 제가 원하는 것을 절대 얻지 못한다면, 음, 그리고 제

가 원하는 것을 절대 얻지 못할 거예요. 제가 그저 평범한 여자였다면 그리고 그것을 받아들여야 한다면 저는 절대 제가 원하는 것을 얻지 못할 것이고, 제 남은 인생을 그런 별로인 남자들과 함께하고 싶지 않아요.

E: Well, it's not necessarily so that you'd never. You really mean your chances would be reduced because we know some icky girls who get some splendid men, don't we? You see, so you're generalizing there. You're saying it probably would be that I'd have a more difficult time but then you're jumping to therefore I'd never get at all. You see the catastrophizing there that you jumped to.

E: 글쎄요, 꼭 당신이 그럴 거라는 보장은 없죠. 생각보다 많은 별로인 여자들이 꽤 멋진 남자들을 사귀게 되는 것을 알기 때문에 당신의 가능성이 줄어들 거라고 말하는 거잖아요. 그렇지 않나요? 당신은 지금 그 부분에서 일반화하고 있습니다. 당신은 아마도 더 어려운 시간을 보낼 거라고 말하고 있지만, 바로 그래서 '난 절대 얻지 못할 거야.'라고 결론을 내고 있거든요. 당신이 성급하게 결론을 내리면서 파국화하신 게 보이나요?

G: Yes, but it feels that way to me at the time. It seems like forever.

G: 네, 하지만 당시에는 그렇게 느껴져요. 영원할 것만 같아요.

E: That's right. But isn't that a vote of non-confidence in you? An essential vote of non-confidence? And the non-confidence is because you're saying, one, I don't want to miss out on things. I would like to get the kind of a man I want and be a, in your words, superior kind of girl who gets a superior kind of man.

E: 맞아요. 그러나 그것은 스스로에 대한 불신임 투표 아닙니까? 불신

임의 필수 투표? 그리고 자신감이 없는 건 첫째, 그 무엇도 놓치고 싶지 않아서입니다. 내가 원하는 남자를 얻고 싶고, 당신 말대로, 우월한 남자를 얻는 우월한 여자가 되고 싶은 거죠.

G: Yes.
G: 네.

E: But if I don't then I'm practically on the other side of the chain completely, a no-goodnik, somebody who will never get anything that I want, which is quite an extreme away, isn't it?
E: 하지만 그렇게 되지 않는다면, 그 완전 반대로 나는 절대 원하는 것을 얻지 못할 쓸모없는 사람이라는 거다. 그건 너무 극단적이지 않나요?

E: Yes. And that's what I call catastrophizing. Taking a true statement, and there is a good deal of truth in what you're saying, if you didn't get the kind of a man you wanted that it would be inconvenient, annoying, frustrating, which it really would be and then saying I'd never possibly get what I want. And even beyond that you're really saying and then I couldn't be a happy human being. Aren't you really saying that on some level? But let's just look at that. Let's just assume the worst, as Bertrand Russell once said years ago. Assume that worst, that you never got at all, for whatever the reasons may be, the kind of a man you want. Look at all the other things you could do in life to be happy.
E: 네. 저는 그것을 파국화라고 부릅니다. 즉, 진실한 진술을 하는 것, 그리고 당신이 만약 원하는 남자를 얻지 못한다면 불행할 거고 짜증날 거고 좌절할 거고 내가 원하는 걸 절대 얻을 수 없을 거라는 진심

일 수도 있는 말에는 어느 정도 진실이 있습니다. 그리고 더 나아가, '나는 행복한 사람이 될 수 없어.'라는 정도로 얘기하고 있지 않나요? 하지만 이것만 봅시다. Bertrand Russell이 몇 년 전에 말한 것처럼 최악의 경우를 가정해 봅시다. 이유가 무엇이든 간에, 당신이 원하는 부류의 남자를 얻지 못했다는 최악의 상황을 가정해 보십시오. 당신이 인생에서 행복하기 위해 할 수 있는 다른 모든 일들을 살펴보세요.

G: Well, I don't like the whole process. I don't even like it as I'm going through it. All right, even if it wasn't a catastrophe.

G: 글쎄요, 저는 모든 과정이 마음에 들지 않아요. 지금 쭉 과정을 거치면서도 마음에 들지 않네요. 파국적이지 않았더라도 그냥 그랬을 거예요.

E: Yeah. Even if I didn't look at it as a catastrophe, I don't like the way I'm living right now. For example, when I meet somebody that I'm interested in that could have some potential, right away I find I'm not near as relaxed with him. I worry more should I be friendly, should I kiss him good night, should I do this? If it's just a Joe Doe and I don't give a darn I can be anything I want to be. I turn out to be more of a person when I'm not as concerned. I don't like the way I'm.

E: 그렇죠. 파국적이라고 보지 않더라도 지금 살고 있는 내 모습이 마음에 들지 않죠. 예를 들어, 내가 관심이 있고 뭔가 가능성이 있는 사람을 만났을 때 곧바로 나는 그와 있는 것이 그다지 편안하지 않다는 것을 알게 됩니다. 오히려 친근하게 대해야 할지, 굿나잇 키스를 해야 할지, 이것을 해야 할지 고민을 하죠. 그냥 보통 여자라면 아무 신경도 안 쓰고 내가 되고 싶은 그 어떤 것도 될 수 있죠. 내가 별로

신경 쓰지 않을 때 나는 더 인간다워지게 되는 것 같아요. 내 방식이
마음에 들지 않겠지만요.

E: But you're not really concerned, you're over-concerned, you're anxious. Because if you were just concerned you'd do your best and you'd be saying to yourself if I succeed, great, if I don't succeed, tough, right now I won't get what I want. But you're over-concerned or anxious. You're really saying, again, just what we said a moment ago, if I don't get what I want right now I'll never get it and that would be so awful that I've got to get it right now. That causes the anxiety, doesn't it?

E: 하지만 당신은 염려하는 수준이 아니라, 지나치게 걱정하고, 불안해하고 있어요. 만약 단순히 염려가 되는 거였더라면 당신은 자신에게 최선을 다해서 성공한다면 잘된 거고, 만약 성공하지 못한다면 힘들다, 어쩔 수 없는 거다라고 말했을 거였기 때문이죠. 그러나 당신은 지나치게 걱정하거나 불안해하고 있어요. 방금 전에 말한 것을 다시 말하자면, 만약 내가 지금 원하는 것을 얻지 못한다면 나는 그것을 앞으로도 얻지 못할 것이고 그것은 너무 끔찍한 일이기 때문에 지금 당장 얻어야 할 것이라고 스스로에게 말하고 있고, 그래서 당신은 불안을 느끼는 것입니다. 그렇지 않나요?

G: Yes, or else work toward it.
G: 예, 그렇지 않더라도 그것을 위해 노력해야죠.

E: Yes, but if you.
E: 네, 하지만 당신이라면요.

G: If I don't get it right now that's all right but I want to feel like I'm working toward it.

G: 지금 당장 얻지 못하는 것은 괜찮지만, 그것을 위해 노력하고 있다
는 느낌을 받고 싶어요.

E: Yes, but you want a guarantee I hear. My trained ears hear you
saying I would like a guarantee of working towards it and there
are no certainties and guarantees.

E: 네, 하지만 제가 듣기론 보장을 원하시는 것 같네요. 상담자인 저에
게는 당신이 그것을 위해 노력하면 결과가 보장되기를 원하는 것처
럼 들리는데요. 어디에도 확신과 보장은 없습니다.

G: Well, no, Dr. Ellis, I don't know why I'm coming out that way.
What I really mean is I want a step toward working toward it.

G: 음, 그게 아니고요, 엘리스 박사님, 제 말이 왜 그렇게 표현되는지는
모르겠습니다. 제가 정말 하려고 하는 말은, 제가 그것을 위해 노력
하고 싶다는 뜻입니다.

E: Well, what's stopping you?

E: 음, (그러면) 무엇이 당신을 망설이게 하고 있나요?

G: I don't know. I thought, well, what I was hoping is whatever
this is in me why I don't seem to be attracting these kind of men.
Why I seem more on the defensive? Why I seem more afraid? You
could help me what it is I'm afraid of so I won't do it so much.

G: 모르겠어요. 저는 그냥 제가 무엇 때문에, 왜 제가 이런 부류의 남
자들에게 매력적으로 보이지 않는지 이유를 아는 것입니다. 왜 나는
더 방어적이게 되는 건지? 왜 더 두려워지는 건지? 내가 더 방어적으
로 보이는 이유는 무엇일까요? 내가 더 두려운 것처럼 보이는 이유

는 또 뭘까요? 박사님은 제가 그렇게 행동하지 않도록 제가 무엇을 두려워하는지에 대해 알 수 있게 도와주실 것 같아요.

E: Well, my hypothesis is so far that what you're afraid of is not just failing with this individual man, which is really the only thing at issue when you got out with a new, and we're talking about eligible males now, we'll rule out the ineligible ones.

E: 음, 제 가설은 지금까지 당신이 두려워하는 것이 단지 새로운 남자를 만났을 때 그 사람 한 명과의 관계가 잘 안 되는 것이 아닙니다. 일단 적당하지 않은 남자들은 제외하고 이야기해 보겠습니다.

You're not just afraid that you'll miss this one, you're afraid that you'll miss this one and therefore you'll miss every other and therefore you've proved that you are really not up to getting what you want and wouldn't that be awful. You're bringing in these catastrophes.

당신은 단지 이 남자를 놓치는 것이 두려운 것이 아니라, 이 남자를 놓쳐서 다른 모든 남자들도 놓칠 거라고 두려워하는 것입니다. 그래서 당신이 원하는 것을 실제로 얻지 못한다는 것을 증명했고. 그러면 그것이 정말 끔찍하지 않겠습니까? 당신은 이러한 파국을 불러일으키고 있습니다.

G: Well, you sound more strong at it but that's similar. I feel like this is silly if I keep this up. There's something I'm doing. There's something I'm doing not to be as real a person with these men that I'm interested in.

G: 글쎄요, 박사님이 더 정확하게 말씀하시는 것 같지만, 비슷한 것 같아요. 제가 계속 이러면 바보 같다고 생각해요. 제가 지금 어떠한 행동을 하고 있어요. 관심 있는 남자들과 함께 있을 때 제 진짜의 모습처럼 행동하지 않게 하는 무언가가 있어요.

E: That's right, you're defeating your own ends.

E: 맞아요, 당신 스스로 당신의 목표를 달성하지 못하도록 방해하는 것이죠.

G: I've done it again. If I weren't so doggone anxious about trying to hook this guy I could be more real. He's going to enjoy me more if I'm real anyway. So I'm only giving him the stinky part of me.

G: 전 그 행동을 반복했어요. 제가 이 남자를 내 것으로 만들려고 그렇게 안달복달하지 않았더라면, 저는 좀 더 내 진짜 모습을 보였을 거예요. 그리고 어쨌든 내가 진짜 내 모습을 보이면, 그는 저를 더 좋아할 텐데. 결국 나는 그에게 저의 역겨운 부분만 보여 주고 있어요.

E: Right.

E: 그렇죠.

G: How can anybody I respect respect a chooch and that's what I am when I don't really come through.

G: 어떻게 제가 존경하는 사람이 바보, 멍청이를 존경할 수 있겠어요? 그게 바로 제가 제 자신을 이겨내지 못할 때 모습입니다.

E: But look how you just devalued yourself. Let's just suppose for the sake of argument you kept giving the stinky part of you.

E: 하지만 방금 당신이 자신을 어떻게 평가절하했는지 보세요. 논박을 위해, 당신이 계속 당신의 역겨운 부분을 반복해서 보여 주고 있다고 가정해 봅시다.

G: All right.

G: 좋아요.

E: A human being, another person who is trying to get interested in you might not like these attributes, these characteristics of you but I don't think he's going to despise you as a person, which you are really doing.

E: 당신에게 호감을 갖게 되는 사람이 당신의 이런 특성들을 좋아하지 않을 수도 있지만, 그렇다고 (당신이 자신에게 하는 것처럼) 그가 당신을 한 사람으로서 경멸하지는 않을 것이라고 생각이 드는데요.

G: I am harder on myself than I think he is.

G: 저는 그가 생각하는 것보다 더 제 자신에게 엄격하거든요.

E: That's exactly the point.

E: 그게 바로 요점입니다.

E: But he just doesn't like me, there's not enough to me. Right, and as I said before, if people just didn't like you and you went through enough of them, and it would be hard to go through enough but it would be possible, you'd eventually find one who did like you and whom you liked. But as long as you devalue yourself personally in your own eyes, you complicate the problem enormously and you're not focusing on how can I be myself.

E: 하지만 그는 나를 그냥 좋아하지 않았어, 나에게는 부족한 부분이 너무 많기 때문에. 그렇죠, 그리고 제가 아까도 말씀드렸듯이, 그저 당신을 좋아하지 않는 사람도 당신이 충분히 그를 알아간다면, 그 과정이 힘들더라도 결국 당신이 좋아하고, 당신을 좋아하는 사람을 찾는 것이 가능할 거예요. 그러나 당신 스스로 자신을 평가절하하는 한, 당신은 문제를 엄청나게 복잡하게 만들고 있는 그대로의 모습을 보이는 것에 초점을 맞출 수 없겠죠.

Change the traits. If you, for example, had a, let us just say, a mangled arm and you wouldn't accept your whole person, your being because of this mangled arm then you would focus so much on that mangled arm that you wouldn't be able to do things that you would otherwise be able to do.

(특징을) 바꿔서 말해 보죠. 예를 들어, 만약 당신이 팔을 심하게 다쳤는데 단지 이 다친 팔 때문에 한 인간으로서의 당신 존재를 받아들이지 않는다면, 당신은 다친 팔에 너무 집중한 나머지, 당신이 할 수 있었던 것들을 못하게 된 거나 마찬가지예요.

G: That's almost what I do, yes.
G: 네, 그게 제가 하고 있는 일이에요.

E: Yes, you see, that's exactly. So you're taking a part of you, an arm, and focusing almost completely on that. And just to bring it down to our own conversation, you're taking a part of you, your shyness, your not being yourself with males and focusing so much on that part that you're almost making it the whole of you and you get an awful picture of your total self because of this defective part. And we're assuming, you and I, that it is defective. We're not glossing over and saying, oh, you're doing all right. You're not doing that well.

E: 네, 바로 그렇습니다. 당신은 팔과 같이 신체의 한 일부를 가지고 너무 많은 집중을 하고 있습니다. 그리고 우리가 말한 내용과 연결을 시켜보자면 당신은 남성들과 있을 때 당신의 일부의 모습, 수줍음, 즉 당신의 일부를 가지고 거기에 너무 집중하여 마치 당신 전체로 생각하고 이런 부족한 일부 때문에 전체 모습을 끔찍하게 보는 것입니다. 당신과 저는 둘 다 이건 그저 결함이 있는 부분이라는 거를 알

죠, 우리는 지금 얼버무리지 않고 '괜찮아, 잘하고 있어.'라고 말하는 게 아닙니다. 당신은 그렇게 잘하고 있지 않아요.

G: Right.
G: 네

E: Now if you could accept yourself for the time being with this defective part, with these attributes and not beat yourself over the head, as I feel you definitely are doing, then it becomes a relatively simple problem to work and practice, to work and practice against this negative attribute. In other words, let's get back to that now, how to be yourself. Let's just suppose for the moment that you really were fully accepting yourself with your failings.

E: 이제 이 결함이 있는 부분, 이러한 특성을 가진 자신을 일단 제가 보기엔 당신이 분명히 하고 있다고 보이는 스스로에게 하는 채찍질을 그만 멈추고 자신을 받아들일 수만 있다면, 부정적인 특성에 대해 다루는 연습과 작업은 비교적 간단한 문제가 될 겁니다. 이제 다시 돌아가 당신 자신이 되는 방법에 대해 이야기해 봅시다. 당신이 당신의 결점을 완전히 받아들이고 있다고 가정해 봅시다.

G: All right.
G: 좋아요.

E: You know you're going to go out and you know you're going to screw up with the next man and the man after that in all probability but you're saying, all right, I have to go through a learning process, that's too bad. I won't be very good during this while but I'll do it just as I would as ice skating where I'd have to fall on my neck for a few times before I learn to ice skate. OK, now let's suppose that.

E: 당신은 앞으로 남자를 만나면서 반복해서 그들과의 관계를 망칠 모든 가능성을 생각하고 있죠. 좋아요, 그러면서도 당신은 이렇게 말할 것입니다. '자, 내가 이런 학습과정을 거쳐야 한다니, 뭐 어쩔 수 없지. 하지만 내가 아이스 스케이트를 배울 때 몇 번이고 넘어져야 했던 것처럼, 한동안은 잘하지는 못하겠지만 나는 곧 잘하게 될 거야.' 이렇게 한번 가정해 봅시다.

Then if that were so, if you were really accepting you, you'd go out, take the risks of being you because after all if you do win one of these men, you have to be yourself. You're not winning them for a day. You're not winning them for an affair. I assume you want to marry one of these individuals eventually and be with them a long time.

만약 당신이 정말로 있는 그대로의 자신을 받아들이고 있다면, 당신은 앞으로 데이트하러 나가서 위험을 감수하고 당신의 실제 모습을 보여 줄 것입니다. 왜냐하면 당신이 결국 이 남자들 중 한 명과의 관계에 성공하려면 정말 당신 자신이 되어야 하니까요. 하루 동안 즐기려고 그들과의 관계를 맺으려는 게 아니잖아요. 당신은 그저 성관계 때문에 그들을 만나는 게 아니잖아요. 저는 당신이 이들 중 한 명과 결국 결혼하고 그와 오랫동안 함께 하고 싶어 할 거라고 생각합니다.

G: But mostly a long relationship. I don't think so much as marriage as a long relationship.

G: 긴(장기적인) 관계 말이죠. 결혼과 같이 긴 관계를 생각한 건 아니지만요.

E: All right, a long relationship, in the course of which you couldn't act. So we don't want to give you some technique of acting well that he will later find out was a role-playing sort of thing. So you have to eventually be yourself. Now if you really weren't so disturbed about these present, current failings of yours you could go out and be this self of yours, ask yourself what do I really want to do with this man to help enjoy him and have him help enjoy me?

E: 좋아요, 긴 연애 기간 동안 당신은 연기를 할 수 없지요. 상대 남자가 나중에 역할 연기 같은 것이라고 알게 될 것이기에, 당신에게 연기를 잘하는 기술을 알려주고 싶지 않습니다. 결국 당신 자신이 되어야 합니다. 현재의 모습, 현재 당신의 결점에 대해 그렇게 불안해하지 않는다면, 앞으로 데이트하러 가서 자신의 모습대로 행동해 보고, 내가 이 남자를 즐겁게 해주기 위해 그리고 이 남자가 내가 즐기는 것을 돕도록 만들기 위해, 내가 무엇을 원하는지를 스스로 질문해 보십시오.

Because that's the basic function of life, enjoyment, which we tend to lose. And you force yourself to take the risk of being that because if you succeeded, great, if you failed, too bad.

즐거움, 그게 바로 우리가 쉽게 놓쳐버리는, 삶의 기본적인 기능이기 때문입니다. 내키지 않더라도 일단 그런 위험을 한번 감수해 보세요. 그래서 성공하면 훌륭한 것이고, 실패하면 그냥 유감스러운 것뿐이에요.

Either you are not for him or he may even not be for you. Because don't forget, you said before when these men reject you, you assume right away it must be my doing and my fault. You know they may not be your cup of tea and you may not be their cup of tea and it's nobody fault. It's just true incompatibility.

그저 서로가 잘 맞지 않은 것일 수도 있습니다. 남자들이 당신을 거부할 때, 당신은 즉시 그것이 내 행동 때문이고 내 잘못임이 틀림없다고 생각했었기 때문에 예전에 당신의 모습을 생각해 보라고 말하는 겁니다. 그들이 당신의 취향이 아닐 수도 있고, 당신이 그들의 취향이 아닐 수도 있다는 것을 당신도 알고 있죠. 그것은 누구의 잘못도 아닙니다. 그것은 진정 양립할 수 없는 것입니다.

G: I know it could be, yes.
G: 그럴 수도 있겠죠. 맞아요.

E: You see.
E: 당신도 알잖아요.

G: Yeah.
G: 네.

E: So if you would really accept yourself as you are and then force yourself, and if you were one of my regular patients. I would give you this homework assignment and then check up on you to see whether you could force yourself to open your big mouth and be you for a while. Even though it hurts with these males, you would find that, A, you would start being yourself and gradually lopping off these inefficiencies, which incidentally are the result of not being you but watching yourself from the outside while you're trying to be you, which is almost impossible. Because you can't spy on yourself and still be yourself very well at the same time.
E: 만약 당신이 자신을 있는 그대로 받아들이고 그렇게 하려고 애쓴다

면, 그리고 당신이 제 환자 중 한 명이라면, 저는 당신에게 이 숙제를 주고 당신이 직접 행동에 옮겨 당신답게 될 수 있는지 한동안 확인해 볼 것입니다. 비록 이 남성들에게 상처를 받더라도 당신은 당신 자신이 되기 시작하고 점차적으로 비효율적인 것들을 줄여나가게 될 것입니다. 이것은 당신 자신이 있는 그대로의 모습대로 되려고 노력하는 과정에서, 스스로를 객관적인 시점으로 지켜보는 것의 결과이지, 당신 자신의 모습이 된 결과는 아닙니다. 스스로를 관찰하는 것과 있는 그대로의 모습을 지키는 것이 동시에 제대로 되기는 사실상 불가능하니까요.

G: No, but it would become like a habit.
G: 하지만 습관처럼 될 것 같아요.

E: After a while if you took the risks and forced yourself to, as I said, open your big mouth and even though you thought maybe it will come out badly, maybe he won't like me, maybe I'll lose him completely, and so on and so forth, then you'd start swinging in the groove and being what you want to be. And I would almost guarantee that you'd become more practiced and less inefficient, especially in terms of the shyness, because you wouldn't be focusing on, oh my God, isn't this awful how bad I am. You would be focusing on what a nice individual this is and how can I enjoy him, which is the focus, the purpose of the relationship.

E: 제가 말했듯이 한동안 위험을 감수하고 노력하고, 또 실행에 옮긴다면, 비록 일이 잘 안 풀릴지도 모르고 어쩌면 그는 나를 좋아하지 않을지도 모르고, 나는 그를 완전히 잃을지도 모른다는, 등등의 생각들을 한다고 하더라도, 당신은 변화를 느끼기 시작할 것이고 당신이 원하는 대로 될 것입니다. 저는 특히 수줍음과 관련하여 당신이 더

능숙해지고 덜 비효율적이게 될 것이라고 거의 장담할 수 있습니다. 왜냐하면 당신은 더 이상 내가 얼마나 나쁜지, 그게 얼마나 끔찍한 일인지에 대해 신경 쓰지 않게 될 거니까요. 대신에 당신은 이 사람이 얼마나 좋은 사람인지, 내가 어떻게 그와 즐길 수 있는지를 관계의 초점이자 목표로 여기게 될 것입니다.

G: Well, you say my focus is the opposite way.
G: 음, 박사님은 제가 반대되는 방식으로 초점을 맞춘다고 하셨죠.

E: Right.
E: 그렇죠.

G: How can I be more attractive to him and how can he be pleased by me?
G: 제가 어떻게 그에게 더 매력적으로 보일 수 있고 어떻게 내가 그를 기쁘게 할 수 있을까요?

E: Because underneath if I am not then I cannot enjoy myself. I refuse to accept myself unless I attract and win this good individual. Isn't that what you're basically saying?
E: 왜냐하면 그렇지 않으면 나는 행복해질 수 없다. 내가 이 좋은 사람을 매혹시켜서 관계에 성공하지 못한다면 나는 나 자신을 받아들일 수 없다. 그게 당신이 기본적으로 말하는 거 아닌가요?

G: Yes, I even go further, Dr. Ellis. When there is one of these men I come in contact with and I find that I want to cultivate more of a relationship, well, if he accepts me and we' Constantly watching the way I sit, not drinking too much, the whole time instead of just relaxing and saying he'll either like me or he doesn't along pretty great, I find myself constantly on the defensive.

G: 네, 박사님, 게다가 저는 더 멀리 나아갑니다. 저는 제가 알게 된 남자들 중 한 명과 더 깊은 관계로 발전시키고 싶다는 생각이 들고 만약 그가 나를 받아들이면, 저는 술도 별로 안 마신 채 내가 앉은 모습을 관찰하고 편하게 있지 못하고 계속해서 그가 나를 좋아하는지 아닌지 이야기하거나, 질문하는 그런 방어적인 태도를 보여요.

E: An emotion in psychotherapy. You're giving a very good illustration of why other-directedness doesn't pay. Because if you really are defining yourself in terms of others' estimation of you then even when you're ahead of the game and you're winning them you have to be saying to yourself will I win them today, will I win them tomorrow, will I keep winning them? And you're always focused on am I doing the things to please him and you never are yourself, you never have a self. While if you're saying what do I want to do in life, there must be some human beings who would like me the way I am, let's see if this is one of those human beings then that's the only way is that you can be. You see?

E: 심리치료에서의 감정에 대해, 타인 지향의 방식이 득이 되지 않는 이유를 당신이 아주 잘 보여 주고 있습니다. 당신이 정말로 다른 사람들의 당신에 대한 평가로 스스로를 정의하고 있다면, 당신이 게임에서 앞서 있고 그들을 이기고 있을 때에도, 내가 오늘 그들을 이길 수 있는가, 그리고 내일도 그들을 이길 수 있나, 나는 계속 이길 것인가라고 스스로에게 말할 수밖에 없습니다. 그리고 당신은 항상 내가 그를 기쁘게 하고 있는지를 신경 쓰느라 있는 그대로의 모습대로 살 수 없을 것입니다. 내가 인생에서 무엇을 하고 싶은지 묻는다면, 있

는 그대로의 나를 좋아해 줄 사람들이 분명히 있을 것입니다. 이 사람이 바로 그런 사람들 중 한 명인지 확인해 보는 것만이 유일한 방법입니다. 그렇죠?

G: Yeah.
G: 네.

E: Now we haven't got too much time now so let's try to get it off on a constructive note of more concretely what you can do. You asked before where you can go, how you can meet new people.
E: 이제 시간이 얼마 남지 않았으니 할 수 있는 일에 대해 보다 구체적으로 작성해 보겠습니다. 당신은 전에 어디로 가야 하고, 어떻게 새로운 사람들을 만날 수 있는지 물었습니다.

I'd say that, I don't know this particular area but it's almost anyplace, if you could do what we are talking about, really take risks and focus on what you want out of life, and on the fact that it's going to take time, which unfortunately it does, and it is not awful and you are not awful while it's taking that time, then you can leave yourself open unshyly to all kinds of new encounters.

제가 말씀드리고 싶은 건, 저는 이 특정 영역은 (분야는 정확하게) 잘 모르지만, 거의 어디에나 마찬가지입니다. 만약 당신이 우리가 지금 말하고 있는 것들을 행동으로 옮길 수 있다면, 정말로 위험을 감수하고 인생에서 원하는 것, 그리고 시간이 걸리더라도 그 과정이 그렇게 끔찍하지도 않고, 당신이 끔찍해지는 일도 없을 거라는 데 초점을 맞춘다면, (당신은) 모든 종류의 새로운 만남에 수줍어하지 않고 있는 그대로 당신을 열어 둘 수 있습니다.

And these encounters can take place on busses, while waiting for a street car, if they have street cars in this area, at cocktail parties, anywhere. You can talk to people who look eligible, you can ask your friends to get you eligible males, and so on. But the main thing is that you have to, A, like yourself while you're not doing badly and, B, not be intolerant against conditions which are bad. And I'm agreeing with you that they are.

그리고 이러한 만남은 버스에서, 지하철에서, 칵테일 파티에서, 어디에 서나 일어날 수 있습니다. 당신에게 어울리는 사람들과 이야기할 수 있고, 친구에게 당신과 어울리는 남성을 소개시켜 달라고 부탁할 수도 있죠. 그 러나 가장 중요한 것은 'A, 나쁘게 행동하지 않는 동안 자신을 좋아해야 하 고, B, 나쁜 조건에 대해 편협하게 굴지 않아야 한다.'는 것입니다. 그럴 수 있는 일이니까요.

Now as I said, I would give you if you were a patient of mine the homework assignment of deliberately, very deliberately going out and getting yourself into trouble. In other words, taking the most eligible males you can find at the moment and forcing yourself, risking yourself to be you.

자, 제가 말했듯이, 만약 당신이 제 환자라면 일부러 아주 고의적으로 밖 에 나가서 스스로를 곤경에 빠뜨리는 숙제를 주겠습니다. 구체적으로 말 하자면, 당신이 현재 찾을 수 있는 가장 적당한 남성을 선택하고, 위험을 감수하면서 있는 그대로의 당신 모습을 드러내는 거죠.

G: Are you saying even if it were like if I went into a doctor's office to start a conversation with him because he was attractive to me or he appealed to me?

G: 예를 들면, 의사가 매력적이라고 느끼거나 그가 나에게 관심을 갖는

다면 내가 그의 진료실에 찾아가서 대화를 시도하는 것처럼요?

E: Right.
E: 맞아요.

G: Even go so far as to starting out a conversation with him, a personal one?
G: 심지어 그와 개인적인 대화를 시작하기도 하나요?

E: Why not? If he's an eligible individual, any kind of an eligible individual.
E: 왜 안 돼요? 만약 그가 어떤 점이든 괜찮은 사람이라면요.

G: Well, I know you accept that but that seems awfully brazen or something.
G: 글쎄요, 당신이 그것을 받아들인다는 건 알지만, 너무 뻔뻔해 보이는 것 같아요.

E: Well, let's suppose it is brazen. What have you got to lose? The worst he can do is reject you. And you don't have to reject you if you were thinking along the lines that we've been talking five minutes or so.
E: 음, 뻔뻔하다고 가정해 봅시다. 잃을 게 뭐가 있습니까? 그가 할 수 있는 최악의 일은 당신을 거절하는 것입니다. 그리고 만약 우리가 5분 정도 이야기한 대로 생각해 본다면, 그런 일이 생겨도 당신 스스로를 부정할 필요는 없는 거고요.

G: Oh, yeah.

G: 오, 그렇죠.

E: Now can you try to do that?
E: 그러면 이제 그렇게 해볼 수 있습니까?

G: I think, I think so. It sort of gives me a spurt to go out and see. You're right, that's all I can do is be rejected.
G: 그럴 수 있을 것 같아요. 실제로 해보고 싶은 마음이 조금 생기네요. 당신 말이 맞아요, 제가 할 수 있는 건 거절당하는 것뿐이에요.

E: Right, and that leaves you intact. It just leaves you, unfortunately, not for the moment getting what you want. So you try. The one you've already read and I'll be very interested in finding out what happens. Oh, I'm excited about it. Well, it was certainly very nice meeting you, Gloria.
E: 맞아요, 원하는 것을 얻지는 못하더라도 당신은 여전히 아무것도 잃지 않아요. 그냥 잠깐 얻지 못하는 것뿐이에요. 그러니 시도해 보세요. 당신이 이미 읽은 책이지만, 책도 다시 한번 읽어보면 어떤 변화가 생길지 궁금하네요. 글로리아를 만나서 정말 반가웠어요.

G: Thank you, Dr.
G: 감사합니다, 박사님.

================================

다음은 Ellis 박사가 이 사례를 상담한 후에 자신의 상담에 대해 논평한 것이다.

E: I enjoyed talking with this interesting and I think highly courageous patient and thought that the session gave a pretty good illustration of a fairly typical session of rational emotive psychotherapy. How was it typical? In several ways. In the first place, I was able rather rapidly and quickly to get to some of what I think are the philosophic cores of the patient's disturbances.

저는 이 흥미로운 환자와의 대화를 즐겼고 매우 용기 있는 환자라고 생각했으며, 이 세션이 꽤 전형적인 합리적 정서 심리치료에 대한 좋은 예를 보여 준다고 생각했습니다. 어떻게 전형적이라고 볼 수 있을까요? 우선, 저는 제가 생각하는 환자의 불편감에 내재된 철학적 핵심에 대해 다소 빠르고 신속하게 파악할 수 있었습니다.

To show her that the reason she is feeling shy and ashamed and afraid in this instance is because, even though partially unwittingly, she is defining herself in a very negative way or devaluing herself by blaming herself too much for imperfect behavior.

이런 상황에서 수줍어하고 좌절하고 두려워하는 이유는 자신도 모르게 매우 부정적인 방식으로 자신을 정의하거나 불완전한 행동에 대해 너무 많이 자신을 비난함으로써 자신을 평가절하하고 있기 때문이라는 것을 그녀에게 보여 주었고요.

Because perfectionism is the root of most human evils and she was showing some fairly typical perfectionistic notions. So very quickly, as is usually done in rational emotive psychotherapy, we skipped some of the asides, we skipped going back into the history as some of these psychoanalysts do and we skipped some of the transference relations between us and the patient and we skipped some of the non-verbal expression.

완벽주의는 대부분의 인간의 고통의 근원이고 그녀는 완벽주의의 전형적인 모습을 보여 주고 있었기 때문입니다. 우리는 몇 가지 무의미한 절차라든가 정신분석학자들이 하듯이 내담자의 과거를 파고든다거나 환자와의 전이 관계나 비언어적 표현에 대한 부분도 생략하고 합리적 정서 심리치료의 일반적인 방식대로 빠르게 진행했습니다.

Not that we think these things are quite unimportant but we think there are of relatively little relevance to the basic core of the patient's disturbance which is her philosophy of life. And typically again, this patient showed both anxiety and low frustration tolerance which most patients showed.

이런 것들이 중요하지 않다고 생각하는 것은 아니지만, 환자 문제의 핵심인 그녀의 삶의 철학과 상대적으로 관련이 적다고 보기 때문입니다. 또한 이 환자의 경우, 대부분의 환자들이 일반적으로 갖고 있는 불안과 낮은 좌절, 인내력을 동시에 보여 주었습니다.

And these were intertwined and, again, very usually she was then beating herself over the head, blaming herself, condemning herself for feeling these kinds of feelings. Now she did not see very clearly, at least I thought so at the beginning of the session, exactly what declarative sentences and exclamatory sentences she was telling herself to create these feelings and I endeavored to show her some of these sentences and what could be done about it.

그리고 이것들은 서로 얽혀 있기 때문에 이런 감정들을 느끼는 자신을 향해 그녀는 자신을 자책하고, 비난하고, 부정했습니다. 회기 초반 제가 느끼기로는, 그녀는 이런 감정들을 느끼는 데 있어 어떤 선언적 문장과 감탄문들이 그녀의 내면에서 작용하는지 분명하게 인식하지 못했던 것 같습니다. 그래서 저는 그녀에게 일부 문장들을 인지하게 해주고 그것에 대해 무엇을 할 수 있는지 설명하였습니다.

And among other things, I also, though briefly because this is just one brief session, tried to give her a homework assignment that she could go and get her teeth into and actively try to do to de-propagandize herself by going out and taking risks which normally up to now she hasn't been taking that much of.

그리고 무엇보다도, 하나의 짧은 세션이라 아주 잠깐이었지만, 그녀가 나가서 적극적으로 자신을 알리는 것을 시도할 수 있는 숙제를 주려고 노력했습니다. 그녀가 지금까지 하지 않았던 위험을 감수하면서 말이죠.

It's interesting to note that, again quite typically, in this session although I was attacking fairly vigorously the patient's attitudes or philosophies, she did not feel an attack on her. She felt that I was supporting her, if anything, and she ended up, I thought, rather optimistically feeling that I had given her several ideas of what she could do in the future.

흥미로운 점은 물론 이것이 또한 전형적 모습이기도 하지만, 제가 환자의 태도나 철학을 상당히 격렬하게 공격했음에도 불구하고 그녀 자신은 이것을 공격으로 느끼지 않았다는 것입니다. 그녀는 오히려 제가 그녀를 지지하고 있다고 느꼈고, 마지막에는 제가 그녀에게 앞으로 무엇을 할 수 있는지에 대한 몇 가지 제안을 했다고 낙관적으로 느끼기도 했습니다.

Again rather typically, in this session I kept persuading the patient and attacking her ideas and showing her that her philosophy of life not only was such and such but that if she stuck to this kind of philosophy she had to get negative and self-defeating results from it.

또한 전형적인 모습을 찾자면, 저는 이 세션에서 환자를 계속 설득하고 그녀의 생각을 공격했으며, 그녀의 인생철학이 단지 이렇다 저렇다 말하는 것에 그치지 않고 이런 종류의 철학을 고수한다면 부정적이고 자기 패배적인 결과를 얻을 수밖에 없다는 것을 이해시켰습니다.

And then I kept persistently going on even though at times she became defensive and wasn't quite accepting by any means what I was saying, I didn't let this bother me but kept going on against her basic core system, her value system. Because this is, again, what bothers patients, that they give up very easily on attacking their own negative evaluations of themselves and therefore they persist forever.

그리고 나서 그녀가 때때로 방어적이 되어 제가 말하는 것을 전혀 받아들이지 않더라도 저는 논박을 계속했습니다. 그녀의 반응에 대해 신경 쓰지 않고 계속해서 그녀의 기본 핵심체계, 가치체계에 대해 논박하였습니다. 왜냐하면, 환자들에게 문제가 되는 것은 바로 이처럼 자신에 대한 부정적인 평가를 공격하는 것을 매우 쉽게 포기해 버려서 문제가 영원히 지속되는 것이니까요.

Now there were limitations, of course, especially in terms of time, to the session and these limitations did have some effect. For example, there was not enough time for repetition. In several sessions, I would have gone over much of the same material until I was sure that it had sunk in. Then I would have had time to get feedback from the patient to see whether she really understand, in action in particular, what I was talking about and whether she was following it up or leading herself up some other diverting pathway, which people can do.

물론 세션에는 특히 시간적 제약을 포함해서 몇 가지 제약사항이 있었고 그 제약사항이 어느 정도 영향을 미쳤습니다. 예를 들어, 반복할 시간이 충분하지 않았습니다. 여러 세션을 통해, 체득되었다고 확신할 때까지 거의 같은 자료를 반복해서 검토했을 것입니다. 그러고 나서 저는 환자로부터 피드백을 받아보고 제가 말하는 것을 실제로 이해하고 특히 행동으로 옮기고 있는지, 그리고 그녀가 그것을 따라가고 있는지, 아니면 그녀 스스로 우회로를 만들어서 주도하고 있는지 확인하는 시간을 가졌을 것입니다.

There was no time to emphasize that she would have to continually reassess her evaluations of herself and her general philosophies and do rethinking for the rest of her life. There was no time to show the patient very much that even during this session, in relation to me and what she was saying about herself, that she was displaying her bad attitudes toward herself.

그녀가 스스로에 대한 평가와 자신의 일반적인 철학에 대해 계속해서 재평가하고 남은 인생 동안 다시 생각해야 한다는 것을 강조할 시간이 없었습니다. 이 세션 동안 그녀가 자신에 대해 말하거나 저와 관련하여, 자신에 대한 부정적 태도를 드러내고 있다는 것을 보여 줄 시간이 없었습니다.

And finally, there was no occasion, of course since this was an individual session, to see how she related specifically to other non-therapists as she would in group therapy, and in the midst of this group situation to show her exactly what was going on and what she could do about it.

그리고 마지막으로, 이것은 개인 세션이었기 때문에 집단치료에서처럼 그녀가 상담자가 아닌 다른 사람들과 구체적으로 어떻게 관계하는지 볼 기회가 없었는데요, 이러한 집단치료 상황에서라면, 그녀에게 정확히 무슨 일이 일어나고, 무엇을 할 수 있는지 보여 줄 수 있었을 것입니다.

But I do feel hopeful about the session and think that perhaps I was able at least to give the patient a few ideas which she could then go out and work on her own. Because unless patients do work themselves with the material that we therapists give them in psychotherapy nothing eventually happens. It isn't any magic that we have for them but we can give them certain catalytic ideas and influences which then if they work and practice .at, work and practice at will do them good for the rest of their lives.

그러나 나는 세션이 긍정적으로 진행되었다고 생각하고, 최소한 환자에게 스스로 시도하고 연습해 볼 수 있는 몇 가지 제안을 할 수 있었다고 생각합니다. 환자들이 심리치료에서 우리 치료사가 그들에게 제공한 자료들을 가지고 실제로 해보지 않는다면, 결국 아무 일도 일어나지 않기 때문입니다. 우리는 그들에게 어떤 마법이 아니라 어떤 촉매제 역할을 해줄 수 있고 그들이 반복해서 연습하고 실행에 옮긴다면 그들의 남은 평생 동안 도움이 될 것입니다.

Ellis 박사에 의해 수행된 스가누마 교수와의 상담사례 시연[1]

Ellis 박사: 당신의 이름은 무엇입니까?

내담자: 켄지입니다.

Ellis 박사: 그럼 켄지 씨, 어떤 문제부터 시작할까요?

내담자: 제가 20년 전에 자동차면허증을 땄거든요. 그런데 따기만 하고 한 번도 자동차의 핸들을 잡지 않았습니다.

Ellis 박사: 그러면 당신은 차를 타는 것에 대한 공포가 있는 것이군요.

내담자: 그렇습니다.

Ellis 박사: 차를 타고 나가는 것을 당신이 거부할 때 당신은 자신에게 뭐라고 말하고 있습니까?

내담자: 이런 쇳덩어리가 어떻게 움직이는 걸까?

Ellis 박사: 당신이 동네에서 차가 움직이는 것을 볼 때 차는 움직이고 있지 않았습니까?

내담자: 움직이고 있었습니다.

Ellis 박사: 그러면 왜 당신이 차를 탔을 때 차가 움직인다는 것에 대해 믿을 수 없는 것입니까?

내담자: 저는 누가 태워 주는 것에 대해서는 굉장히 납득할 수 있습니다. 그러나 제가 다루어서 움직인다고 생각하면 납득이 안 되

---

1) 스가누마 교수는 1987년 Ellis 박사가 일본에 방문하셨을 때 상담시연의 내담자로 자원하여 Ellis 박사에게 상담받은 내용에 대한 동영상을 30여 년 동안 간직해 왔다. 2019년 '한국REBT인지행동치료학회 창립 기념 제1차 국제학술세미나'에서 그 동영상을 보여 주고 Ellis와의 짧은 만남 동안에 이루어진 상담이 삶의 전반에 영향을 미쳤다고 고백했다. 이 축어록은 바로 그 동영상의 내용이다.

네요. 어떻게 이게 움직이는 걸까라고 궁금합니다.

Ellis 박사: 다른 사람을 위해 차는 움직여 주는데 왜 당신이 운전하면 차가 움직이지 않는다고 생각합니까?

내담자: 사막이나 초원에서 혼자 운전한다면 아마 움직일 것이라고 생각합니다.

Ellis 박사: 그러면 다른 사람들이 운전하고 있는 상태에서 운전하는 것이 무서운 거군요.

내담자: 그렇습니다. 도로 상황의 흐름 속에서 제가 따라간다는 것이 매우 무섭습니다.

Ellis 박사: 그래서 당신이 운전하면 사고가 나지 않을까 하는 걱정을 하는 것입니까?

내담자: 물론 그렇습니다.

Ellis 박사: 그렇다면 당신은 언제 운전하더라도 절대로 사고를 일으키지 않는다는 보증(guarantee)을 얻고 싶은 것입니까?

내담자: 그렇습니다.

Ellis 박사: 그러면 도대체 어떻게 그 보증을 얻을 수 있습니까?

내담자: 제가 운전을 잘하고 있어도 말이죠. 이런 생각이 드는 겁니다. 제가 모범운전수였다 하더라도 보증을 얻을지 어떨지는 다른 문제인 것이, 제가 아닌 운전수가 저에게 충돌해 온다는 가능성도 있는 것입니다. 사고에 휩쓸린다는 가능성이죠. 그것이 저는 너무 무섭습니다.

Ellis 박사: 분명히 당신은 사고를 당하지 않는 것이 좋고, 사고를 당하는 것은 불행하다는 합리적인 방법으로 생각을 함과 동시에 나는 무슨 일이 있어도 사고는 나지 않는다는 보증을 또한 얻고 싶은 것 아닙니까?

내담자: 그렇습니다. 죽고 싶지 않습니다.

Ellis 박사: 그래서 당신은 나는 운 없는 사고에 휩쓸려서 죽고 싶지 않다는 보증을 얻고 싶은 것이군요.

내담자: 네, 보증을 얻고 싶습니다.

Ellis 박사: 세상에 누가 이 보증을 줄 수 있습니까? 하느님입니까?

내담자: 하느님일까요?

Ellis 박사: 하느님도 사고칠지도 모르지요. 만약 하느님이 보증을 줄 수 있다 하더라도 당신은 자기가 신이 되는 것을 요구하고 있는 것입니다.

내담자: 제가 그 정도를 요구하는 것은 아니지만, 스스로는 사실 그렇게 생각하고 있습니다. 저는 신이 되려고 하는 것은 아닙니다. 단지 인생이 조금이나마 즐거워질 수 있다면, 그러기 위해서 차를 운전할 수 있다면 지금 생활이 더욱 풍부해지고 즐거운 생활을 할 수 있게 되기를 바랄 뿐입니다.

Ellis 박사: 당신이 보증에 고집하는 한 당신은 이제 평생 운전할 수 없는 것 아닙니까? 만약 제가 이 연수회장에서 "나는 당신을 고치지 않으면 안 된다."라고 제 자신에게 타이른다면 저는 어떤 느낌을 가질 것 같습니까?

내담자: 아마 자유로운 마음으로 여러 가지를 가르쳐 주시고 말씀해 주실 수 없어서 불만족한 결과로 끝나실 것 같습니다.

Ellis 박사: 아마 저는 곧 파산하고, 일을 그만둬야만 하게 되겠죠. 완전히 안전하게 운전하지 않으면 안 된다고 자기 자신에게 타이르고 있는 한 당신은 평생 운전을 못 할 것입니다. 이 사고방식은 당신에게 많은 불리함을 주는 것인데 왜 불리함을 줄 것 같은 사고방식을 고집하고 계시는 겁니까?

내담자: 그게… Ellis 선생님이 11개의 비합리적인 생각(irrational belief)을 만드셨는데요. 그중에서 "항상 일을 정확히 진행하지 않으면 안 된다."라든지 "내담자가 공포에 직면하면 아무것도 못 하게 될 것 같다."라든지, 그리고 또 뭐가 하나 있었던 것 같은데 잊어버렸네요.

Ellis 박사: 당신의 패닉에 대해, 패닉 자체에 대해 이야기합시다. 당신은 패닉 때 어떤 식으로 느낍니까?

내담자: 제가 만약 운전을 한다면 가장 두려운 것은 교차로에 들어갈 때입니다. 교차로에서 엔진이 멈춰서 뒤에서 빵빵 경적을 울리고 내가 그것에 대처하려고 하고 있을 때 엔진이 고쳐지지 않아서 느릿느릿하게 있다는 이미지를 떠올릴 때 말이죠. 굉장히, 그 뭐라고 할까, 곤란하다고 할까요.

Ellis 박사: 그러한 상황이 되었을 때 그것에 대해 당신은 어떻게 느낍니까?

내담자: 느낀다기보다는 초조합니다. 예를 들어, 지금 어떻게 차를 움직여서 문제를 해결할까보다 어쨌든 뒤쪽에서 들리는 잡음이 매우 마음에 거슬리네요. 그래서 뭔가 적절한 조치를 할 수 없을 것 같다는 생각이 듭니다.

Ellis 박사: 당신은 차에 대해 어떻게 느끼는지를 말씀하고 계시지만, 그것 말고 당신은 패닉이 된다는 것에 대해 어떻게 느끼는 겁니까?

내담자: 패닉이 된다는 것은 방법이 없다는 느낌입니다. 끝장났다(give up)는 느낌이지요.

Ellis 박사: 패닉 때 당신은 어떤 식으로 느낍니까?

내담자: 한심하게 느낍니다. 나 자신에게 자신감이 없어지고 '우선 무엇을 하고 싶은가'라는 것 때문에 대단히 고생합니다.

Ellis 박사: 당신에게는 두 가지 문제가 일어나고 있군요. 당신은 '차와 관련된 상황에 대한 패닉' 그 자체와 '패닉이 된 그때 자기 자신에 대한 패닉'이 있습니다. '패닉이 되면 어떻게 할까'라는 두 번째 패닉을 고치지 않으면 첫 번째의 문제는 절대로 고쳐지지 않을 것입니다. 당신은 "나는 패닉에 빠지면 안 된다. 나는 패닉에 빠지면 안 된다."라는 식으로 자기 자신을 타이르고 있는 것입니다. 그러는 한 당신은 첫 번째의 차에 대한 패닉 문제를 직면할 수 없습니다. 우선 먼저 자기 자신이 패닉이라는 것을 인정하는 것이 중요합니다. 그러면 첫 번째의 패닉으로 돌아가서, '내가 운전해도 절대로 사고 나지 않는다는 보증은 없다. 그것은 대단히 유감스러운 일이다.'라고 생각해 보세요. 그래서 최초의 패닉에 대한 패닉(두번째 패닉)에 자기 스스로 대처해서 그다음에 최초의 패닉으로 돌아가 '확실히 안전하다는 보증은 없다. 단지 사고는 잘 일어나지 않을 것이다. 매우 높은 확률이 있을 뿐이다.'라는 식으로 생각하는 것이죠.

내담자: 그러고 보니 말이죠. 자동차뿐만 아니라 예를 들어서, 내가 교수로서의 일을 하고 있을 때라든가 여러 가지 점에서 보증을 얻으려는 부분이 있어요.

Ellis 박사: 당신이 보증을 얻으려는 한 당신의 인생을 즐길 수는 없을 것입니다. 단 하나만의 보증을 제가 가지고 있다면 그것은 세상 어디에도 보증은 없다는 보증인 것입니다. 그래서 지금 저는 논박/반론 설득법을 사용해 보았는데 '합리적 정서적 심상법(Rational Emotive Imagery)'을 사용해 보고자 합니다. 눈을 감아 주세요. 당신은 지금 운전면허증을 가지고 있고 차 안에 있습니다. 당신에게 있어서 그것은 굉장한 도전이겠죠. 그 차 안에 당신이 있다고 하면 무엇을 느낍니까?

내담자: 만일 패닉이 덮치면 어떻게 할까라고 불안해하고 있습니다.

Ellis 박사: 그러면 패닉 때의 마음이라는 것을 제대로 붙잡고 지금부터 자기 자신을 최고의 패닉 상태가 되도록 해 주세요. 당신은 지금 패닉 상태에 있는 것입니다. 이제부터 당신의 그 패닉이라는 마음에 자기 자신이 적극적으로 대처하는 것입니다. 그래서 패닉이라는 상태에 있는 자기 자신에게 '아, 나는 이런 상태가 되어서 매우 유감스럽다. 그러나 나는 패닉은 아니다.'라고, 그런 식으로 자기 자신의 감정을 바꿔 보세요. 혹시 당신이 정말로 당황함으로 가득 차서 그것에 휘둘리고 있더라도, 절대로 패닉은 아니라는 감정이 되면 표시해 주세요.

내담자: 네.

Ellis 박사: 눈을 뜨세요. 당신은 어떻게 해서 당신의 감정을 바꿨습니까?

내담자: 교차로에 들어가면서부터입니다. 그리고 시동을 걸어도 엔진키를 꽂아도 엔진이 멈춰져 있어서 시동이 걸리지 않더군요. 그리고 잠시 있다가 뭔가 이렇게 마음이 조금 진정되어서 침착하게 키를 돌리니 시동이 걸리더군요. 그러다 조금 후부터 상황이 굉장히 넓게 보이게 되었습니다. 그래서 전진인지 우회전인지 좌회전인지에서, 내가 가는 방향은 좌회전이구나 하고 넓게 보기 시작함과 동시에 엔진키가 원활하게 잘 걸려서, 아직 움직이지는 않지만 이렇게 가면 되는구나라는 계획이 세워지더군요. 왼쪽으로 가면 되는구나라고.

Ellis 박사: 그러면 자신의 마음이 진정되어 가는 과정에 있어서 그렇게 되기 위해 당신은 자기 자신에게 뭐라고 말했습니까?

내담자: 내가 서두르지 않고 더 침착하게 상황을 잘 보고, 하나하나 점검하면서 순서대로 해 가면 아마 잘될 것이라고 말했습니다.

Ellis 박사: 지금 한 것들은 매우 좋은 것입니다. 그러면 이제부터 매일 1회 30일 지금과 같은 연습을 해 주세요. 그래서 감정이 패닉인 상태에서 그냥 불편하고 실망은 하고 있지만 패닉 상태에 있지는 않다는 감정변화의 연습을 매일 1회 30일간 하세요. 이것은 이러한 감정의 연습입니다. 이것을 매일 할 수 있습니까?

내담자: 이왕이니까 해 보겠습니다.

Ellis 박사: 그러면 이제부터 당신을 위해 강화하기를 해야 하는데, 당신은 매일 무엇을 하고 싶습니까? 좋아해서 매일 하고 싶은 것이 뭔가 있습니까?

내담자: 글쎄요. 저는 아이가 있으니까 아이하고 논다든가 하는 것입니다.

Ellis 박사: 당신은 '합리적 정서적 심상법'의 연습을 매일 할 때까지는 절대로 아이하고 놀면 안 됩니다. 그러면 당신이 싫어하는 것, 하기를 피하는 것은 무엇입니까?

내담자: 체중을 감량하는 것입니다.

Ellis 박사: 그렇다면 이 연습을 하지 않은 다음 날에는 반드시 체중을 감량하도록 하세요. 당신이 제대로 이 연습을 매일 한다면 체중 감량을 할 필요는 없습니다.

내담자: 그렇겠네요.

Ellis 박사: 그러면 하나 더 행동요법적인 숙제를 드리겠습니다. 근처에 큰 주차장을 찾아보세요. 거기서 차를 출발시켜서 빙빙 도는 것입니다. 당신이 운전에 익숙해질 때까지 숙제를 드리겠습니다.

내담자: 네, 해 보겠습니다.

참고문헌

권석만 역(2007). 아론 벡. 서울: 학지사.

권정혜(2020). 인지행동치료: 원리와 기법. 서울: 학지사.

박경애(1997). 인지정서행동치료. 서울: 학지사.

박경애(2013). 아동 및 청소년을 위한 인지행동치료 상담사례. 서울: 학지사.

박경애(2019). 한국에서의 REBT: 적용과 과제. 한국REBT인지행동치료학회 창립총회 및 제1차 국제학술세미나 '동양에서의 REBT: 적용과 과제'.

박경애(2021). REBT에서 논박의 허상과 실상. 한국REBT인지행동치료학회 연차학술대회, 한국REBT인지행동치료 학회지 발간기념.

서수균, 김윤희 역(2007). 합리적 정서행동치료. 서울: 학지사.

이장호(1982). 상담심리학 입문. 서울: 박영사.

임지준(2019). REBT의 적용과 실제. 한국REBT인지행동치료학회 창립총회 및 제1차 국제학술세미나 '동양에서의 REBT: 적용과 과제'.

Asch, S. E. (1987). *Social Psychology*. Oxford University Press. (original work published 1952).

Beck, T. B. (1976). *Cognitive therapy and the emotional disorders*. New York: International University Press.

Corey, G. (2019). *The Art of Integrative Counseling* (4th ed.). 이상민 외 역(2010). 상담과 심리치료의 통합적 접근. 서울: 박영스토리.

DiGiuseppe, R. D. (1986). Cognitive therapy for childhood depression. In A. Freeman, N. Epstein, & K. M. Simon (Eds.), *Depression in the family*. New York: Haworth Press.

DiGiuseppe, R. D. (1991). Maximiazing the moment: How to have more fun and happiness in life. Cassette recording. New York: Institute for Rational Emotive Therapy.

DiGiuseppe, R., Doyle, K., Dryden, W., & Backx, W. (2014). *A Practitioner's Guide to Rational Emotive Behavior Therapy*. 이한종 역(2021). 합리적 정서행동치료. 서울: 학지사.

DiGiuseppe, R., Wessler, R., & Walen, S. (1992). *A Practitioner's Guide to Rational Emotive Behavior Therapy*. Oxford University Press.

Donker, T., Griffiths, K., Cujjpers P., & Christensen, H. (2009). *Psychoeducation of depression, anxiety and psychological distress: A meta analysis*. BMC Med.

Dryden, W. (1990). *Rational Emotive Counseling in Action*. London: Sage Publication.

Ellis, A. (1957). Rational psychotherapy and individual psychology. *Journal of Individual psychology, 13*, 38-44.

Ellis, A. (1972). Helping people get better: Rather than merely feel better. *Rational Living, 7*(2), 2-9.

Ellis, A. (1977). *Anger: How to live with and without it*. A citadel Press Book.

Ellis, A. (1979). The biological basis of human irrationality: a reply to McBurnett and LaPointe. *Individual Psychology, 35*(1), 111-116.

Ellis, A. (1982). Intimacy in rational emotive therapy. In m. Fisher & G. Striker (Eds.), *Intimacy* (pp. 203-217). New York: Plenum.

Ellis, A. (1991). My life in clinical psychology. In C. E. Walker (Ed.), *The history of clinical psychology in autobiography Vol. 1 Pacific Grove*. CA: Brooks/cole.pp1-37.

Ellis, A. (1995). Changing Rational Emotive Therapy to Rational Emotive Behavior Therapy. *Journal of Rational Emotive & Cognitive-*

Behavior Therapy, 13(2), 85–89.

Ellis, A. (2010). *All Out!: An Autobiography*. Prometheus Books.

Ellis, A., & Dryden, W. (1987). *The Practice of Rational Emotive Therapy*. New York: Springer.

Ellis, A., & Dryden, W. (1990). *The essential Albert Ellis*. New York: Springer.

Guidano, V. F. (1988). A systems, process oriented approach to cognitive therapy. In K. S. Dobson (Ed.), *Handbook of cognitive behavioral therapies* (pp. 307–356). New York: Guilford.

Kabat-Zin, J. (1990). *Full Catastrophe living: Using the wisdom of your body and mind to face stress, pain and illness*. New York: Dell.

Kuhn. T. (1970). *The Structure of Scientific Revolutions* (2nd ed.). Chicago University Press.

Lukens, E., & McFarlane, W. (2004). Psychoeducation as evidence based practice: Considerations for practice, research, and policy. *Brief Treatment & Crisis Intervention, 4*(3), 205–225.

Mahoney, M. J. (1991). *Human change process*. New York: Basic Books.

Maultsby, M., & Ellis, A. (1974). *Techniques of using rational emotive imagery*. New York: Institute for Rational Emotive Therapy.

Meichenbaum, D. (1972). *Cognitive behavior modification*. New York: Plenum.

Titchener, E. B. (1905). *Experimental Psychology: A manual of Laboratory Practice*.

Walen, S., Digiuseppe, R., & Dryden, W. (1992). *A practitioner's guide to rational-emotive therapy* (2nd ed.). Oxford University press.

William, S. (1964). *Psychotherapy: The purchase of friendship*. Rievers/ Taylor & Francis.

Yankura, J., & Dryden, W. (1994). *Albert Ellis*. Sage Publication.

〈엘리스와 글로리아, Counselling 1965 Full Session, Rational Emotive Therapy〉, https://www.youtube.com/watch?v=tcq4RMzSyng

〈네이버 영영사전〉, https://dict.naver.com/enendict/#/search?query=dispute

〈표준국어대사전〉, https://stdict.korean.go.kr/search/searchView.do?word_no=408806&searchKeywordTo=3

찾아보기

[인명]

D

Dalai Lama 47
Debbie, J. E. 23, 41, 54, 57
Dewey, J. 16, 152
DiGiuseppe, R. 51, 92
Doyel, K. 23, 51
Dryden, W. 173

E

Ebbinghans, H. 172
Emerson 16
Epictetus 16, 96, 166
Erikson, E. H. 178

F

Fasco 68
Fechner 172
Feshback, S. 171
Fireman, J. 63
Freeman, A. 106
Freud, S. 177

G

Glasser, W. 16, 56
Guidano 13

H

Hayes, S. 56
Herbert 172
Hitler, A. 34
Horney, K. 114
Hulbeck, C. 114
Hurvich, M. 171

J

James, W. 172, 178
Judith 55

K

Kabat-Zin, J. 160
Kant, I. 172
Kidman, N. 47
Knaus, B. 48, 53
Kohlberg, L. 177
Korzybski, A. 18
Kuhn, T. 95, 115, 121, 145, 164

M

MacLaren, C. 93
Mahoney 13
Maultsby 154
McMaho 23
Meichenbaum, D. 13, 14, 106

O

O'Connel, B. 51, 53

P

Padesky, C. 55
Pataki, G. 47
Perls, F. 32
Piaget, J. 177
Pomeroy, L. 16

R

Reid 68
Rogers, C. 32
Ross, K. 178
Russell, B. 16, 87, 111

S

Santayana 16
Schofield, W. 103
Seneca 16
Socrates 16

Stalin, J. 34
Stuart, L. 48, 50

T

Titchner, E. 178
Treaker, L. 55, 56

U

Unger, A. 63

W

Weber, M. 172
Wittgenstein 16
Wolfe, J. 41, 42, 87
Wundt, W. 172, 178

Y

Yankura, J. 173

[내용]

저자 소개

박경애(Park, Kyung-Ae)

미국 트루먼 주립대학교 학사(영어영문)

미국 미주리 대학교 석사 · 박사(교육 및 상담심리)

광운대학교 교육대학원 원장

영국 킹스 칼리지 런던 교환교수

미국 매사추세츠 보스턴 대학교 교환교수

광운대학교 학생상담실장

한국청소년상담원 설립 멤버 및 상담교수

미주리 주정부 심리학자

미주리 밸리 칼리지 강사

미국 Albert Ellis Institute for REBT 선정 Ellis Scholar

현 광운대학교 교육대학원 상담심리전공 주임교수

　　광운대학교 일반대학원 교육학과 상담교육학과장

　　한국REBT인지행동치료학회 회장

상담 및 심리치료 이론 시리즈 6

인지정서행동치료
Rational Emotive Behavior Therapy

2022년 2월 15일 1판 1쇄 인쇄
2022년 2월 28일 1판 1쇄 발행

지은이 • 박경애
펴낸이 • 김진환
펴낸곳 • (주) **학지사**

04031 서울특별시 마포구 양화로 15길 20 마인드월드빌딩
대표전화 • 02)330-5114   팩스 02)324-2345
등록번호 • 제313-2006-000265호

홈페이지 • http://www.hakjisa.co.kr
페이스북 • https://www.facebook.com/hakjisabook

ISBN 978-89-997-2651-4   93180

정가 15,000원

출판미디어기업 **학지사**

간호보건의학출판 **학지사메디컬** www.hakjisamd.co.kr
심리검사연구소 **인싸이트** www.inpsyt.co.kr
학술논문서비스 **뉴논문** www.newnonmun.com
교육연수원 **카운피아** www.counpia.com